“一带一路”沿线国法律精要

孟加拉国　巴基斯坦　斯里兰卡卷

王贵国　李鋆麟　梁美芬　主编

ZHEJIANG UNIVERSITY PRESS
浙江大学出版社

图书在版编目（CIP）数据

“一带一路”沿线国法律精要：孟加拉国、巴基斯坦、斯里兰卡卷 / 王贵国，李鋈麟，梁美芬主编. —杭州：浙江大学出版社，2019.7

ISBN 978-7-308-18070-2

Ⅰ.①一… Ⅱ.①王… ②李… ③梁… Ⅲ.①法律—研究—孟加拉国 ②法律—研究—巴基斯坦 ③法律—研究—斯里兰卡 Ⅳ.①D910.4

中国版本图书馆 CIP 数据核字(2018)第 054743 号

“一带一路”沿线国法律精要：孟加拉国、巴基斯坦、斯里兰卡卷

王贵国　李鋈麟　梁美芬　主编

出 品 人　鲁东明
总 编 辑　袁亚春
丛书策划　张　琛　陈佩钰
责任编辑　钱济平　陈佩钰
责任校对　杨利军　牟杨茜
封面设计　项梦怡
出版发行　浙江大学出版社
（杭州市天目山路 148 号　邮政编码 310007）
（网址：http://www.zjupress.com）
排　　版　杭州中大图文设计有限公司
印　　刷　虎彩印艺股份有限公司
开　　本　710mm×1000mm　1/16
印　　张　16.25
字　　数　300 千
版 印 次　2019 年 7 月第 1 版　2019 年 7 月第 1 次印刷
书　　号　ISBN 978-7-308-18070-2
定　　价　88.00 元

顾　问

（按中文姓氏笔画排序）

万鄂湘

全国人民代表大会常务委员会副委员长

国家高端智库武汉大学国际法研究所首席专家、名誉所长

王利明

中国人民大学常务副校长、博士生导师

“长江学者”特聘教授、“新世纪百千万人才工程”国家级人选

王振民

清华大学法学院教授、博士生导师

清华大学国家治理研究院院长

甘藏春

中国法学会副会长

司法部党组前成员

吕忠梅

中国法学会副会长

清华大学法学院双聘教授、博士生导师

任少波

浙江大学党委书记

沈德咏

第十九届中央委员、第十三届全国政协社会和法制委员会主任

中国政法大学特聘讲座教授、博士生导师

张文显

中国法学会党组成员、学术委员会主任

浙江大学、吉林大学资深教授

周谷平

浙江大学发展委员会副主席

浙江大学区域协调发展研究中心执行主任兼首席专家、中国西部发展研究院院长

贺一诚

澳门特别行政区立法会主席

全国人大第九、十、十一、十二及十三届代表、常务委员会委员

陶凯元

中国最高人民法院副院长、二级大法官

民进中央副主席

主　编

王贵国

浙江大学文科资深教授、国际战略与法律研究院院长

“一带一路”国际研究院院长（香港）

耶鲁大学法哲学博士，哥伦比亚大学法学硕士，比较法国际（海牙）科学院名誉院士、香港世界贸易组织研究中心主席、中国国际经济法学会副会长、中国国际经济贸易仲裁委员会仲裁员、香港国际仲裁中心仲裁员。先后任教于北京大学法学院、香港城市大学法学院和浙江大学光华法学院。在《中国法学》、*American Journal of International Law* 等国际和国内期刊发表论文百余篇。出版专著 20 余部，包括《世界贸易组织法》、《国际货币金融法》、《国际投资法》、《“一带一路”争端解决机制》（合编）、《“一带一路”的国际法律视野》（合编）、*Radiating Impact of WTO on Its Members' Legal System：The Chinese Perspective in Collected Courses of the Hague Academy of International Law*、*International Investment Law：A Chinese Perspective*、*Wang's Business Law of China* 等。

李鎏麟

“一带一路”国际研究院副院长（香港）

2009 年担任香港历史悠久、规模最大的慈善团体东华三院总理，2013—2019 年先后担任东华三院副主席、主席、顾问。2011 年起任香港特区政府医疗辅助队长官联会副主席、中国人民政治协商会议北京市委员会委员、北京海外联谊会理事会理事、香港善导会副赞助人兼筹款委员会主席等。2012 年被香港特区政府委任为太平绅士（JP），2018 年获香港特区政府授勋铜紫荆星章（BBS）。代表作有《“一带一路”争端解决机制》（合编）、《“一带一路”的国际法律视野》（合编）等。

梁美芬

香港城市大学法学院副教授

“一带一路”国际研究院副院长(香港)

中国人民大学法学博士、法学硕士,全国人民代表大会常务委员会香港基本法委员会委员、香港立法会议员、香港立法会司法和法律委员会主席、国际经济贸易仲裁委员会仲裁员、香港执业大律师。2000 年当选“香港十大杰出青年”。2008 年起连续三届当选香港立法会议员。代表作有 China Law Reports (series)、*The Hong Kong Basic Law: Hybrid of Chinese Law and Common Law*、《法制改革》(编撰)、《“一带一路”争端解决机制》(合编)、《香港“基本法”的起草、理论与实践》(合编)、《“一带一路”的国际法律视野》(合编)等。

副主编

王　超

浙江大学国际战略与法律研究院副院长
浙江大学百人计划研究员、博士生导师

法学博士，浙江大学光华法学院副教授，博士生导师。耶鲁大学法学院访问学者。主要研究方向为国际法、国际经济法、国际争端解决等。近年主持国家社会科学基金、司法部、浙江省等国家和省部级课题若干项，在《法学》、《社会科学》、*Asia Pacific Law Review*、*Journal of East Asia and International Law* 等国内外刊物上发表中英文学术论文 20 余篇。兼任国际期刊 *Journal of International and Comparative Law* 编辑部主任及多个 SSCI 期刊审稿人。

程　乐

浙江大学外国语言文化与国际交流学院副院长、教授
浙江大学光华法学院双聘教授

哲学博士，浙江大学跨文化与区域研究所所长、当代中国话语研究中心主任、法律话语与翻译中心主任、网络空间国际治理研究基地副主任。主要研究方向为法学、法律话语与法律翻译、语言法律与规划、符号学。*International Journal of Legal Discourse*（ESCI）主编、*Semiotica*（SSCI/A&HCI）、*Social Semiotics*（SSCI）编委等。近年来在 SSCI、A&HCI 等国际权威期刊发表论文 40 余篇，在 Routledge、De Gruyter、Springer、Cambridge University Press、浙江大学出版社等出版专著及译著 40 余部。

董雪兵

浙江大学中国西部发展研究院常务副院长
浙江大学区域协调发展研究中心副主任

经济学博士，法学硕士，工学学士，教授，博士生导师，曾在国家发展改革委挂职一年，美国芝加哥大学访问学者。主要研究方向为区域经济学、发展经

济学与法律经济学。在《经济研究》、*The Social Science Journal* 等国内外期刊上发表学术论文30余篇；获多项省部级奖励；独著或参编著作、译著等近10部；主持或参与服务国家重大战略需求与决策的研究项目、国家社科基金重大和重点项目、教育部基地重大项目以及省社科基金项目等30余项。

“一带一路”国际研究院简介

“一带一路”国际研究院(以下简称研究院)成立于2016年1月,是香港首个有关“一带一路”倡议的研究机构,目的在于搭建一个国际性的学术与专业交流平台。研究院通过邀请“一带一路”沿线国法律、经济、金融、投资、政治、国际关系等领域的知名专家,就“一带一路”执行过程中可能涉及的问题进行研究、分析并提供意见和建议。研究院举办了四届国际论坛,编纂出版了涵盖33个国家和国际组织的《“一带一路”沿线国法律精要》《“一带一路”的国际法律视野》《“一带一路”与青年机遇》和《“一带一路”争端解决机制》(蓝皮书)等。

研究院组织国际专家起草的《“一带一路”争端解决机制》获国际社会的广泛认可,得到国家领导人的肯定性批示。基于研究院在“一带一路”争端解决机制方面的贡献和特长,其获邀代表香港作为中国国际经济贸易促进委员会发起的国际商事争议预防与解决组织的发起人。

研究院注重与国际社会和中国内地的广泛合作,先后与浙江大学国际战略与法律研究院、清华大学国家治理研究院等合办“一带一路”国际青年论坛,来自于数十个国家的青年先后两次积极参与。研究院还先后与最高人民法院“一带一路”研究中心、清华大学国家治理研究院、中国法学会学术交流中心等签订了合作协议。

研究院由浙江大学文科资深教授和美国杜兰大学 Eason-Weinmann 国际法与比较法讲座教授王贵国担任院长,李鋈麟博士及梁美芬博士担任副院长。研究院的国际顾问委员会由来自世界各地的26位专家学者组成。研究院另聘请42位国际专家为研究员和7位国际专家为副研究员。研究院以研究“一带一路”的相关议题和培养人才为己任,努力发挥香港国际金融中心、运输中心和争端解决中心的优势,力争为“一带一路”的实施、全球经济发展与世界和平做出贡献。

浙江大学区域协调发展研究中心

浙江大学区域协调发展研究中心是国家高端智库建设培育单位和浙江省新型重点专业智库，主要依托中国西部发展研究院（以下简称西部院）并整合校内相关研究力量成立。西部院成立于 2006 年 10 月，由国家发展改革委与浙江大学共建，时任浙江省委书记习近平同志为西部院揭牌、奠基并作重要讲话。

经过十多年建设，中心凝练了“一核心两联动”“三大研究方向”“两大支撑平台”有机组合、开放交叉的研究格局。坚持以西部大开发研究为核心，通过浙江经验和长三角一体化提升促进东西互动，通过沿边开发开放联通“一带一路”沿线国家促进内外联动；围绕区域协调发展重大理论和实践问题，依托浙江大学多学科综合优势，以区域经济合作、社会民生改善、生态文明建设为三大研究方向，人才培养和数据资源库为两大支撑平台，形成以“经济”为主体、“法律”和“文化”为两翼的开放融通研究体系。

中心全力打造党和政府决策信得过、用得上的高端智库，先后参与一系列党中央、国务院重要文件的起草，一批咨询报告获党和国家领导人重要批示，承担 20 多项由国务院印发或批复的战略规划研究与编制，以及国家社科基金“一带一路”建设重大研究专项等一批重要课题，举办了二十国集团智库会议（T20）、国际展望大会（杭州・2018）等重要活动。

浙江大学国际战略与法律研究院简介

浙江大学国际战略与法律研究院成立于 2017 年 11 月，是浙江大学重点建设的校级科研单位和新型高校智库，聘请著名国际法学家、浙江大学文科资深教授王贵国担任创院院长。王超博士担任副院长。研究院座落于景色天成的百年老校园——浙江大学之江校区，以历史建筑白房作为永久驻地。

研究院依托浙大学科门类齐全、师资队伍精良且具有良好国际视野的优势，开展对当代国际政治、经济、外交、法律、科技等重大问题的跨学科交叉研究，当前研究重点包括"一带一路"、全球治理、网络安全等领域的国际战略与法律问题。研究院的目标是以一流科研成果服务国家战略、政府决策和经济与社会发展，同时以科研促教学，培养跨学科、复合型、具国际视野的一流专业人才和未来领导者。

自成立以来，研究院承担了国家社会科学基金重大项目、国家高端智库重点委托项目等一批重要课题的研究工作，推出了《"一带一路"争端解决机制》《"一带一路"沿线国法律精要》等研究成果，打造了"一带一路"国际青年论坛、纽黑文法理学派与国际法系列国际学术会议、国际战略与法律大讲堂等学术品牌活动，并与中国国际经济贸易促进委员会、国家法官学院、"一带一路"国际研究院（香港）等机构建立了良好的战略合作伙伴关系。

代　序

自2013年国家主席习近平正式提出"一带一路"倡议以来，该倡议得到国际上的广泛支持。"一带一路"的"一带"最初是指涵盖古丝绸之路沿线国的经济合作带，从中国到中亚，再到西欧。"一路"指21世纪海上丝绸之路，即以中国为出发点，经东南亚各国到印度、斯里兰卡、也门、埃及、希腊、意大利等沿线国家之间的经济合作。不难看出，"一带一路"倡议提出之初的主要目的是推动中国与欧亚、北非国家间的合作。

经国务院授权，国家发展和改革委员会、外交部和商务部于2015年3月发布了《推动共建丝绸之路经济带和21世纪海上丝绸之路的愿景与行动》，对"一带一路"倡议的发展方向和内容进行了宏观的阐述，然而文件并未明晰"一带一路"倡议到底包括哪些国家。随着"一带一路"倡议的不断推进，一些非洲和南美洲的国家提出希望加入此跨世纪的合作项目，中国政府其后明确表示"一带一路"倡议具有广泛的开放性，任何国家均可加入。到目前为止，与"一带一路"倡议相关的项目仍主要集中在前述沿线国。无论"一带一路"是限于初始的沿线国家还是向所有国家开放，相关国家的文化、历史、传统、宗教、政治和法律制度不尽相同是不争的事实。

从经贸合作的角度言，"一带一路"倡议的实施必然涉及人员、商品、服务、资本、技术等跨境流动，而这些活动、交易和交往都关乎沿线国家的法律和标准之适用。古人云："入竟(境)而问禁，入国而问俗，入门而问讳。"(《礼记·曲礼上》)故此，明晰沿线国家的法律制度、规范、惯例和习惯等对于成功实施"一带一路”倡议至关重要。而这正是编纂本丛书——“‘一带一路’沿线国法律精要”的目的。

出版本丛书的设想源于“一带一路”国际研究院于2016年在香港举办的一次研讨会。与会者均认为，对“一带一路”沿线国家的法律制度、法律规范、传统，特别是与贸易、投资、金融、劳工、环境等相关的法律研究对成功推进“一带一路”倡议必不可少。只有切实了解沿线国家在法律制度、法律条文、法律的执行和不执行等方面之异同，才能顺利进行跨境贸易、投资、金融等商事活动。也只有在此基础上，相关国家才能共同制定一个法律架构，规范政府、企业和个人间的交易与交往。

基于前述，在筹备编辑本丛书之初，我们便确定了以国家为单位自成篇章，每一篇均涵盖与跨境商业活动、交易有关的法律制度、法律规范等方面的内国法，包括海关法、外贸法、外国投资法、货币与银行法、基础设施和建筑相关法律、劳工法、环境法，以及争端解决机制等。在写作方面，丛书的作者不仅关注法律法规的书面规定，而且更注重相关法律法规的实际执行情况，包括不执行的个案。遇有某项法律法规未获有效执行的情形，作者会从国内外的政治、经济、社会等维度分析其成因。

当今高度全球化世界的一个显著标志是多边和双边条约并存。这些多边和双边条约从国际层面规范了贸易、投资、金融等方面的交易与交往，同时亦直接影响到相关国家的内国法，包括立法和执法。基于此，对欧盟和东盟的研究被纳入本套丛书，目的在于了解这两个国际组织本身的制度及其成员间在法律及执行等方面的内在关联。我们希望通过对欧盟和东盟合作模式的研究，使“一带一路”倡议之实施受益。

如前所述，在“一带一路”倡议提出之初，美国和日本并不在沿线国之列。鉴于美日两国在国际经济中的重要地位及“一带一路”倡议的特质，我们亦将之纳入了本套丛书。幸运的是，中国政府其后也表明“一带一路”倡议对所有国家和地区开放。

对作者提交的文稿之编辑，我们坚持的原则是尽量保持作者的写作风格和专业判断。易言之，我们的编辑主要限于语言文字和格式等方面。在英文版出版之后，本丛书又以中文版的形式展现在世人面前。

我们相信，通过对沿线国家商事交易与交往的法律制度、规则及其执行之研析，《“一带一路”沿线国法律精要》将对“一带一路”倡议之推进与实施做出积极贡献。在此，我们向本套丛书的作者，参与本套丛书编辑、翻译的专家学者深表谢忱和敬意！

本套丛书的中文版翻译和编辑得到浙江大学国际战略与法律研究院、浙江大学区域协调发展研究中心、浙江大学中国西部发展研究院的大力支持。浙江大学出版社诸位同仁亦为出版此套丛书忘我工作、兢兢业业。在此我们向浙江大学的各位同仁表示衷心感谢！

香港旭日集团有限公司副董事长、香港制衣业总商会会长杨勋先生自本项目规划时起便鼎力支持，对杨勋先生的信任和支持我们深表谢意！

王贵国　李鋈麟　梁美芬

2018 年 3 月 18 日

目　录

孟加拉国

巴基斯坦

斯里兰卡

孟加拉国

Farhana Helal Mehtab教授

Md. Abu Saleh

Riad Mahmud

作者介绍

Farhana Helal Mehtab女士是孟加拉国水仙国际大学法律系副教授和主任，著有*An Introduction to ADR Mechanism*：*Bangladesh Perspective*一书。她参与了孟加拉国国际仲裁中心（BIAC）和位于美国华盛顿特区的国际法学院（ILI）合办的仲裁培训，即“仲裁导师培训”（TOT），于2013年6月成为孟加拉国第一位仲裁导师。她主要致力于具有社会影响的不同法律和教育问题的教学、研究工作。Mehtab女士的专业领域为人权法，在众多国际论坛上发表观点，以在仲裁过程中体现人权的影响。2015年，她在中国杭州举办的第七届纽黑文学派国际会议上发表了名为Arbitration: Bangladesh Perspective的演讲。

Md. Abu Saleh先生是孟加拉国水仙国际大学法律系讲师，也是达卡法庭的辩护律师。于印度新德里南亚大学取得国际法硕士学位，此前在孟加拉国达卡大学获得法学学士和法学硕士学位。

Riad Mahmud先生目前在孟加拉国水仙国际大学法律系担任讲师。此前，他在美国国际开发署进行法律工作，并曾在孟加拉国劳工研究所担任研究员。于达卡大学法律系取得法学学士和法学硕士学位。

概　述

南亚地区由孟加拉国、印度、巴基斯坦、斯里兰卡、不丹、尼泊尔和马尔代夫组成。其中孟加拉国、不丹和尼泊尔属于世界最不发达国家[①]，其他为发展中国家。所有南亚国家，除了斯里兰卡之外，都一度是世界上最不开放的经济体。[②] 南亚国家在后独立时期采取了依赖进口的工业化措施，过度的政府规划和控制不仅不能有效刺激工业发展、吸收外资，还产生了低效且受保护的制造业，并由此形成了庞大的公共部门。[③] 因此，南亚经济体的投资政策一度是限制性的。最初，境外直接投资仅能以一种限制性的方式进入，且必须在互惠条款的基础上由本国企业主要控股。[④]

20 世纪 90 年代，孟加拉国及其他南亚国家改革了经济政策，试图与世界经济接轨。促成改革的原因是多样的，包括该国不断增长的财政赤字，严重的贸易逆差，枯竭的外汇储备，等等。同时，东亚国家通过开放和出口取得的成果使南亚国家清楚意识到，封闭的政策不能发挥积极作用，改革势在必行。[⑤] 在这一改革进程中，孟加拉国意识到外商投资对促进经济增长的重要性，并在

---

① UN list of Least Developed Countries(联合国最不发达国家名单)，http://www.un.org/en/development/desa/policy/cdp/ldc/ldc_list.pdf，2016 年 4 月 30 日访问。

② Jayatilleke S. Bandara and Marc McGillivray，"Trade Policy Reforms in South Asia"，Issue 7，The World Economy，1998(21)：851－995；Pravakar Sahoo and others，Foreign Direct Investment in South Asia-Policy，Impact，Determinants and Challenges. Springer 2014：7－8.

③ 同上，第 883 页。

④ 同上。

⑤ 同上，第 884－885 页。

成为 WTO 成员后,开始积极商讨双边贸易条约和自由贸易协定。[①]

自 1971 年独立以来,孟加拉国逐渐成为一个人口密度高、资源有限、自然灾害频发、政治社会长期不稳定的国家。[②] 独立之初,孟加拉国采取了"国家控制"的经济模式,但这种模式在 1975 年政治体制改革后被舍弃,转为放松管制、促进自由的经济政策,致力于建立一个以私有经济为主导的开放经济体,实现贸易自由。[③] 然而,这些早期的改革既缺乏一个明确的方向,也没有充足的时间来进行准备和实施。这种得过且过的状态大约持续了 10 年。[④]

这一阶段占据了 20 世纪 80 年代的大部分时期,其主要特征包括:缓慢而动荡的经济增长,不断恶化的宏观经济和日益加剧的财政危机,渗透着机构腐败和权贵资本主义兴起的独裁政治,等等。[⑤] 1980 年,政府制定了《国外私人投资促进和保护法》,内容涉及公平待遇、补偿、征收和国有化、投资的汇回等。[⑥] 直到 20 世纪 80 年代,孟加拉国才开始签署国际投资协定(IIAs)和自由贸易协定(FTAs)。1991 年之后,一些更重大的改革得以实现,包括关税改革方面的进展、进口清关程序的改革和实现统一关税结构的尝试。[⑦] 认识到外商投资的作用后,孟加拉国政府在 1999 年综合产业政策中强调,要"促进私人部门引领工业生产和投资的增长",并"在以出口和国内市场为导向的行业中吸引外商直接投资,以弥补国内投资资源的不足,并获取不断发展的技术和出

---

① Jayatilleke S. Bandara and Marc McGillivray, "Trade Policy Reforms in South Asia", Issue 7, The World Economy, 1998(21): 851－995; Pravakar Sahoo and others, Foreign Direct Investment in South Asia-Policy, Impact, Determinants and Challenges. Springer 2014: 7－8.

② Mustafa K. Mujeri, "Changes in Policy Framework and Total Factor Productivity Growth in Bangladesh", September-December Nos 3&4, The Bangladesh Development Studies, 2004(15): 1, http://www.bids.org.bd/bds/XXX_3&4.pdf, 2016 年 4 月 30 日访问。

③ 同上,第 9 页。

④ Nurun N. Rehman, "Policy Reforms and Trade Liberalization in Bangladesh", http://www.unctad.info/upload/TAB/docs/TechCooperation/bangladesh_study.pdf, 2016 年 4 月 30 日访问。

⑤ 同上。

⑥ Foreign Investment in Bangladesh, http://www.sdnbd.org/sdi/statisticapocketbook/Chap01/0114.htm, 2016 年 4 月 30 日访问。

⑦ Bandara and Mc Gillivray (n 2), 886.

口市场的准入途径”。[①]

作为WTO的创始成员之一，孟加拉国给每个贸易伙伴至少最惠国的待遇，这些贸易伙伴同时享有WTO协定所规定的特殊和差别待遇。自孟加拉国加入WTO以来，政府采取了一系列大胆的措施，包括使贸易和外来投资自由化，加强金融部门和监管框架建设，关闭和私有化一些亏损的国有企业，并采取措施改善政府治理。[②] 孟加拉国持续积极地参与WTO的工作，曾于2007年和2011年两次担任最不发达国家集团在日内瓦的协调人，为最不发达国家的利益发声，议题包括更高程度的市场准入，多边贸易规则灵活性的发展，以及针对贸易基础设施的援助。

自20世纪90年代起，孟加拉国迎来了自由贸易政策，并开始在各领域改革立法、颁布新法，涵盖以下领域：标准和认证、关税制度、原产地规则、反倾销和反补贴措施、技术性贸易壁垒（TBT）、动植物卫生检疫（SPS）、政府采购、知识产权、经济特区、反洗钱、保险、旅游、电信、反不正当竞争、征收和补偿、劳动管理和环境法。同时，为吸引国外投资者、促进国际贸易，孟加拉国加入了许多贸易和投资协定。国家为投资者和外国商人提供了友好的争端解决机制，以解决外商投资引起的国际贸易纠纷。

孟加拉国采用开放和自由的贸易政策以促进经济发展，因此政府认为有必要将临时的法律委员会转变为一个永久性的法定机构。政府采取了相关措施，并在1996年9月9日正式颁布了《1996年法律委员会法》（1996年第19号法）。[③] 在该委员会的主持和指导下，政府已经修订并在持续修订涉及国际贸易、外商投资、知识产权保护、海关检查、仲裁和纠纷解决等领域的法律、法规和规章制度。尽管没有明确要求相关法律符合国际标准，但法律委员会在多年的法律起草工作中能够充分考虑国际标准。《1996年法律委员会法》的第6条（b）款为推动法律改革、接轨自由市场经济国际标准提供了正当性基础。该法第6条（b）款规定，法律委员会应依法：

重视对国内外投资的吸引力和维护自由市场经济的必要性——

---

① Foreign Investment in Bangladesh, http://www.sdnbd.org/sdi/statisticapocketbook/Chap01/0114.htm，2016年4月30日访问。

② Nasiruddin Ahmed, Trade Liberalization in Bangladesh-An Investigation into Trends, 2001:46—54. Bangladesh: Key Challenges for the Next Millennium World Bank, 1999.

③ 早期，为推动特定领域的改革，孟加拉国曾建立了数个临时法律改革委员会。永久性的法律委员会是根据《1996年法律委员会法》设立的（该法第19条）。

(1)在适当情况下对《公司法》等现有法律提出修订建议和新的立法建议,从而在贸易和工业领域鼓励竞争,避免垄断;

(2)经审查后提出相关法律建议,重点关注著作权、商标、专利、仲裁、合同、登记及其他类似事宜;

(3)提出必要建议,以建立独立法院,处理因商业和银行贷款事宜而产生的案件……

显然,法律委员会有宽泛的权限提出法律修改建议,从而使法律体系能够保障自由经济产生最大价值。

在此背景下,本文致力于阐明孟加拉国应对上述问题的机构和法律框架,从比较法的研究视角支撑"一带一路"倡议。本文共分为八章:第一章介绍孟加拉国海关系统和相关法律;第二章探讨孟加拉国外贸体制的相关法律;第三章关注孟加拉国外商直接投资的相关法律;第四章介绍孟加拉国货币和银行法;第五章介绍孟加拉国建筑和基础设施的有关法律;第六章就孟加拉国劳动管理和待遇相关法律进行说明;第七章讨论孟加拉国环境法;最后一章着眼于孟加拉国的涉外投资争端解决机制。

第一章　海关系统和相关法律

一、海关法律和程序

规制孟加拉国海关程序的原则性法律是 1969 年《海关法》(年份为法律颁布时间,以下同)。该法颁布后经过多次修订。需要指出的是,孟加拉国是 WTO 的创始成员。WTO 于 1995 年通过了《海关估价协定》,该协定是《WTO 多边贸易协定》的一部分,也被称为履行 1994 年《关税与贸易总协定》第 7 条的协定。

《海关估价协定》旨在建立一个公平、统一、中立的海关估价系统,从而符合商业现实,并对虚报海关价值的做法认定为违法。货物贸易理事会(CGT)下辖的海关估价委员会负责在 WTO 中开展海关估价相关工作。

孟加拉国于 2000 年 2 月按计划通过了有关海关估价的 WTO 协定①,并对 1969 年《海关法》第 25 节进行了修订,以反映这一变化。② 1969 年《海关法》在 2001 年《京都公约》新修后迎来另一次修订,以协调海关程序。基于风险的清关手续已在有限的范围内以绿色、黄色和红色通道的形式引入海关。特别是机场旅客行李的清关程序得到简化,95%以上的乘客可不受海关的任何干预和延误,从绿色通道通过。此外,孟加拉国海关的工作得到全国税收委员会(NBR)的支持,后者是孟加拉国管理直接税收和间接税收的最高机构,也是隶属于财政部的内部资源司(IRD)的一部分。全国税收委员会的海关分支制定关税和海关相关税收(收费)的有关政策,并进行行政管理。

---

① 1995 年 5 月,孟加拉国通知 WTO,决定对《海关估价协定》延期适用。

② 第 57 号通知—2000/1821《海关法》,2000 年 2 月 23 日。

自20世纪90年代初以来,孟加拉国一直重视进口和出口程序的简化。目前的2012—2015年出口政策令和2012—2015年、2015—2018年进口政策令试图消除国际贸易中所有可能的障碍。全国税收委员会在孟加拉国海关程序的现代化进程中发挥了关键性的作用,主要体现为:通过过程自动化实现快速清关,保障清关程序和税收活动的透明度,以及使贸易团体得到最大程度的便利。近年来,海关程序的电子化取得了显著的发展。最新版本的海关数据系统,即海关数据自动化系统,已安装在达卡海关大楼、吉大港海关大楼(CCH)、贝纳波尔海关大楼和出口加工区。

在像孟加拉国这样的国家,监管问题和文件准备工作占据了贸易的大部分时间,而缺乏基础设施和运营效率低下的问题使系统持续疲软。根据世界银行的2016年营商环境报告①,孟加拉国的贸易商进口需要35天,出口需要25天,耗资分别为1470美元和1075美元;而东亚平均水平分别为22天(884美元)和21天(856美元)。

对于保障孟加拉国经济增长而言,缩短时间和减少开销至关重要,因为贸易过程每多耗费一天,至少会降低1%的出口量(根据OECD和WTO估算),而缩短10%的出口时间将为南亚国家带来5.8%的出口增长。根据联合国贸发会议,一个国家的国内生产总值(GDP)要实现2%~5%的增长,则贸易需要增长7%~12%。如果所有国家将中间供应链壁垒降至全球最佳水平(如新加坡),全球GDP可增长4.7%,即2.6万亿美元,世界贸易总量增加14.5%,即1.6万亿美元,这将远远超过取消所有进口关税(WEF)所带来的利益。

全国税收委员会首个海关放行时间研究(2014财年)以孟加拉国最大的海港吉大港和最大的陆路口岸贝纳波尔为研究对象。研究表明:在吉大港,进口平均需要约11天9小时45分钟完成船舶抵达至货物放行的程序,出口平均需要约4天22小时38分钟完成货物到达至货物放行的程序。在贝纳波尔,进口平均需要约5天18小时24分钟,而出口则平均需要约4天5小时26分钟。对吉大港码头的进一步分析表明,在这个处理了孟加拉国约92%商品贸易的港口,清关时间较为合理和短暂(进口约为5天,出口不到半天)。剩下的时间都被"其他政府机构"消耗,包括港口、食品安全和标准、植物检疫等认证机构。小型贸易商受此类瓶颈的困扰最为严重。

---

① 参见 http://www.doingbusiness.org/~/media/GIAWB/Doing%20Business/Documents/Annual-Reports/English/DB16-Full-Report.pdf。

在过去的10年中,政府已经采取了简化进出口手续的措施,包括减少货物清关的审批次数和降低待交易货物的检查频率。1999年办理进出口货物清关需要经过25道审批程序,而2002年审批程序的数量减少到5道,且海关正试图通过自动化机制进一步简化程序、节约时间。自2002年以来,海关官员仅亲自检查10%的进口货物,而在此之前则需要检查100%的货物。通过引进自动化机制,海关货物清关的平均处理时间减少到70%的进口货物可在一天内完成清关,而出口货物则只需要3~4小时或更少的时间。可以看到,除了极少数企业主之外,几乎所有的出口商和进口商都依靠清关和货运代理(CFAs)来处理清关手续。《海关法》也进行了修改,以减少官员的自由裁量权,促进资费合理化,并将HS编码简化为8位数,从而减少申报错误。

随着PSI机制的引入,对货物的实体检查已经从1999年的100%减少到现在的10%左右。清关所需的审批数已经从25次减少到5次,95%货物的出口清关时间从1999年的72小时降低至现在的3小时。同时,孟加拉国任命了税务监察员,以加强和改进税收及关税措施的管理。

孟加拉国土地港务局与4家私人运营商签订了协议,授权他们通过建设—运营—移交的机制管理4个陆路口岸(Hilli,Sona Masjid,Banglabandha和Bibir Bazar)。孟加拉国计划通过建设—运营—移交机制将全国13个陆路口岸中的12个交给私人运营,上述4项协议的签署是该计划的一部分。根据协议,运营商将在各自的陆路口岸建设必要的基础设施,为进口商提供后勤设施,并分享为港口使用者提供有偿服务所获得的收入。

孟加拉国进口所需文件总体包括:提单、货物放行令、原产地证书、商业发票、海关进口报关单、装箱单。进口过程在国内四大主要关口已基本实现自动化,覆盖了90%的进口货物,剩下的货物则需要一定程度上的人工处理。

孟加拉国采取了战略发展计划(SDP),并启动了全国税收委员会的现代化和自动化项目(MAP),以期完善纳税人和税务官员活动的透明化和问责制。具体战略包括:加强组织结构,提高人力资源管理,加强纳税大户(LTU)的法律和监管框架及其有效性,强化税收管理功能和程序上的国家保障,实现海关现代化、贸易便利化和全国税收委员会的信息化。

在一个快速现代化和全球化的世界中,连通性是促成更多区域贸易与合作的关键。孟加拉国享有优越的地理位置,能够成为南亚和东南亚之间的桥梁。如果孟加拉国充分利用地域优势,它将成为连接印度东部、印度东北部、尼泊尔、不丹和东盟国家的区域运输中心。

二、WTO《贸易便利化协定》与孟加拉国

在 2013 年 12 月 7 日的巴厘部长级会议中，159 个 WTO 成员批准了《贸易便利化协定》(TFA)，这是 WTO 自 1995 年成立以来的第一个多边协定。经过 9 年多的谈判，WTO 成员最终就贸易便利化协定达成共识。《贸易便利化协定》是国际贸易界一项重大成就，是 WTO 一个值得书写的里程碑。① 该协定规范了一个迄今为止在很大程度上受到忽略的贸易领域。《贸易便利化协定》着力解决很多发展中国家关注的问题，以新颖的措施保障了发展中国家在落实《贸易便利化协定》条款时的权利。就《贸易便利化协定》的文本而言，该协定由两部分组成，其中第二部分规定了特殊待遇和差别待遇的条款。《贸易便利化协定》最初只是为了敷衍应对发展中国家成员关心的问题。然而在经过多次修改后，该协定充分认识到有必要为发展中国家提供能力建设和实施与贸易促进规则相关的结构化和义务性援助，尽管该援助义务仅在特定条件达成时生效。发达国家成员以资助者的身份同意为发展中国家和最不发达国家提供协助和能力建设的援助，包括促进区域和亚区域的一体化。② 至于最不发达国家，资助者将提供有针对性的援助和支持。③ 此外，许多修订的条文涉及延长发展中国家和最不发达国家成员国实施有关贸易便利化各项规定的准备时间。根据 WTO 于 2015 年 10 月 26 日在日内瓦发布的《世界贸易报告》(WTR)，《贸易便利化协定》的实施能将全球商品出口额每年提升 1 万亿美元。报告称，发展中国家将从《贸易便利化协定》中大幅受益，获取超过一半的预期收益。

根据《世界贸易报告》，如果《贸易便利化协定》得到妥善实施，发展中国家的出口额预计每年将提升 1700 亿至 7300 亿美元，而发达经济体的出口额增量则在每年 3100 亿至 5800 亿美元。报告补充道，对《贸易便利化协定》更全面、更快的执行将促进世界出口总额增长 2.7%，全球 GDP 增长 0.5%。同时，《贸易便利化协定》有望帮助发展中国家实现出口的多样化。

孟加拉国将尽快批准 WTO《贸易便利化协定》(TFA)，因为 50 多个国家

① Trade Facilitation, the WTO website, http://www.wto.org/english/tratop_e/tradfa_e/tradfa_e.htm, 2016 年 2 月 8 日访问。

② 《贸易便利化协定》，第 II 节，第 9.1，9.3 条。

③ 同上，第 9.2 条。

已经批准该协定，并简化了他们的贸易规则。① 全国税收委员会在其成员(海关)的主持下组建了由19个成员组成的委员会，包括官员、相关部委、部门、行业的代表。为了实现《贸易便利化协定》的目标，该委员会被授权领导《贸易便利化协定》的实施，并采取适当的措施，改善孟加拉国的贸易环境。该委员会将为各方提供对话平台，以发展新思路，并提出促进贸易便利的方法。

孟加拉国已采取措施改革本国现行《海关法》，以符合WTO于2013年为《贸易便利化协定》确立的标准。新的《海关法》草案已于2014年得到内阁批准，并将很快进入国会表决。

在发展伙伴的协助下，政府采取了多项改革举措，如南亚次区域经济合作贸易和运输便利机制。

孟加拉国政府及其发展伙伴已经启动了若干与《贸易便利化协定》目标一致的重大改革。一些关键举措包括：在数个海关检查站引入世界海关数据系统，在吉大港港口和海关之间实现电子数据交换，通过内阁对2014年新《海关法草案》的初步批准奠定边境现代化和协定相关改革措施的法律基础，提出连通海关和银行的建议，引进关税和税款的电子支付机制，以及计划通过商务部推出国家贸易门户网站。除了海关改革，孟加拉国标准与测试机构(BSTI)和植物检疫机构已计划实施自动化、能力建设和业务流程再造，以简化清关流程。

这些都是建立现代便利的边境环境、落实贸易便利化协定的重要步骤。在海关和其他边境机构改革其政策、程序和操作流程以实施《贸易便利化协定》时，改革的主要受益者——私人部门的需求和优先权必须纳入考虑。为此，全国税收委员会组建了贸易促进委员会，成员包括公共和私人部门所有主要的利益相关方，并定期举行会议，交换意见。然而，合作必须要以促成改革为目标，且不能仅仅局限于基础设施的改善，而是要改变相关的政策、程序和日常运作流程。②

---

① Refayet Ullah Mirdha，"Bangladesh to Ratify TFA Soon to Ease Trade"，The Daily Star (2015年10月28日)，访问地址：http://www.thedailystar.net/business/bangladesh-ratify-tfa-soon-ease-trade-163291。

② Nusrat Nahid and M. Masrur Reaz，"WTO Trade Facilitation Agreement and Bangladesh，the Financial Express"，http://print.thefinancialexpress-bd.com/2014/10/18/61590，2016年5月5日访问。

第二章　孟加拉国的外贸体制

孟加拉国的外贸体制主要由三部法律规范：1950 年《进口和出口（控制）法》，1947 年《外汇（管理）法》和 1969 年《海关法》。这三部法律相互补充，同一侵权行为可能同时违反多部法律的规定，并受到相应惩处。贸易政策的制定主要由商务部和财政部负责，但也有其他很多部委和机构参与到贸易和投资政策的制定和实施中。《进口和出口（控制）法》授权政府控制、限制，甚至禁止任何产品的进出口。该法第 3 款规定：

> （1）政府可基于在官方公报刊登的命令及该命令附加的限制条件和例外情况，禁止、限制或以其他方式控制任何指明种类之货物的进出口或规范进出口的所有行为（包括交易行为）和此类货物进出口相关程序。此类命令也可就如下事项作出规定：依本法提出的牌照申请，申请牌照所需提供的证据，牌照的批准、使用、转让、出售或吊销，上诉和复议申请的形式、方式和期限，以及此类事项的所有相关收费。
>
> （2）任何指明种类之货物的进口或出口，必须符合许可证所记载的相关条件，该许可证由政府首要负责人或经政府授权的其他官员颁发。
>
> （3）所有适用分款（1）的货物，其进口或出口应被视为受到 1969 年《海关法》第 16 节的禁止或限制，并受到该法所有条款的约束。
>
> （4）尽管有前款行为，政府可通过刊登在官方公报的命令，就任何进口货物或货物种类的国内消费、仓储和海外装运施行禁止、限制或附加清关条件。

依《进口和出口（控制）法》授权颁布的《进口政策命令（IPO）2012—2015》，要求所有的进口商、出口商和“订货商”（如公司、机构、机关、组织、个人或团体)获得受认可之工商商会或代表相关行业的孟加拉国本土"组织"的成员资格。①

政府的三年出口政策(2015—2018)确立了12个"最具潜力"的行业,14个"特殊发展"的行业。新出口政策中的这12个最高优先级的行业为:高附加值的成衣配件、软件及IT服务和信息通信技术产品、医药产品、船舶制作、鞋类和皮革制品、黄麻和黄麻制品、塑料制品、农产品、农产品加工品、家具、家纺和毛巾、家居用品和箱包。

14个特殊发展行业为:各类黄麻制品、电子电器产品、陶瓷制品、轻工、增值冻鱼、印刷包装、钻石原石和珠宝、纸和纸制品、橡胶制品、丝绸制品、工艺品和仿制品、腰布、帐篷业产品、椰糠。

新的出口政策明确了17种禁止出口的产品,包括:食用油、小麦、洋葱、大蒜、未经批准的各类豆类、除香米外的各类大米、黄麻种子、武器和弹药相关产品等。②

《进口和出口(控制)法》对于违反其条款的行为施以惩戒、罚款或二者并罚。该法第5节作如下规定:"如果任何人违反本法的任何条款,违反根据本法作出的任何命令,违反根据上述命令所订立之规则,或未遵循本法所订立之规范利用进口或出口许可证的,他将在不受到任何歧视性没收或罚款的基础上承担1969年《海关法》所规定的相应责任,适用该法第3(3)条处以最高一年的监禁或罚款或二者并罚。"

一、许可机制和原产地规则

所有工业用户[除位于出口加工区(EPZs)的企业]和商业进口商必须在进出口总控制处(CCIE,隶属于商务部)注册,后者将会颁发进口注册许可证(IRC)。③ 该注册仅针对私人进口商,公共部门免于此要求。进口注册许可证一般在收到申请10天(过去是15天)内发出。

---

① 《进口政策命令(IPO)2012—2015》第29条规定,"所有进口商、出口商和订货商应当取得受认证工商商会或代表相关行业的孟加拉国本土贸易组织的成员资格,但政府可基于公共利益豁免任何进口商、出口商和订货商免受上述规定的约束"。

② Export Policy 2015—2018, https://ogrlegal. files. wordpress. com/2015/11/export-policy-2015-18-bn. pdf.

③ 进口商仍分为私人部门和公共部门,私人部门可进一步分为工业进口商和商业进口商。

满足前两个要求之后，进口商将被允许以信用授权信（LCA）的形式进口货物。① 在填写信用授权信表单的基础上，进口商必须提交一系列文件给执行银行，包括一份 L/C 申请表、发票和保险保单。此外，私人部门的进口商必须提交所登记之工商或行业协会的会员证明、进口注册许可证续订付款证明、所得税申报文件、税务识别号以及进口政策命令或其他政府公告所要求的任何其他文件。公共部门的进口商须提交由相关行政部门或主管机关颁发之拨款文件的官方复印件。

孟加拉国进口需要的其他文件包括：提单或空运提单，商业发票或装箱清单，原产地证书。在进口限制名单或控制列表中的产品时，进口商可能还需要提交政府规定的其他文件。限制或控制产品列表由《进口政策命令》的附录 1 规定。②

免开信用证的非信用授权信进口包括：(1)图书、论丛、杂志的进口；(2)每个财政年度不超过 2.5 万美元减去由孟加拉国汇出金额之额度的任何受许可货物；(3)商品援助、资助或其他适用特定采购程序免予提交 L/C 的类似贷款中的进口；(4)以自身产品质量控制为目的、经药品监督管理局主任批准、由授权制药（对抗疗法）公司通过银行汇票进行的“国际化学清单”进口。此外，对于每次托运价值在 1 万美元到 1.5 万美元之间（Tecknaf 海关）或 5000 美元到 7500 美元之间（其他陆路）的易腐货物的进口，以及资本设备的进口和工业原料的进口，同样不需要开信用证。

原产地规则（RO）用于界定一个产品在何处制造的标准。一个产品的原产地至关重要，因为它将决定产品在进口国海关被如何处理，会影响进口关税的支付和进口国的准入。这些标准被用来确定产品原产地及其适用于何种关税。如果原产地规则被放宽，它可能会削弱孟加拉国落后相关产业的竞争力。

虽然关税与贸易总协定（GATT）秘书处在 1981 年草拟了原产地规则的文本，成员方的部长们也在 1982 年 11 月同意研究关税与贸易总协定缔约方原产地规则的使用，但直到进入乌拉圭回合谈判之前，原产地规则的相关工作进展缓慢。自 1995 年 GATT 转变为 WTO 后，原产地规则已频频在贸易领域使用。这些规则已经在许多国家的出口中发挥了关键作用，这在孟加拉国

---

① 开信用证（LC）需要信用授权信。

② 具体参见：http://pflanzengesundheit.jki.bund.de/dokumente/upload/98e82_bd3-import_policy_order_12-15.pdf。

这样的最不发达国家中表现尤为明显。孟加拉国的贸易结构在本质上是具有独特性的。该国的出口货物主要是服装，而出口目的地主要是欧盟。在2010—2011财政年度，全国出口总额的近79%为成衣，而其中约58.73%出口到欧盟。因此，服装出口商需要知道欧盟设置了什么原产地规则，以使孟加拉国的成衣进入欧盟的服装市场。

孟加拉国呼吁放宽严格的原产地规则，使更多来自最不发达国家的产品可以享受免税优惠。原产地规则用于在入境口岸确定产品的原产地从而确定税率，放宽这一规则已经成为欠发达国家的长期诉求。

由于严格的规则，许多来自欠发达国家的产品受到准入壁垒或高关税的限制。孟加拉国一度成为日本进口衣物之严苛规则的受害者。由于制造服装的棉花或纱是进口的，这些服装被认为不是孟加拉国的原产产品。但自2016年4月以来，日本放宽了原产地规则，孟加拉国因此得以享受针织品出口的关税减免。

二、商品交易的技术性壁垒

孟加拉国已通知WTO，表示接受《WTO技术性贸易壁垒协定》的“良好行为规范”(The Code of Good Practice)；但WTO尚未收到进一步通知。①

工业部负责领导和推动涉及国家标准、质量和合格评定的法律和技术体制框架。其主要机构是孟加拉国标准与测试机构(BSTI)和孟加拉国认证委员会(BAB)，以及计划中的负责实施强制性技术法规的新监管机构。孟加拉国标准与测试机构负责技术性贸易壁垒协定的执行事宜。

2002年以来，孟加拉国标准与测试机构一直是孟加拉国的WTO技术性贸易壁垒问题的国家决策咨询中心。它设有专注WTO事务的内部委员会，并在工业部和农业部设置参与WTO协议工作组。孟加拉国标准与测试机构正在负责技术性贸易壁垒和动植物卫生检疫协定的执行事宜。

孟加拉国标准与测试机构是负责国家标准化的机构，制定了除医药产品外所有产品的国家标准，落实标准的实施，并对内销和进出口产品的质量进行认证。孟加拉国标准与测试机构的理事会是该机构的最高决策部门，由来自不同部委、商会、科研机构和大学的代表组成。截至2012年，孟加拉国共有3498个标准，其中155个强制性标准正在生效。对于国产和进口产品的强制性标准适用相同的测试和认证程序。基于1985年《孟加拉国标准

---

① 参见WTO document G/TBT/CS/N/92，1998年1月28日。

与测试机构条例》所赋予的权力，孟加拉国标准与测试机构为产品和服务制定国家标准。

在标准和技术法规方面的主要政策目标是协调国家标准和国际标准以及引入国际标准。到目前为止，孟加拉国标准与测试机构引入的国际标准包括1368条国际标准化组织(ISO)的标准和163条国际电工委员会(IEC)的标准。孟加拉国是ISO1974的成员，并在2001年成为IEC的附属会员。政府将保持制成品及其出口的标准和质量，并通过加强技术性贸易壁垒保障能力进一步提高上述标准和质量。为此，孟加拉国标准与测试机构的质量保障、评审和认证领域正在得到加强。

许多国内和国际组织致力于通过在相关领域颁发证书保障产品质量和安全。国际标准化组织(ISO)就是此类国际组织，而孟加拉国标准与测试机构则是此类国内组织。

在孟加拉国，有各种法律保障产品的安全和质量。

1985年孟加拉国《标准及测试机构条例》的序言中宣称："本条例旨在为建立标准化、检测、计量、质量控制、分级和货物评价的机构奠定基础。"该机构有权授予或撤销许可。该条例第20(2)条规定如下，"该机构可在满足以下条件的情况下颁发牌照：(1)该物品或生产过程所使用的标准符合孟加拉国相关标准；(2)对该物品或生产过程有例行的检查和测试安排，以保证所涉物品或过程符合孟加拉国的相关标准"。

新成立的孟加拉国认证委员会正在努力将其质量体系提升至国际水平。根据孟加拉国《认证法》(2006)，孟加拉国认证委员会(BAB)是一个自治机构，目前隶属于工业部，其主要任务是发展孟加拉国的认证机制。

三、卫生与动植物检疫措施

孟加拉国卫生标准的法律框架由1959年《卫生食品条例》奠定，并由1994年《食品安全条例和卫生食品规范》进一步完善。孟加拉国的植物检疫标准源自1966年《破坏性昆虫和害虫规范》和2011年《植物检疫法》。基于2011年《植物检疫法》的具体规范正在制定当中。卫生和动植物检疫标准也受到其他法律文书的约束，特别是2005年《动物疾病法》，2008年《动物疾病规范》，2005年《动物和动物产品法》，2010年《鱼类和动物饲料法》，以及2011年《动物屠宰和肉品质量控制法》。

以下法律和规范就出口市场和国内市场渔业部门的动植物卫生检疫措施作出规定：1983年《鱼和鱼产品(检查和质量控制)条例》，1997年(2008年修订)《鱼和鱼产品(检查和质量控制)规范》,2010年《鱼饲料和动物饲料法》,2010年《鱼类孵化场法》,2011年《鱼饲料规范》,2011年《鱼类孵化场的规范》。

动植物卫生检疫事务由农业部、卫生部、渔业和畜牧业部处理。食品和可食用产品进口需要卫生证书和放射性测试证书。由出口国主管机构颁发的卫生证书必须注明该产品不含有害昆虫、其他害虫和疾病。孟加拉国也接受外国的放射性检测认证。此外,孟加拉国科学和工业研究理事会将对进口的棕榈油、油酸酯和精炼漂白脱臭(RBD)棕榈硬脂进口进行纯度试验。测试产生的所有费用由进口商承担。

2005年世界银行的调查显示,孟加拉国在处理清洁、卫生和标准相关问题上(包括环境问题)的基础架构极其薄弱。[①] 这种薄弱体现在人力资源的匮乏和应对全球愈发严格之标准化要求的技术能力缺失。

就WTO协议要求的技术性贸易壁垒和动植物卫生检疫措施而言,孟加拉国于2004年引入了一项产品标签政策,以确保货物的进口(出口)不受阻碍,并且进口的产品有适当的标签。该政策明确要求在13个行业内必须遵守国际标签标准。[②]

所有进口货物必须携带标注原产地标签。标签还必须注明数量、重量、尺寸、交易说明、成分以及生产日期和到期日期。标签可使用孟加拉语或英语。进口货物及其容器不得包含有宗教意味的词汇或标识。[③]

四、反倾销和反补贴关税法

1995年《金融法》在1969年《海关法》第18条的基础上,修订出台了审查倾销和补贴之投诉的相关法规和程序。这一立法的通过,使孟加拉国的反倾销和反补贴行动条款符合1994年WTO的《关税与贸易总协定》第6条实施协议和补贴与反补贴措施协议。孟加拉关税委员会(BTC)负责进行倾销和补贴调查。

无论是申请反倾销还是反补贴调查,都必须以国内产业或国内产业代表的名义以书面形式向孟加拉国关税委员会提交申请。关税委员会必须在发出公告后的一年内结束调查,并向政府提交调查结果和建议。临时反倾销税或

① 参见 World Bank (2005b)。

② 参见 Ministry of Industries (2004)。

③ 参见 UNESCAP (2004)。

反补贴税不得超过倾销或补贴幅度,可在调查开始60天内启动征收,为期6个月,最多延长3个月。

最终结论必须在自启动调查之日起一年内作出。最终征税数额由官方公报通知。最终征税措施自实施之日起可持续5年;期满后,经政府审查,认为仍有持续伤害的,可再延长5年。如果最初5年期届满而审查仍在进行,该反倾销税可最多延长一年。

根据1969年《海关法》第196条,针对反倾销或反补贴税的申诉,进口商可向海关、税务部门和上诉法庭提出,并且必须在征税的90天内提出。

关税委员会至今尚未在反倾销税或反补贴措施审查期限内启动过调查。过往的贸易政策报告指出,行政人员、行业技术水平和资金的不足,以及提交申请之基本认证资料的缺乏,导致调查很难展开。当局指出,这一问题尚未有所改善。①

2015—2016财年的预算中提供了一些对孟加拉国国内产业的保护。但大多数本地制造商和生产商并不满意,因为他们发现,主要依赖于关税的保护措施限制较多,不够充分。

考虑到当前国家已经显著放开的自由贸易体制,并承诺在不久的将来作出更多努力,政府无疑很难长时间地为国内产业持续提供如此直接的保护。政策研究所的分析显示,在2016财年的预算中,名义上的平均保护率已经由2015财年的26.7%下降到25.8%。

自2010年6月孟加拉国政府任命孟加拉国关税委员会主席为特命保护管理人以来,一直存在着保护机制。特命保护管理人的职责在于调查某一特定产品的进口是否侵犯了类似的本土产品,并就施加保护税等必要的补救措施提出建议。

出口铅酸蓄电池的孟加拉国公司Rahimafrooz曾在印度有过一次被征收反倾销税的有趣经历。该公司把此事提交给了政府。在长达数年的拖延后,孟加拉国政府终于在2004年1月到WTO争端解决机构(DSB)向印度的反倾销措施发起挑战。WTO审理了此事,作为相关程序的一部分,争端解决机构致电印度和孟加拉国进行询问。这是WTO历史上第一次发生最不发达国家到WTO的争端解决机构解决国际贸易问题。2004年1月28日,孟加拉国要求与印度就其对从孟加拉国进口的铅酸蓄电池所采取的反倾销措施进行磋

① WTO,Trade Policy Report by the Secretariat-Bangladesh,WT/TPR/S/270-2012年9月10日。

商。磋商之后，印度于 2005 年 1 月单方面撤回了反倾销税。

孟加拉国纺织品制造商长期以来一直在投诉印度向孟加拉国倾销纺织品和面料。10 多年以前，他们已经开始主动采取措施，并正式向关税税则委员会提出申诉，但由于未能提供充分的证明资料和文件，一直没有完成程序。

尽管孟加拉关税税则委员会保证任何数据或资料都不会被泄露给第三方或任何政府部门，但信息保密问题一直备受关注。在一定程度上，法律问题仍然是存在的。到目前为止，没有针对调查导致信息披露的法律保护，这对于利益相关者而言是一个重大的潜在问题。没有法律保障商业信息安全，行政机关很难发挥作用。

五、孟加拉国移动金融服务（MFS）的监管

根据 1991 年孟加拉国《银行公司法》第 31 款，在考虑国家需要和实现有效货币和金融政策的整体战略规划后，孟加拉国银行原则上已决定向新的私人银行发放许可。孟加拉国银行的网站中给出了设立新银行的条款和条件。①

近年来，孟加拉国的金融部门在规模和复杂性上有大幅增长。然而，尽管在资本基础、收入、净资产等方面有可观的增长收益，但是金融部门所提供的滞后的金融服务仍然不能满足孟加拉国大量低收入农村和城镇人口的农业和非农业经济活动的需求。移动电话网络和孟加拉国银行在全国范围内的迅速扩张引领了该国支付系统的现代化。而金融部门的 IT 基础设施使更多人有机会享受到创新的、基于手机的低成本离柜金融服务。孟加拉国银行（BB）正在制定相关规范性指引，使孟加拉国的移动金融服务（MFS）平台能够在有序的、促进性的、有竞争力的环境中利用新的发展机会创新性地拓展金融服务。

在孟加拉国，大约 2500 万用户正在使用手机银行，其中一部分是注册客户，其他人则不是。值得注意的是，客户和代理商的数量一直呈指数增长。尽管移动金融业务发展迅猛，但仍有 60％的人口没有纳入移动金融服务的范畴，这在农村地区尤为显著。

---

① 具体内容参见：http://www.bu.edu/bucflp/files/2012/01/Guidelines-on-Mobile-Financial-Services-for-the-Banks-consumer-protection-related.pdf，以及 https://www.bb.org.bd/aboutus/regulationguideline/guidelist.php。

移动金融服务的第一次革命发生在2011年，当时孟加拉国银行发布了《移动金融服务指引》，又在同年12月进行了更新，这一指引也成为整个系统的基础。这一指引提供了两种股权结构模型。移动金融服务可以作为银行的一部分业务运作。指引也允许移动金融服务平台作为银行的一个子公司，其中至少有51%的股份由单一银行拥有。现在最主流的平台是bKash。

孟加拉国银行发布的这些指引是基于1972年《孟加拉国银行命令》第7A(e)条和2014年《孟加拉国支付结算系统条例》第5节。这两个条例适用于孟加拉国特定商业银行主导之移动金融服务平台所提供的、基于手机的金融服务。

孟加拉国银行应允许本国特定商业银行为主导的、基于手机的金融服务平台提供如下种类的金融服务：境外对内汇款支付；通过代理、银行网点、ATM机、移动网络运营商(MNO)网点的移动账户现金转入转出；个人对企业支付，例如公用事业账单支付，商业支付，存款到银行储蓄账户，还款给银行、非银行金融机构(NBFIs)、小额信贷机构(MFIs)，向保险公司支付保险费，等等；企业对个人支付，例如工资支出，股息、退款保证支付，向贷款人发放贷款，供应商付款，等等；政府对个人支付，例如养老金支付，高龄津贴，退役军人津贴，给农民输入补贴款，等等；个人对政府支付，如税、费、罚款支付等；个人对个人支付(从一个移动账户到另一个移动账户)。

孟加拉国的移动金融服务平台仅能由作为支付系统成员的特定商业银行进行出资和主导，并事先经过孟加拉国银行批准。特定商业银行为主导的移动金融服务平台的股权持有人可能包括银行和移动网络运营商(MNO)在内的非银行机构，并受以下条款约束：(1)银行持有总股本的大部分实益所有权；(2)非银行实体持有不超过15%的实益所有权；(3)一个移动金融服务平台的所有移动网络运营商掌握的实益所有权不得超过总股本的30%。移动金融服务平台期望选择承诺引入创新商业模式和技术基础的非银行实体作为股权合作伙伴。接纳移动网络运营商为某一移动金融服务平台股权合作伙伴，其前提是它对所有受许可的移动金融服务平台以同等标准的便捷度和价格提供可靠的电信接入。在准予移动网络运营商成为某一移动金融服务平台股东之前，孟加拉国银行将核实该移动网络运营商接入的所有移动金融服务平台对该运营商服务质量的满意程度。

当某一移动金融服务平台的行为被视为侵害公共利益时，孟加拉国银行保有暂停或取消其移动金融服务平台资格的自由裁量权，并有权采取进一步措施保护移动账户持有人及涉事移动金融服务平台其他利益相关者的合法权益。①

六、区域和双边贸易法律

在过去的10年中，孟加拉国已成功达成了若干区域贸易和经济协议，包括：《南亚自由贸易协定》(SAFTA)，《亚太贸易协定》(APTA)和《孟加拉湾多部门技术和经济合作的倡议》(BIMSTEC)。孟加拉国已采取措施，加强与中国的双边经济关系。作为WTO创始成员之一和最不发达国家之一，孟加拉国一直在WTO谈判中积极倡导维护最不发达国家利益。在审查期间对《南亚自由贸易协定》和《孟加拉湾多部门技术和经济合作倡议》伙伴国的出口仍然有限，仅各占总出口额的3%。

1975年的《曼谷协定》是本地区最古老的旨在促进区域内贸易的贸易优惠协定。该协定于2005年进行了修订，并更名为《亚太贸易协定》(APTA)。伊斯兰会议组织(TPS－OIC)成员之间的贸易优惠体系框架协定于1990年缔结，但直到2002年才生效。

孟加拉国是普惠制的43个成员之一。第三轮普惠制谈判始于2004年圣保罗的第十一届贸发会议(UNCTAD XI)，经过六年的谈判，于2010年12月结束。

(一)双边协定

孟加拉国与41个国家有双边贸易协定，包括：阿尔巴尼亚、阿尔及利亚、白罗斯、不丹、巴西、保加利亚、柬埔寨、中国、捷克、埃及、德国、匈牙利、印度、印度尼西亚、伊朗、伊拉克、肯尼亚、韩国、科威特、利比亚、马来西亚、马里、摩洛哥、缅甸、尼泊尔、巴基斯坦、菲律宾、波兰、罗马尼亚、塞内加尔、斯里兰卡、苏丹、泰国、土耳其、乌干达、乌克兰、阿联酋、乌兹别克斯坦、越南、赞比亚和津巴布韦。所有的协议都是通用的，旨在促进双边贸易。

(二)其他优惠安排

根据普遍优惠制(GSP)，孟加拉国产品目前获得WTO几乎所有发达国

---

① 具体内容参见：Regulatory Guidelines for Mobile Financial Services (MFS) in Bangladesh (Revised version, July 2015), https://www.bb.org.bd/aboutus/draftguinotification/guideline/mfs_final_v9.pdf。孟加拉银行网址：https://www.bb.org.bd/aboutus/regulationguideline/guidelist.php。

家会员的优惠市场准入。此外,孟加拉国适用包括中国和印度在内的新兴国家所采取的最不发达国家优惠方案。

孟加拉国能够从中国2010年7月1日启动的最不发达国家产品免关税免配额计划(DFQF)中获益。目前,该计划涵盖了4788个税目(8位数级)的产品,占中国所有税目的60%。中国一再承诺将进一步对最不发达国家开放市场,将该计划的覆盖面提高到所有税目的97%。2011年该计划被通报到WTO。尽管该通报并未涉及原产地规则相关要求,孟加拉国当局表示,中国免税免配额计划所体现的原产地规则标准要求40%的增值或税号变化(CTH)。目前,最不发达国家免税免配额计划影响到孟加拉国向中国出口总量的近92%。

第三章　外商直接投资制度

根据国际标准，孟加拉国被认为是南亚地区对外商投资最为开放的经济体之一。该国已经向外商直接投资全面开放，并为外国企业提供高标准的待遇。自20世纪70年代后期以来，孟加拉国大幅放宽了外商直接投资的政策。政府采取的主要举措是在不同的时间点制定不同的法律；此外，该国的开明态度在各类政府文书和战略中亦有所体现。[①] 该国长期致力于签署和批准大量双边和多边投资条约，这充分证明孟加拉国对外国企业开放，并依照国际标准保护外商投资。[②]

一、孟加拉国的投资法律

孟加拉国是《国际投资争端解决公约》(ICSID)和《多边投资担保机构公约》(MIGA)的缔约国。该国同时是世界知识产权组织(WIPO)和世界投资促进机构协会(WAIPA)的成员。因此，国外投资者的财产和其他权利均得到符合国际标准的保障。贸易已经实现自由化，关税也有所降低。然而，由于缺乏国际多边投资协定，尚未有单一全面的国家投资法律调控外商直接投资的资金进入或准入、设立、待遇、保护、征收和补偿。事实上，这些问题由一系列法律作出规定，其中最重要的包括：

1.1980年《国外私人投资促进和保护法》；

2.1989年《投资委员会法》；

---

① 总理的演讲；孟加拉国2010—2021年宏观规划、2015年第六个五年计划和2010年国家产业政策。

② 双边投资条约和《国际投资争端解决公约》的签署。

3.1980 年《出口加工区管理局法》；

4.1957 年《小型工业和家庭手工业公司法》；

5.1994 年《公司法》；

6.1982 年《不动产的收购和征用条例》。

国外私人投资法的颁布，目的在于通过法律保障外商投资在孟加拉国免受国有化和征收。它保证了境外投资者所获利润、资本和红利的汇回，并得到与当地投资者平等的待遇。知识产权，如专利、设计、商标和著作权，也得到保护。孟加拉国已经与一些国家签署了双边投资保证协定。

海关和保税仓库为出口商提供帮助。贸易利润允许自由汇回，而孟加拉国塔卡在目前几乎可以自由兑换。除了在投资委员会(BOI)注册之外，外商直接投资不需要任何其他的事先批准。尽管有上述政策改革，孟加拉国仍未能吸引到充足的外商直接投资。孟加拉国也是多边投资担保机构(MIGA)、美国海外私人投资公司(OPIC)、国际投资争端解决中心(ICSID)和世界知识产权组织(WIPO)的成员。孟加拉国签订了一些避免双重征税的双边协定。政府还设立了一系列促进外国和当地投资的机构，如投资委员会(BOI)和孟加拉国出口加工区管理局(BEPZA)。①

自 20 世纪 70 年代后期以来，孟加拉国大幅放宽了外商直接投资的政策。1980 年，政府采取了给国外投资者提供国民待遇的重大举措。这帮助孟加拉国经济向市场经济转型。最近，政府实施了更灵活的规则和政策以吸引外商投资。设立企业的许多程序和机构流程已被简化或取消。政府成立了私有化委员会，加速行政程序和审批的进程。

二、外商直接投资准入

孟加拉国规范外商投资的原则性法律是 1980 年《国外私人投资促进和保护法》，但该法并未明确说明外商直接投资在本国的准入程序。该法并未详细列举资金进入的具体步骤，而是将之交由政府定夺。② 1989 年《投资委员会法》为国外投资者的进入和设立程序提供了更多指引。该法设立了投资委员

---

① 投资孟加拉国的手册和指南，2011 年由投资委员会发布，详细内容参见：http://boi.portal.gov.bd/sites/default/files/files/boi.portal.gov.bd/publications/c2a7a276_c4dd_4f98_9921_6cf36df09add/Handbook%202011%20(1).pdf。

② 1980 年《国外私人投资促进和保护法》第 3(2)条规定：“对于外资设立分款(1)规定的工业经营机构的准入条件可由政府视情况决定。”

会(BOI),并界定了该委员会的功能。[①] 该法同时确立了工业经营中国内和外商投资的注册和审批(准入机制)的监管要求和机制。尽管1980年《国外私人投资促进和保护法》没有明确要求国外投资者在投资之前获得监管部门的批准,《投资委员会法》规定所有工业经营必须在投资委员会注册,后者将在满足条件的情况下颁发工业许可证。[②]

在投资委员会注册并获得许可的要求并非只针对国外投资者,它同样适用于国内投资者。投资委员会注册过程中不同激励机制的调节使这一过程必不可少。

出口加工区(EPZ)项目或工业经营的规范和注册由孟加拉国出口加工区管理局进行。出口加工区管理局由1980年《出口加工区管理局法》设立。注册的目的在于使投资者能够利用政府的政策支持并获得认证,以减少其与各种公共部门打交道时遇到的困难。

显然,外商直接投资在各行业都受到欢迎,但有五个行业除外,即:(1)武器、弹药和其他国防装备和机械;(2)核能源生产;(3)保留森林范围内的人工造林和机械化开采;(4)安全印刷(货币);(5)矿业。[③] 这些保留是出于国家安全的目的。此外,2010年的产业政策设立了17个"受控产业"。在这些产业中,政府设置了外资最大控股比例,并且在投资委员会和孟加拉国出口加工区管理局注册前需要取得相关部委的批准。这些产业包括重要的经济部门,如:银行和金融、保险、电力、天然气和煤、大型基础设施项目、电信和端口等。[④]

孟加拉国宽松的产业政策和以出口为导向、私人部门为主导的增长战略为投资者提供了大量机会。根据1994年《公司法》,外国机构可设立全资子公司,包括私营有限责任公司或公共有限责任公司。除了某些受监管实体外,国外投资者可拥有孟加拉国公司高达100%的股权,并且外商独资企业在土地所有权方面没有任何限制。

相比于全资子公司,外资公司也可以与孟加拉国的合作伙伴成立合资公司,或通过分支机构、联络处、代表处开展业务。这些办事处的活动不得逾越全国投资委员会(BOI)设定的界限。

分行、联络处、代表处需要向投资委员会提交一系列文件,包括填写、签字

---

① 《投资委员会法》,B.4节。

② 1980年《国外私人投资促进和保护法》第3节。

③ 《2014年孟加拉国外商投资指南》,2.DDFL。

④ 投资政策审查,2013年UNCTAD第32页。

并盖章的申请表，所属公司的公司备忘录（MOA）和公司章程（AOA），董事国籍，以及上一财年账目。

预期国际投资者可申请时间从一个月到五年的签证。分行、联络处、代表处必须获得投资委员会颁发的工作许可。不过，设立此类办公室是免费的，并鼓励在当地雇佣员工。外籍雇员在工业企业的比例不能超过 1/20（外国/本国），在商业场所的比例不得超过 1/5（外国/本国）。此外，孟加拉国为国外投资者提供公民身份、永久居民身份和多次入境签证。

三、投资促进机构

投资委员会和孟加拉国出口加工区管理局是孟加拉国主要的投资促进机构。公司必须在投资委员会注册，以获得诸如税收优惠或设备进口优惠关税的福利。投资委员会还负责代表孟加拉国银行管理一些外国贷款和支付的批准。尽管投资委员会经常被吹捧，是所有投资者的一站式服务窗口，其外商投资管理机关仍然呈现出碎片化的特点。投资委员会可以为出口加工区以外的工业项目投资者提供注册，并在税务咨询、土地征用、二次配线、企业成立方面提供帮助。出口加工区管理局为在出口加工区投资的公司提供同样的服务。基础设施和自然资源（包括电力、矿产、电信）部门的投资者必须向相应的政府部门申请批准。虽然投资委员会在组织上隶属于总理办公室，但是法规和行政权力仍由各部委保留。投资者经常抱怨各部委设置不必要的授权和许可。[①]

四、货币兑换

孟加拉国允许利润的自由汇出，且投资者活期账户中的利润几乎可以自由兑换。然而，有公司报告称，外币的汇回程序冗长而烦琐。增长的燃料进口使得贸易平衡在 2010—2011 年由顺差转为逆差，外汇稀缺和货币贬值一度导致兑换风险增加。2011 年以来，国际收支再次回到顺差，外汇储备在 2012 年年底达到了历史最高，兑换风险有所下降。[②]

---

① 投资环境报告，经济和商业事务局 2013 年 2 月报告，访问地址：http://www.state.gov/e/eb/rls/othr/ics/2013/204599.htm。

② 同上。

五、私有化

孟加拉国政府在过去20年里对部分国有企业(SOEs)进行了私有化改造,但许多国有企业仍然在经济中发挥着重要的作用,尤其是在金融和能源领域。目前,政府已经采取措施重组部分国有企业,以提高它们的竞争力。孟加拉国国家航空被转型为公共有限责任公司,并发起品牌重塑和机队更新计划,包括向波音公司购买10架飞机。三大国有商业银行(NCBs)——Sonali,Janata和Agrani——已转型为公共有限责任公司。孟加拉国允许私人资本进入发电和天然气勘探领域,而使外资完全进入石油市场营销和配气的努力陷入僵局。

电信部门在过去10年中逐渐开放,促成富有竞争力的手机市场的发展。但政府迟迟未能允许国际连接和网络电话业务形成更多竞争。2007年,政府修订了2007年国际长途电信服务政策,实现了网络电话(VoIP)的合法化,但政府还没有实施这一政策。①

六、优惠待遇和外商投资的保护

孟加拉国政府积极寻求外商投资,尤其是在能源、电力和基础设施项目领域。它的产业政策和出口导向型增长战略提供了一系列的投资激励机制,并且很少对国外和国内私人投资者区别对待。② 该政策使投资者设立企业更加容易,具体措施包括:简化租赁和购买私人土地的手续,设立相关服务机构,长达7年的企业税减免(电力行业为15年),长达3年的特定领域外国员工个人所得税减免。

2014年,投资委员会批准了5694个工作许可证。其中,43.05%属于商业场所,其余56.95%属于工业项目。此外,41.08%为新批准许可证,58.92%为现有许可证延期。③

在过去几十年里,孟加拉国自建国以来一直致力于为国外投资者提供不

① 投资环境报告,经济和商业事务局2013年2月报告,访问地址:http://www.state.gov/e/eb/rls/othr/ics/2013/204599.htm。

② 具体参见:http://www.state.gov/e/eb/rls/othr/ics/2013/204599.htm。

③ 参见投资委员会2014年度报告:http://www.boi.gov.bd/site/publications/1be68621-076f-499f-96ae-362ad94185c7/Annual-Report-2014。

受歧视的待遇。该国现有的法律框架保证公平与公正待遇的外商投资。①《国外私人投资促进和保护法》的一些相关规定指出，在适用法律法规时，外商投资不得受到比类似国民私人投资更低的待遇。②

总的来说，各产业政策都坚持了这一立场。例如，2010 年版的产业政策提到，国外投资者在税收减免、版权费、技术费和其他方面与国内投资者享有同等的条件。司法救济必须建立在无歧视的基础上。

孟加拉国签署了近 30 个双边投资协定，所有协定都保证最惠国待遇和国民待遇。这两大原则系统性地保障了国外投资者的待遇不受歧视。这些条约所包含的两大原则并不因国家公共政策的调整而受影响。

孟加拉国签署的大多数双边投资条约包含了避免双重征税的条款。通过依法保障外商投资、确保国外投资者和本国投资者享受平等待遇，孟加拉国欢迎外商投资，并保障国外投资者获得平等的、在许多方面甚至是优厚的待遇。基于 1980 年《国外私人投资促进和保护法》对资本和红利汇回的总括性规定，政府保证外商投资免受国有化和征用。该法规定，外商投资只能因公共目的被征用或收归国有，且必须"尽快"作出充分的补偿并可以自由转让。然而，法律并未提及征收中的非歧视原则。充分的赔偿被界定为征收或国有化公告发布前的市值。孟加拉国也为保护知识产权提供了充分的法律保障。

七、国际投资协定(IIAs)、双边贸易协定(BITs)、自由贸易协定(FTAs)和本国法律的关系

所有孟加拉国缔约的双边贸易协定、国际投资协定和自由贸易协定都是其国际法的一部分。本部分将分析孟加拉司法部门对国际法的适用。

在国际条约方面，孟加拉国采用二元理论或植入理论，即任何国际条约除非经立法程序植入到孟加拉国的国内立法中，否则不能成为孟加拉国法律的一部分。尽管就严格的技术层面而言，相关法律必须经过《宪法》审查，但判例法表明孟加拉国司法部门接受国际法对国内法的间接植入，即没有经过明确本土立法程序的国际法植入。

孟加拉国《宪法》第二部分规定了指导性的国家政策基本原则，但是它不具有约束力。《宪法》第 8(2) 条明确了这一点："本部分规定之原则应是孟加

① 1980 年《国外私人投资促进和保护法》第 4 条规定：政府应对在孟加拉国享有充分保护和安全的国外私人投资给予公平和公平待遇。

② 1980 年《国外私人投资促进和保护法》，第 5 条。

拉国的治理基础，由国家在法律制定过程中应用，应为解释孟加拉国《宪法》和其他法律的指引，并应成为国家及其公民工作的基础，但在司法中不得直接适用。”《宪法》第二部分所确立的原则的最后一条是第 25 条，该条规定：

> 国家在建立外交关系时，因遵循如下原则：尊重国家主权平等，不干涉其他国家内部事务，和平解决国际争端，尊重国际法和《联合国宪章》所宣布的原则。在这些原则的基础上，应当——
>
> a. 争取在国际关系中放弃使用武力，并争取全面彻底地裁减军力；
>
> b. 支持每个民族自由地行使权利，选择和建立本民族的社会、经济和政治体制；
>
> c. 支持全球各地的被压迫人民进行反对帝国主义、殖民主义和种族主义的正义斗争。

国家政策的基本原则尽管不能在司法中直接适用，但不容忽视。事实上，《宪法》和国家法律的解释必须符合国际法的基本原则。[①] 法院的做法反映在 BNWLA v. Government of Bangladesh and others[②] 一案中，该案法官指出："即使国家已经批准了，我们的法院也不会直接将这些条约和公约适用，因为它们不是本国法源，除非它们被纳入国内立法。"

在 BNWLA v. Government of Bangladesh and others[③] 一案中，最高法院重申了包括《世界人权宣言》(UDHR)在内的国际文书在国内领域的适用："这片次大陆的诸多决定都已指出，当国内法在某个问题上出现空白时，法院可以诉诸国际公约和议定书，就这一问题制定供有关各方遵守的有效指引和规范，直到国家立法机关在相应领域制定法律。"

孟加拉国最高法院高等法院司亦指出："当国内立法应对某一问题出现空白时，法院可诉诸国际公约和议定书，就这一问题制定供有关各方遵守的有效指引和规范，直到国家立法机关在相应领域制定法律。"[④]

显然，司法机关采取的做法是，如果某一特定事项在国家立法中没有规定，那么可以参考有关的国际公约和议定书。这意味直接适用国际法来解决法律或原则问题并未完全禁止，即便适用的国际文书尚未植入国内法。

---

① Pro Nurul islam and others v. Bangladesh and others, Writ petition, 52 DLR (2000), 2000 年 2 月 7 日。

② 14 BLC (2009)703.

③ 2001, 40 CLC (HCD)，第 20 小节。

④ BNWLA v. Government of Bangladesh and others 31 BLD, (HCD)2011, 324.

此外,法院基于《世界人权宣言》所制定的指导方针有显著的价值和重要性。在 BNWLA v. Government of Bangladesh and others 一案中,法院指出:"我们认为,本院在本案中所制定的或即将制定的指引性规范是本国的法律,且根据《宪法》第 111 条(其中指出,最高法院的裁决对所有下级法院具有约束力),上述指引性规范对所有相关方具有约束力,并应在所有地方执行,直到本国立法机构制定或颁布有效的法律措施。"

孟加拉国的法律制度是普通法系,且与其他普通法国家并无显著不同。孟加拉国对于国际法在国内适用立场的态度的原因包括:判例法的缺失,《宪法》和法律规定的模糊性,以及该国法官和律师对参考国际文书的抵触。在很大程度上,这些问题是出于:该国法学界传统和刻板的思维,缺乏了解更多国际法律发展的意愿,以及法律院校课程缺乏对国际法的重视。最后,这些特点还源于该国法律部门对普通法原则的严格坚持,以至于对借鉴大陆法系毫无兴趣,甚至不愿从其他普通法国家学习如何投入更多时间和努力将国际法植入国内法。对于国际条约而言,成员方不应袒护任何违反国际法的国内法律。孟加拉国的司法实践说明,就贸易和投资条约而言,本国有意愿履行其国际义务。

第四章　货币和银行体制探析

激励孟加拉国人民在解放战争中英勇奋斗的民族主义、社会主义、民主主义和世俗主义是宪法的四大基本原则。"国父"穆吉布·拉赫曼深受后独立时期策划者的影响，认为只要进行全面国有化，孟加拉国就能走上进步的巅峰。官僚主导的商业体制在世界其他地区没有成功先例，也没有在孟加拉国成功。理论上的乌托邦在建立不久就很快破灭，经济增长大幅下跌，国家发展停滞不前。整个 20 世纪 70 年代，孟加拉国国内生产总值平均年增长率为 1.5%。基于社会主义计划经济的孟加拉国举步维艰，很难实现向私有化和市场经济的快速过渡。孟加拉国的领导者认为释放私营企业的潜力存在风险，将孟加拉国的政策转向一个截然相反的方向具有极大挑战性。在 20 世纪 80 年代中期、90 年代初期和 90 年代中期分三步执行的自由化政策是改善市场的重大举措。自 20 世纪 80 年代以来，孟加拉国的经济增长每 10 年就提升约 1 个百分点，从最初的 3.5%一直飙升到 21 世纪初叶的 6.5%。①

孟加拉国的金融体系由三大部门组成，即正规部门、半正规部门和非正规部门。正规部门包括所有监管机构，如银行、非银行金融机构(FIs)、保险公司、经纪公司、商业银行等资本市场中介机构，以及小额信贷机构(MFIs)。半正规部门包括那些受其他形式规范的机构，但它们不属于中央银行、保险管理机构、证券交易委员会或任何金融监管机构的管辖范围。这个部门主要由专业金融机构组成，如房屋建筑金融公司(HBFC)、Palli Karma Sahayak 基金会(PKSF)、Samabay 银行、Grameen 银行和非政府组织。非正规部门包括完全

① Biru Paksha Paul,"Why is the Bangladesh Economy Different?" The Daily Star,2016. http://www.thedailystar.net/op-ed/economics/why-the-bangladesh-economy-different-511861.

不受管制的私人中介机构。①

孟加拉国银行是孟加拉国的中央银行，旨在根据国家众议院通过的法律文本，规范和监督上述金融部门。本章将就规制孟加拉国货币和银行体系的法律展开讨论。我们将重点关注外汇制度、资金流动、银行系统和限制外资银行和金融机构的法律。

一、货币和银行系统的相关法律

据孟加拉国银行法律文书手册的规定，规制孟加拉国金融体系的法律如下：

1.《票据法》，1881 年；

2.《银行家书证法》，1891 年；

3.《外汇管理条例法》，1947 年；

4.《孟加拉国银行命令》，1972 年；

5.《银行公司法》，1991 年；

6.《金融机构法》，1993 年；

7.《银行存款保险法》，2000 年；

8.《金钱借贷法院法》，2003 年；

9.《小额信贷管理局法》，2006 年；

10.《反恐怖主义法》，2009 年；

11.《洗钱防治法》，2012 年；

12.《银行公司法(修正案)》，2013 年；

13.《反恐怖主义法(修正案)》，2013 年；

14.《洗钱防治法(修正案)》，2015 年；

15.《财务报告法》，2015 年；

16.《外汇管理条例法(修正案)》，2015 年。

二、1972 年《孟加拉国银行命令》

孟加拉国银行成立于 1971 年 12 月 16 日，由《孟加拉国银行命令》(1972 年总统的第 127 号令，2003 年修订)确立其功能和职权。孟加拉国银行事务和业务由九人组成的董事会监督和指导，董事会由总督也是银行首席执行官

① “Financial System”, Bangladesh Bank: Central Bank of Bangladesh. https://www.bb.org.bd/fnansys/index.php.

领导。孟加拉国银行有40个部门和9个分公司。在2010—2014年战略计划中,孟加拉国银行的愿景是:“作为前瞻性中央银行持续发展,保持高道德标准下的富有竞争力和专注度的职业素养,执行货币管理和财政部门监督,以保持物价稳定性和金融体系稳健性,促进快速、广泛、包容性的经济增长,创造就业机会并消除国内贫困。”

孟加拉国银行的主要功能(1972年《孟加拉国银行命令》,第7A条)包括:

1. 制定和执行货币政策;

2. 制定和实施外汇市场干预政策;

3. 就财政和汇率政策与货币政策的相互作用、各种政策措施对经济的影响、实现目标履行职能所需要的立法措施向政府提供意见;

4. 持有并管理孟加拉国的官方外汇储备;

5. 促进、规范和保障安全且高效的支付体系,包括银行纸币的发行;

6. 规范和监督银行公司和金融机构。

三、1947年《外汇管理条例法》和2015年《外汇管理条例法(修正案)》

(一)1947年《外汇管理条例法》

1947年《外汇管理条例法》在孟加拉国独立后立即获得通过。该法授权孟加拉国银行规范特定类型的支付、外汇和证券管理、货币及黄金的进出口交易。该法有27节和更多的细分条文。

该法的主要目标是,节省有限的外汇资源,确保现有的外汇仅用于保障孟加拉国经济和金融利益的高优先级需求,并维持外汇收支平衡。孟加拉国银行负责行政监管。根据该法,孟加拉国银行定期进行外汇管制措施审查,因时制宜地修改有关政策和措施,并通过外汇通告发布。外汇授权经销商必须在他们的日常交易中将《外汇管理条例法》附入给客户的通知。事实上,所有的法规修订或更改,都是通过授权经销商与客户交易的层面实施。所以授权经销商必须确保客户遵守相关规定。

孟加拉国有非常严格的外汇管制制度。外汇交易受到高度监管。孟加拉国的对外汇款只在特定的情况下被允许,并需要相关文件支持。孟加拉国银行负责管理孟加拉国外汇交易。孟加拉国银行定期发布外汇交易的相关指引,其主要部分的摘要由孟加拉国银行发布并命名为《外汇交易指导》(简称“指导”)。所有外汇交易应遵循“指导”和《外汇管理条例法》,否则可能招致刑事指控。

1947年《外汇管理条例法》的一些基本特点如下。

1. 授权经销商和货币兑换商：根据1947年《外汇管理条例法》的授权，孟加拉国银行负责签发外汇经营许可证，包括一般性许可证和仅能执行特定功能的受限许可证。授权经销商必须在所有外汇交易中保留充分、恰当的记录，并将这些记录按规定整理申报，提交给孟加拉国银行。除了授权经销商，注册货币兑换商也可以从游客手中购买外汇，并依规定销售给出境的孟加拉国旅行者。①

2. 外商投资人或任何人从境外带入现金：外国人可以通过现金等任何形式不受限制地带外汇入境，但是当超过5000美金时，必须在入境时向海关提交申报表。带入的现金也可以自由带出，但适用申报的情形时必须要申报。②

3. 资本和利润的汇回：只要相关文件齐备，国外投资者可以通过授权经销商自由汇回其投入资本、利润、资本收益、税后股息和经批准的提成和费用。在孟加拉国受雇佣的外国人经政府批准可通过授权经销商汇回最多50%的薪金或纯收入、真实存款和允许范围内的退休福利。外国人在国外期间，政府正式批准的服务合同要求支付的净收入可以汇回。③

(二)2015年《外汇管理条例法(修正案)》

1947年《外汇管理条例法》在2015年9月9日进行修订，包括以下几个方面的变化。

适用于所有孟加拉国居民：该法适用于几乎所有生活在孟加拉国的人，不论其国籍，例外仅包括外交代表、具有外交代表性质的驻孟加拉国官员和依国际条约设立在孟加拉国的组织机构。④

更宽泛的证券定义⑤：目前的定义包括《2001年证券交易委员会(共同基金)规则》所定义的证券存款、共同基金和集体投资计划的存款收益，以及1969年《证券交易条例》对证券的定义。

引入新定义：该修正案引入了一些新的定义，如出口、进口、资本账户交

---

① “Foreign Exchange Laws”, OGR LEGAL, Resource Portal (2016), https://resource.ogrlegal.com/foreign-exchange-laws/.

② 同上。

③ 同上。

④ 同上。

⑤ 同上。

易、当前账户交易、货物、孟加拉国居民、服务等等。①

服务的出口将被覆盖：政府有权禁止任何货物、货物种类、服务、服务类型自孟加拉国出口，除非有证据表明该出口申报中拟出口货物或服务的出口总值已经或即将在规定时间内按规定方式接收。②

第18A和18B款被废除：办事处、联络处或代表处应在获得投资委员会或其他主管部门的批准后30天内向孟加拉国银行汇报，以维持其在孟加拉国的存续状态。③

更多的可查询信息：政府或孟加拉国银行可要求任何孟加拉国居民提供他们持有的外汇、外国有价证券、境外任何不动产、工商产业或该居民在境外持有、拥有、建立或实际掌控的公司。④

违反《外汇管理条例法》任何规定的惩罚：违反本法的任何条款最高可判处7年监禁。

关于许可的规定：以下情况个人无须向孟加拉国银行申请任何许可：个人担任技术或管理顾问，孟加拉国个人居民（但不是公民）的贸易或商业交易代理人，非依孟加拉国生效法律特许成立之公司（银行公司除外）的贸易或商业交易代理人。

四、1991年《银行公司法》

1991年《银行公司法》颁布于1991年2月，目的是使孟加拉国银行成为许可、监管、规范和指导银行业的权威机构。

该法主要涉及银行公司的运营和受许可活动。孟加拉国银行行使该法赋予的权力，目的是在发放、重组贷款和垫款方面重新建立规范。贷款人与银行之间存在直接或间接的关系而产生的“关联贷款”是银行业最为严重的问题。为了防止此类贷款发生，本法第27条给贷款和垫款设置了一些限制。孟加拉国银行现在严格监控拖欠贷款的重组。银行业机构不得重组其未偿还贷款超过两次。⑤

① “Foreign Exchange Laws”，OGR LEGAL，Resource Portal (2016)，https://resource.ogrlegal.com/foreign-exchange-laws/.

② 同上。

③ 同上。

④ 同上。

⑤ Muhammad Mustafizur Rahman，“Banking Sector Reforms In Bangladesh and Its Impact”，2012，在亚洲理工学院管理学院提交的论文，第13－14页。

(一)银行公司的牌照

1991年《银行公司法》授权孟加拉国银行在孟加拉国发放牌照,以开展银行业务。[①] 发放牌照前,孟加拉国银行可要求牌照申请者满足以下任一条件:该公司现在或未来有能力全额支付其储户的取款要求;该公司的运营不会或不大可能会损害其现在或未来储户的利益;对在孟加拉国境外成立的公司,其成立国政府或法律为该公司提供了与孟加拉国政府或法律为本国公司所提供的同等设施和条件,且该公司符合本法所有适用于境外注册公司的规定。

孟加拉国银行有权吊销根据本法所授予之银行公司牌照,吊销理由包括:

1.若该公司停止在孟加拉国开展银行业务;

2.若该公司在任何时候未能达到法律所要求的条件。

任何银行公司对依本款作出的吊销决定不满的,可在收到孟加拉国银行决定之日起30日内,向政府申诉。政府就申诉所作出的决定为最终决定。

(二)1991年《银行公司法》的其他重要特点

1991年银行公司法的重要条款总结如下。

非银行资产的处置:任何银行公司都不得持有不动产超过7年。孟加拉国银行可将上述期限延长5年(第10条)。

最低资本要求:最低实收资本和储备资本的要求为一亿塔卡或基于风险资产的数额。孟加拉国银行可与政府商议后变动该要求(第13条)。

股东权益规制:实收资本、认缴资本、股东的法定股本和投票权的规制。对购买银行股票的限制。股权集中不得超过10%(第14条)。

董事的任命:孟加拉国银行可要求任何银行公司(新的或特殊除外)召开股东大会。选举的举行不得在任何法院受到质疑(第15条)。CEO的职务不得连续空缺3个月以上。孟加拉国银行可委任一名管理人,费用由该公司承担。公司董事任期不得超过连续六年两任(CEO除外)。在特殊情况下,董事可超期任职。

董事办公室的空缺:如果银行公司的任何董事未能——

a.支付他的预付款、贷款、分期付款或利息;

---

① Salahuddin Ahmad & Dilli Raj Khanal,"Services Trade in Developing Asia: A Case Study of the Banking and Insurance Sector in Bangladesh",2007,亚太贸易研究和培训网络系列论文,第38页。

b. 支付应由他承担的任何证券相关费用；

c. 承担任何应由他承担且书面承诺承担的责任[第17(1)条]。

董事的利益：当银行公司的任何一位董事与商业机构进行银行业以外的商业交易时，如董事本人与该商业机构有所关联或者持有该商业机构至少10％的股份，那么银行公司应在其股东大会上报告此事(第18条)。

普通董事的禁止：具有以下情形之人不得担任普通董事——其他银行或金融机构的董事，外部审计师，法律顾问或其他对公司利益负有责任的人，具有超过银行公司20％投票权的公司董事(第23条)。

董事的贷款和垫款限制：所有银行公司不得以自身股份为抵押发放贷款或垫款，不得向任何董事及其家庭成员发放贷款或垫款，也不得向银行公司或其董事参与的任何公司发放贷款或垫款。银行公司应将违约贷款人名单提交给孟加拉国银行，而孟加拉国银行应将该名单发送到所有银行公司。任何银行公司不得向违约贷款人提供任何信贷额度。提供贷款的银行公司应当对违约贷款人发起诉讼(第27条)。

发放股息的限制：除新银行和特殊银行外，银行公司不得发放任何股息，除非所有资本开支没有书面记载，所需实收资本和储备存在缺口，以及有其他例外情形(第22条)。

银行公司的垫付：孟加拉国银行可制定银行公司所遵循的贷款政策。孟加拉国银行可就下列事项为银行公司提供指导：

1. 需保持的信贷最高限额；

2. 总垫款比例中小额贷款的最低比例；

3. 贷款的目的；

4. 垫款中的利率费用(第29条)。

审计：B/S和P/L账户的审计必须由符合1973年《孟加拉国特许会计命令》(第39条)资格要求的人进行。

其他控制：孟加拉国银行有权检查、指导、罢免任何银行的董事(第44、45、46条)。

刑事制裁：监管和控制的权力由刑事制裁背书。第57条规定如下：

(1)任何人不得——

a. 阻碍他人合法地进入或离开银行公司的任何业务办公室或场所，或阻碍他人在上述地点开展业务；

b. 在任何银行公司的业务办公室或场所内，举行含有暴力的、阻碍或

可能阻碍银行公司日常经营和交易的示威行动;

c.以任何方式故意损害储户对银行公司的信心。

(2)任何人无正当理由违反第(1)款的,可判处不超过两年的监禁或不超过两万塔卡的罚金或二者并罚。

(3)根据本条的立法目的,"银行公司"应包括孟加拉国银行。

五、2013年《银行公司法(修正案)》

最新修正案要求董事最多不得超过20人,其中包括每家银行有三名独立董事,而过去对董事人数没有限制。同时,新的修正案授权孟加拉国银行解除国有银行被错误任命之执行董事(MDs)的职务。银行的资本市场风险要求也被确认为划定25%的监管资本(实收资本和储备资本的总和)。其他重要的修订包括:将担任银行执行董事者的工作经验要求从15年减至10年,授权中央银行监管从非会员人群中募集资金的合作社,并允许对未在特定期限内满足资本要求的银行作出高额罚款。鉴于孟加拉国银行业普遍存在的情况,这些修订显得格外重要,对于公共部门银行更是如此。从现在起,银行不得将超过25%的监管资本投资股市。[①]

六、1990年《金钱借贷法院法》(Artha Rin Adalat)及其2003年修正案

《金钱借贷法院法》颁布于1990年,目的是帮助金融机构及时收回到期贷款。在孟加拉国的法律制度中,金融机构和银行借给个人、私营有限责任公司、公共有限责任公司、企业、合伙、协会、合作社、独资企业等的到期债务,可通过金钱诉讼、止赎诉讼、在主管民事法庭设立同等抵押等方式追回。法院的诉讼负担沉重,而额外的银行诉讼进一步加剧了司法的迟延。法院的迟延给银行造成了大量损失,导致后者很难及时追回贷款。为了解决这一困难,政府颁布了1990年《金钱借贷法院法》。该法自诞生以来已进行了一些修正。该法在很大程度上为司法部门规范和管理此类诉讼带来了改变,但未能实现立法者、银行家及时追回欠款的预期。由此诞生了新的法律,2003年《金钱借贷

① "Latest Amendment to Bank Company Act", Editorial, the Financial Express, 2013. http://print. thefinancialexpress-bd. com/old/index. php? ref = MjBfMDdfMTdfMTNfMV82XzE3NjcyMg.

法院法》废止并替代了 1990 年法。①

该法生效于 2003 年 5 月 1 日，但其中第 46 条和第 47 条于 2004 年 5 月 1 日开始实施。该法的目的是修订和巩固有关金融机构、银行收回贷款的现行法律。该法的内容分为八章，共 60 条。第一章是总论(第 1—3 条)；第二章是金钱借贷法院的建立(第 4 条)；第三章是金钱借贷法院的权力和管辖范围(第 5 条)；第四章是诉讼的机构以及金钱借贷法院的实践和程序(第 6—20 条)；第五章是替代性纠纷解决机制(第 21—25 条)；第六章是执行(第 26—39 条)；第七章是上诉和修订(第 40—44 条)；第八章是其他事宜(第 45—60 条)。②

在第三章中，根据本法第 5(8)条提起的金钱借贷诉讼赋予了金钱借贷法院专属管辖权。它对其他的民事或刑事案件没有管辖权。③ 第五章包含了通过和解会议或调解解决纠纷的条款(第 21 条和第 22 条)。该机制的引入，目的在于将纠纷解决在早期阶段，并帮助争议双方达成互惠互利的解决方案。该法第 38—46 条赋予到期款项的偿付以更多的分期期数和付款时间，而第 49 条允许欠款人在 1 年内分 4 期或在 3 年内分 12 期偿还欠款。如欠款人不能按时支付分期款项，所有未偿付金额将转为到期债权，且该法不再允许任何进一步的宽限方案。④

本法第六章授权金融机构、银行通过公开拍卖出售欠款人的财产。根据第 33(5)条，如果该财产仍未拍卖售出，该机构可获得未拍出财产的控制权。此外，如果该机构想要保留财产，它可以向法院申请获得财产所有权的证明。⑤

第七章规定了金钱借贷法院所作出的任何决定的上诉和改判。在这些情况下，法院会遵循 1908 年《民事诉讼法》(CPC)所建议的程序。但该法对于 1908 年《民事诉讼法》第 114 条和 47 号令所规定的审查制度没有提及。

该法第八章第 46 条规定了起诉的诉讼时效及未能及时起诉的法律后果。所有诉讼应当在违反还款计划后一年内提起。如果有任何机构超期起诉，法院会告知该组织的行政首长，而主管机关会对有过错的相关银行负责人施以惩戒，并在 90 天内告知法院。

尽管存在上述障碍，但法律一直在追讨到期贷款方面扮演着非常重要的

---

① Syed Jahed Monsur, "The Artha Rin Adalat Ain/2003: A Review", Law & Our Rights, The Daily Star, 2006. http://archive.thedailystar.net/law/2006/07/01/analysis.htm.

② 同上。

③ 同上。

④ 同上。

⑤ 同上。

角色。金融机构在追回贷款方面已经取得了巨大的成就，拖欠贷款的情形有显著改善，待决金钱借贷诉讼的数量已经低于预期数量。①

七、1993年《金融机构法》

《金融机构法》颁布于1993年，目的是处理非银行金融机构(NBFIs)的事务。根据该法的立法意图，金融机构是指以下非银行金融机构，业务范围包括：(1)对工业、商业、农业和建筑业贷款及垫款；(2)承销、收款、投资，股票和债券的再投资，由政府、任何法定机构、其他有价证券发行机构的信用债券；(3)包括机械设备租赁在内的分期付款交易业务；(4)金融风险投资，机构种类应包括商业银行、投资公司、互助协会、互助公司、租赁公司或建屋互助会。②

该法采取谨慎的方式给新的非银行金融机构发放许可，并监督和指导现有非银行金融机构。③

该法一些重要的条款如下：

开设分支机构的限制：“(1)任何金融机构不得在未得到孟加拉国银行书面许可的情况下，擅自在孟加拉国境内外开设分支机构或办公室，也不得改变现有分支机构或办事处的位置；(2)孟加拉国银行对金融机构根据上款所提出的申请，应在考虑第4(3)条所提及的事项后批准或拒绝，且孟加拉国银行就此事做出的决定为最终决定。”[第7(1)(2)条]

支付股息的限制：任何金融机构不得就其股权支付任何股息，除非其所有的资本支出，包括前期费用、机构运营费用、股票销售和券商佣金、损失和其他项目，已全部销账(第10条)。

授信额度等方面的限制，第14条规定如下：

> (1)任何金融机构不得——
>
> (a)接受任何可通过支票、汇票或存款人指令付还的存款；(b)黄金或任何外国金属货币的交易；(c)发放超过总资本30%或经孟加拉国银行同意后超过总资本100%的授信额度，对象包括任何特定个人、单位、公司

① Syed Jahed Monsur, “The Artha Rin Adalat Ain/2003: A Review”, Law & Our Rights, The Daily Star, 2006. http://archive.thedailystar.net/law/2006/07/01/analysis.htm.

② Mohammad Ashrafuzzaman and Md. Tanim-Ul-Islam, “Statement of Cash Flows Disclosures: A Study on Listed Financial Institutions in Bangladesh”, World Journal of Social Sciences, 2015, 5(3): 177.

③ AbdurRaquib, “Financial Sector Reform in Bangladesh-An Evaluation”, 8.

和企业，或控制、影响上述对象的个人、单位、公司和企业；(d)发放超过公司50%授信额度或超过孟加拉国银行实时确定之额度的贷款；(e)发放任何无抵押的垫付、贷款或授信额度，对象为任何本公司董事个人或集体有利益牵连的公司，除非此类信贷的总金额不超过公司实收股本和准备金的10%；(f)向(e)款所述群体之外的任何个人和集体发放(e)款所述之垫付、贷款或授信额度超过500000塔卡。(说明：在本款中，"董事"还包括董事的妻子、丈夫、父亲、母亲、儿子、女儿、女婿、媳妇、岳父和岳母)

(2)(1)—(e)款所述之"无抵押的垫付""无抵押的贷款"或"无抵押的授信额度"，指的是任何没有抵押或担保即发放的垫付、贷款或授信额度，并应当包括：有抵押和担保时超过抵押或担保市场价值的发放额度，以及经孟加拉国银行认定抵押和担保无市场价值时该银行结算的金额。

(3)任何金融机构不得发放任何以本机构股份为抵押的垫付或贷款，也不得向任何机构发放以购买或销售本机构股份为目的的垫付或贷款。

(4)凡出现任何因违反(1)款之规定违规发放无抵押垫付、贷款或授信额度而造成的损失，金融机构的全体董事应共同或分别承担赔偿责任。

对金融机构的业务限制，第15条规定如下：

(1)任何金融机构不得单独或集体从事批发或零售业务，包括进出口贸易，除非该行为以开展金融业务为目的。

(2)任何金融机构不得从事除金融业务和本法所述业务之外的任何业务。

对投资的限制：任何金融机构不得花费或使用超过实收资本的25%和准备金，用于收购或持有任何种类的金融、商业、农业、工业机构或任何类似机构的股份，并应尽快向相关机构出售本金融机构通过实现到期贷款债权获得的股权。但金融机构可提出申请，并经银行的同意，耗费或使用最高50%的实收资本和准备金用于收购或持有上述种类的股份(第16条)。

持有不动产的限制：任何金融机构获取或持有的不动产不得超过其实收资本和准备金的25%，但本款所指之不动产不包括为金融机构员工准备的设施和通过实现到期贷款债权获得的产权(第17条)。

颁布指引性规则的权力：孟加拉国银行可以根据本条颁布指引性规则。指引性规则中的条款是对立法要求的补充，但不能替换或取代法定标准(第

18条)。[①]

财务信息：每家金融机构的董事应当按照《公司法》要求向孟加拉国银行提交损益表和资产负债表的副本(第23条)。[②]

违反法规的刑事处罚：如果金融机构的分支机构在开展金融业务中违反第7条的规定，那么该分支机构在违法行为持续的每一天可被处以最高10万塔卡的罚款(第34条)。如果任何金融机构在发放授信额度时违反第14条的规定，监管部门可对该金融机构处以最高200万塔卡的罚款。

八、1881年《票据法》(NI Act)

1881年《票据法》的颁布规范了殖民时期印度次大陆的票据相关事宜。根据该法第13条：“流通票据是指本票、汇票和依要求支付或向持票人支付的支票。”而该法不认可的文书被称为准票据，例如海运提单、铁路运输收据等。

根据《票据法》(第138条)，对票据的拒付属于违法行为。该法的目标是惩罚，而非追回欠款。但该法为票据所有人追回欠款保留了可能性，因为法院可通过追缴的罚款顶格赔付票据的票面金额。如果有人想收回未实现的债券，那么该人可提起追回资金的民事诉讼。但实践表明，根据该法第138条提起刑事诉讼一直是追回资金最有效的方式。很多时候，《票据法》之下，可能会被定罪的出票人会主动赔付欠款。[③]

支票的有效期为6个月。如果支票不能兑现，持票人会收到银行的备忘录说明退回支票的原因。支票不能兑现的原因有多个，但是如果是因为资金缺乏，那么《票据法》主要保护持票人的权利。为行使《票据法》所赋予的程序权力，当事人必须在收到银行通知之日起30日内向出票人发出通知。通知书须由专人送达，也可通过A/D挂号信的方式寄送或在广泛流传的报纸上发布通知。如果出票人没有在此期间内赔付，那么持票人就有了提起诉讼的诉由。在这种情况下，当事人必须在诉由出现之日起的30日内向一等司法裁判法院起诉。掌握上述时间节点是根据《票据法》提起诉讼的关键。[④]

---

① 孟加拉国金融机构和市场部，《孟加拉国金融机构产品和服务指南(2013年)》，第2页。

② Mohammad Ashrafuzzaman and Md Tanim-Ul-Islam，2015，181。

③ Barrister Omar Khan Joy，Cheque Dishonour，Your Advocate，The Daily Star，2015，http://www.thedailystar.net/law-our-rights/cheque-dishonour-72010.

④ 同上。

九、1997 年《破产法》

《破产法》颁布于 1997 年 3 月。根据该法，所有地区法院法官可审理破产案件，并可以授权一位额外的地区法院法官处理破产事宜。除此之外，两个专门的破产法庭已在达卡和吉大港成立。所有这些法庭独立于金融贷款法庭。①

孟加拉国的经济正在快速增长，在过去 10 多年里维持了平均每年 6%的经济增长率。其制造业在全球市场赢得了低成本、高品质的声誉。这一声誉的一个具体体现，就是在 2013—2014 财年的上半年，孟加拉国的成衣加工出口同比大幅增长 19.95%。② 鼓励投资的法律和中央银行的严格治理为实现这一增长起到了至关重要的作用。孟加拉国拥有庞大的人口数量。这种优势可加速孟加拉国银行业的扩张和增长，并且已经有 10 家外资银行活跃在孟加拉国。③ 这种稳定的经济增长依赖于历届政府的精炼而灵活的经济规划。这种规划在立法上集中体现在孟加拉国经济领域的法律中。因此，可以肯定地说，投资者在孟加拉国受到法律的高度保护。

---

① Muhammad Mustafizur Rahman, supra, at 13—14.

② Syed A. Al-Muti, "Bangladesh's Development Surprise: A Model for Developing Countries", 2014, http://asiafoundation.org/2014/06/25/bangladeshs-development-surprise-a-model-for-developing-countries.

③ Mansur Ahamed, "A Report on Banking Sector of Bangladesh", Research Department, Japan Bangladesh Business Center Corporation, 2014: 12.

第五章　基础设施建设的有关法律

在孟加拉国政府的2021规划中，政府设立了2021年之前成为中等收入国家的目标。为了在外部需求减弱的环境下保持经济的高增长，提高生产效率，并充分发挥孟加拉国年轻化的人口结构和廉价的劳动力的巨大优势，私人投资（包括外资）需要进一步增加，出口应向新的多元化、高附加值商品和服务过渡。这就要求有更好的公共基础设施。应着力在能源和交通基础设施方面加大对高优先级、低能耗产业的投入，并通过公私伙伴关系（PPP）促进私人参与。①

通过公私伙伴关系促进私人部门参与基础设施建设是降低投资亏损的重要途径。政府已采取了多项措施，创造有利环境持续吸引私人投资。2004年，政府颁发了《私人部门基础设施条例》（PSIG），以促进符合公私伙伴关系概念的项目。自此之后，电力、燃气、电信等行业在吸引私人投资中取得了一些成就。然而，在上述行业和其他一些优先行业中，仍然需要更多的投资以适应经济增长。这些优先行业包括港口、公路、铁路、供水、废物管理、旅游、电子服务交付等。② 在2015年，政府实施了更多的举措改善孟加拉国公私伙伴关系的环境。新的公私伙伴关系法得到国会批准，并于2015年9月16日颁布。

---

① International Monitory Fund, 2015 Article IV Consultation—Press Release; Staff Report; and Statement by the Executive Director for Bangladesh, IMF Country Report No. 16/27, 2016.

② The Asia Foundation, Promoting Public-Private Partnership in Bangladesh, A Brief Guide for Partners, 2010: 5.

一、孟加拉国的公私伙伴关系背景

自1971年获得独立以来，孟加拉国的发展一直面临着诸多挑战。为了克服这些困难，国家需要对能源、交通、供水基础设施和其他几个领域投入大量的资金。[①] 早在20世纪90年代中期，1996年私人部门发电政策就将公私伙伴关系的政策框架引入了孟加拉国。这标志着电力部门启动公私伙伴关系项目，最早的两个成功案例是450兆瓦的Meghnaghat发电项目和360兆瓦的Haripur发电项目。2000年以来，政府持续鼓励与私人部门建立合作关系，并在2004年颁布了《私人部门基础设施条例》。[②]

孟加拉国政府在其2009—2010财政年度首次在国家预算中引入公私伙伴关系的概念，并给公私伙伴关系项目划拨了大量预算，展示出政府发展公私伙伴关系的坚定决心。2009年6月，政府还颁布了关于公私伙伴关系的立场性文件，题为"通过公私伙伴关系振兴投资的计划"。尽管作出上述努力，公私伙伴关系的推动并未在地面工程中取得卓著的成效。这主要是由于缺乏明确的政策和战略性指导意见。[③]

由于缺乏明确的规则，大部分政府划拨给公私合作的预算未能有效利用，预期中的公共和私人部门共同参与建设的情形并没有发生。商界领袖和政府官员的非正式谈话表明，政府和企业代表之间需要就公私伙伴关系的实施展开对话，以发现和扫除障碍。孟加拉国政府随即着手解决2009年的公私伙伴关系规划中存在的限制和弊病。2010年，政府颁布了《公私伙伴关系的政策和战略》(PPP Policy 2010)，取代了2004年《私人部门基础设施条例》，更新了公私伙伴关系的政策框架，并引入先进的国际经验，以进一步提高公私伙伴关系在多个领域的应用，提供清晰、透明的规范和程序框架。[④] 公私伙伴关系的相关政策由总理办公室(PMO)负责，这表明其有效实施得到了高层的支持。[⑤]

自推出2010年《公私伙伴关系的政策和战略》并建立总理办公室直属的

---

① The Asia Foundation, Promoting Public-Private Partnership in Bangladesh, A Brief Guide for Partners, 2010: 1—2.

② Public Private Partnership Office, Your Guide to Public Private Partnership in Bangladesh, 2013: 2.

③ 同上，第5页。

④ 同上，第2页。

⑤ The Asia Foundation, Promoting Public-Private Partnership in Bangladesh, A Brief Guide for Partners, 2010: 1—2.

达卡公私伙伴关系办公室（PPPO）。[①] 公私伙伴关系办公室承担着指导和监管公私合作项目等一系列职责。基于上述职责，公私伙伴关系办公室就公私伙伴关系的相关程序和各行业的具体运作发布了一系列规范性指引文件[②]以来，公私伙伴关系的监管有所改善。设在财政部的另一个公私伙伴关系机构则负责评估项目的财务可行性，并确定政府的支持力度。

2013 年，公私伙伴关系办公室发布了一个法律草案进行公众咨询。这是孟加拉国第一部公私伙伴关系法。2015 年 9 月 16 日，政府通过公报颁布该法。此前的 2010 年《公私伙伴关系的政策和战略》是唯一的相关政策，该政策现已由新法废除。该法将为公私伙伴关系奠定坚实的法律基础，并有望促进经济发展。

二、《私人部门基础设施条例》(PSIG)

《私人部门基础设施条例》由内阁部门于 2004 年签发。该条例并未根据国家议会通过的任何法律签发。因此，有人提出质疑，认为 2003 年《公共采购条例》(PPR)与私人部门的项目开发、审批和融资之间的一致性不够明确，而后者的实施由《私人部门基础设施条例》管辖。

三、2006 年《公共采购法》(PPA)

2006 年《公共采购法》由国家议会颁布。该法第 66 条规定了特许权协议的相关条款，政府的法律管辖权扩展到制定独立的公私伙伴关系指导方针。

四、2008 年《公共采购条例》(PPR)

政府在 2008 年颁布了《公共采购条例》，该条例第 129 条纳入了各种公私伙伴关系相关模式。

五、2010 年《公私伙伴关系的政策和战略》(PSPPP)

孟加拉国政府的 2010 年《公私伙伴关系的政策和战略》提供了公私伙伴关系的详细定义和一些关键特性：

公私伙伴关系项目通常涉及不可分割且非排他性的公共利益，边际成本（及相关平均成本）下降的自然垄断，以及酝酿期较长且风险重重的投资。公

---

① 孟加拉国公私伙伴关系管理部门。

② Syed Afsor H. Uddin, Making a Real Difference in Delivering Public Services in Bangladesh, World Bank Group, 2015.

私伙伴关系是政府和各种私人部门参与者的双赢关系，其宗旨是在提供服务的过程中根据合同义务分摊项目的风险和回报。

根据这一政策，公共—私人伙伴关系同时意味着，通过公共和私人部门合作开展项目。其中，私人部门提供传统上由政府提供的具有公共性质的资产或服务。

根据协议，私人合伙人有义务作出投资。政府通过投入和成果明确其要求。私人部门承担相关的风险，并以此为代价赚取回报。

2010 年《公私伙伴关系的政策和战略》的目标：

1. 确立与私人部门合作的原则；

2. 定义制度框架；

3. 保障政府和私营合作者双方风险和回报的平衡。

（一）孟加拉国应用的不同公私伙伴关系合同模式

公私伙伴关系之合同模式的确定建立在个案的基础上，是遵循可行性和市场参与研究的结果，其可为实现公共部门的目标提供最佳选择。此目标是通过为私人部门提供可操作的、有利可图的、可持续的项目实现的。[①]

公私伙伴关系有不同的模式和实施路径[②]：

建设—持有—运营（BOO）：在这个模型中，政府通常不管理协议开发的基础设施。独立发电商（IPP）就是 BOO 模式的一个例子。

建设—运营—移交（BOT）：在这个模型中，私人部门可在协议期限内管理基础设施，并在到期后将基础设施移交给政府，由政府负责管理。

建设—持有—运营—移交（BOOT）：这是建设—运营—移交模式的扩展版本。在这种模式下，私人部门在指定期限内享有所有权和管理权。到期后，所有权和管理权将被移交给政府。

（二）2010 年《公私伙伴关系政策和战略》下公私伙伴关系的适用性

公私伙伴关系项目的进行需要至少存在一项下列情形：

1. 政府缺乏相应的财政资源或专业知识；

---

① Public Private Partnership Office, Your Guide to Public Private Partnership in Bangladesh, 2013: 4.

② The Asia Foundation，参见 Public Private Partnership Office, Your Guide to Public Private Partnership in Bangladesh, 2013: 3。

2.私人投资将提升服务的质量或级别,或减少实施的时间;

3.潜在的私人投资者之间存在竞争;

4.公共服务中的私人投资提供了创新的机会;

5.所提供的公共服务没有对采用私人投资设置监管或立法限制。

以下行为和活动不属于公私伙伴关系的范畴:

1.外包公共服务的某一简单功能;

2.建立政府所有企业(国有企业);

3.政府向私人部门的借款。

(三)公私伙伴关系采购流程的时间限制

公私伙伴关系项目的采购时间表在各个项目中有所不同,这取决于项目规模、复杂性、市场效益和其他相关问题(例如环境和社会)。一般来说,使用两阶段采购的公私伙伴关系项目应在资格申请(RFQ)发出后的16～20个月内完成,单阶段采购的项目则为10～12个月。[①]

(四)鼓励公私伙伴关系项目投资的政府激励机制

孟加拉国政府在其公私伙伴关系政策框架内为投资者提供了一系列激励机制和福利,包括如下内容。

可行性缺口融资:一种预算基金,用于在高社会经济价值、商业利益不足的公私伙伴关系项目中提供财政补贴。补贴金额最高可达项目总成本的30%,可作为施工资金的一部分或以运营年金的形式支付。

财政激励:规定允许公私伙伴关系投资者从各种财政激励措施中获益(例如资产货物的进口税减免,各种免税措施),以降低项目实施成本,并提高项目的可行性。

特殊激励(非财政):任何具体的项目均可得到特殊激励机制或者其他非财政激励机制的支持,以促进政策目标的实现,降低项目交付的难度,提高效率。这包括保险法规、银行监管、外汇管理规定等法律中具体的豁免规定。

非邀约投标书:为了鼓励公私伙伴关系项目中私人投资者的参与和创新,政府允许在公私伙伴关系项目中递交非邀约投标书。不过,为了确保公开性和透明度,非邀约投标书也需要经历开放和竞争性的采购程序。非邀约竞标

---

① Public Private Partnership Office, Your Guide to Public Private Partnership in Bangladesh,2013:6.

人的激励主要通过瑞士竞标系统(非邀约竞标人可重新提交标书并提高他的出价)或奖金系统(非邀约竞标人可在评估中获得事先约定的奖励)实现。[①]

(五)政府为公私伙伴关系项目提供的长期融资便利机制

政府认识到,私人投资者迫切需要长期融资,以实现公私合作项目实施的资金保障。为了便于投资者获得长期融资,政府设立了两个非银行金融机构,IDCOL 和 BIFFL,特许其为基础设施和公私合作项目的私人投资者提供资金。IDCOL 的资本主要来自多边资助方的出资;而 BIFFL 的资本则来自孟加拉国政府预留的预算资金。[②]

六、2015 年《公私伙伴关系法》(PPPA)

2013 年,公私伙伴关系办公室发布了一个法律草案进行公众咨询。这是孟加拉国第一部《公私伙伴关系法》。2015 年 9 月 16 日,政府通过公报颁布该法。该法将为公私伙伴关系奠定坚实的法律基础,并有望促进经济发展。

此前,政府采购仅有的法律依据主要针对商品和服务,这对利用私人资本发展基础设施的规划来说是不够的。《公私伙伴关系法》旨在精简公私伙伴关系项目的制定和执行。它也扩展了政府采购的定义和流程,纳入了特许权。《公私伙伴关系法》还规定,设立一个由理事会监督的公私伙伴关系主管部门。该公私伙伴关系主管部门将承担一系列任务,其中包括制定政策、指导方针和规范性文件,任命顾问和智囊团,提供认证,以及通过提供培训提升各部委能力。[③]

2015 年《公私伙伴关系法》的关键条款如下。

(一)公私伙伴关系主管部门的设立

公私伙伴关系主管部门由政府设立。主管部门可从年度发展计划中选取任何项目,并通过公私伙伴关系实施该项目。主管部门隶属于总理办公室。它由一个理事会来管理。总理任理事会主席,财政部长任理事会副主席。理事会一年需至少举行六次会议。主管部门设有一位首席执行官(CEO),其总

---

① Public Private Partnership Office, Your Guide to Public Private Partnership in Bangladesh,2013:6.

② 同上。

③ Jenn Stanley,"Bangladesh Turns to Public-Private Partnerships to Fix Infrastructure", https://nextcity. org/daily/entry/bangladesh-public-private-partnerships-infrastructure-investment.

办事处将设在达卡。该主管部门将可以在全国任何地方和国外设立分部。这些分支机构的政策和规范将由其上级部门制定。

(二)公私伙伴关系主管部门的主要职责

主管部门有责任制定公私伙伴关系的相关政策、法规和规范性文件,拟定公私伙伴关系项目的标准化文件,制定采购程序(TOR)的标准,确定顾问和专家的薪酬标准,提供有关公私伙伴关系项目的许可和意见,以及举办研讨会和培训班等。

(三)公私伙伴关系项目的鉴定和审批

有关政府机构或公私伙伴关系管理部门将主动促成公私伙伴关系项目。内阁经济事务委员会(CCEA)负责为公私伙伴关系项目提供原则性审批和最终审批。

(四)政府定向补贴

根据该法,政府可在任何公私伙伴关系项目中提供以下补贴:技术援助资金,可行性缺口融资,针对股权和贷款的融资,以及关联部分融资。

(五)选择私人合作伙伴开发和执行公私伙伴关系项目

该法对选择私人合作伙伴没有作出具体规定。在此方面将有后续立法。

(六)非邀约投标书

任何私人部门可向公私伙伴关系主管部门的联络机构提交非邀约投标书。在此方面将有后续立法。

(七)项目公司

所有公私伙伴关系项目应与独立的项目公司(而非出资人)签订合同。项目公司的股份受到限制,且必须在孟加拉国成立。所有债务由该项目公司承担。

(八)腐败和利益冲突

该法设置了关于腐败和利益冲突的相关规定,具体规定与 2006 年《公共采购法》和 2008 年《公共采购条例》类似。

(九)项目协议

对于项目协议及协议的准据法,该法没有作出限制,也没有作出具体规范。在纠纷解决方面,该法要求仲裁前置于起诉。继《公私伙伴关系法》实施,公私伙伴关系办公室正在筹划方案,以进一步加强和支持公私伙伴关系在孟加拉国的结构化运作。该方案的几个基础部分包括:政策框架的发展,机构能力的加强,项目渠道的建设,以及投资环境的改善。①

七、孟加拉国公私伙伴关系项目覆盖领域的完整列表

根据2010年《公私伙伴关系政策和战略》,任何经济领域的任何一个项目,只要符合联合国指定的针对所有经济活动的《国际标准产业分类》(ISIC)第四修正案所规定的公私伙伴关系适用范围中的一项或多项标准,该项目即可适用公私伙伴关系。

在此覆盖面下,孟加拉政府确定了以下优先适用领域:

a. 石油、天然气、煤炭和其他矿产资源的勘探、生产、输送以及分销(ISIC05—09);

b. 石油精炼和液化石油气生产(ISIC19);

c. 化肥生产(ISIC20);

d. 发电、输电、配电和电力服务(ISIC35);

e. 机场、码头及相关航空设施(ISIC42和51);

f. 水资源的供应和分配,排污、排水和污水处理计划(ISIC36—39);

g. 土地复垦,河流、运河、湿地、湖泊的疏浚及相关配套设施(ISIC42);

h. 公路和高速公路,包括公共交通、桥梁、隧道、天桥、立交桥、城市道路、公交总站、商业停车场等(ISIC42和49);

i. 港口开发(海洋、河流和土地),包括内河集装箱码头、内河集装箱仓库及其他服务(ISIC52);

j. 深海港口发展(ISIC52);

k. 电信系统、网络和服务,包括信息和通信技术(ICT)(ISIC60—63);

l. 环境、工业和固体废物管理项目(ISIC38—39);

---

① 孟加拉国公私伙伴关系知识实验室,https://pppknowledgelab.org/countries/bangladesh。

m. 铁路系统、轨道车辆、设备和设施(ISIC49)；

n. 旅游业(ISIC79)；

o. 经济区、工业区和园区、城市和房地产开发，包括支持商业和非商业活动的服务(ISIC81—82)；

p. 社会基础设施，如卫生、教育、人力资源开发、研究和开发以及文化设施(ISIC85—88)；

q. 公民电子服务(ISIC85)；

r. 扶贫项目(ISIC84)：

i. 城市和村庄给水(ISIC36)；

ii. 偏远地区供电系统(RAPSS)，农村供气(ISIC35)；

iii. 农村互联网项目(ISIC61)；

iv. 河流客运码头和登陆站(ISIC52)；

v. 农村卫生服务和医院(ISIC86)；

vi. 灌溉和其他农业服务(ISIC36)。

s. 政府为支持经济活动认定为重点发展领域的其他都会、城市和农村项目。

为了提高私人投资，使经济增长更具包容性，孟加拉国需要广泛的结构改革。这些措施包括减少公共基础设施建设赤字和改善商业环境。2015 年 9 月通过的《公私伙伴关系法》将促进公共基础设施项目的私人部门参与，特别是在电力和交通运输等行业。

第六章　劳工管理和待遇的相关法律

孟加拉国有超过 1.6 亿人口，5700 万的劳动力。大约有 40%～50%的劳动力在农业领域工作，工业领域劳动力大约占 10%～20%，其余在服务业。较低的官方失业率统计掩盖了孟加拉国巨大的、日益严峻的就业不足问题。孟加拉国制造业的很大一部分廉价劳动力优势被低下的生产力所抵消，原因包括技术水平较低、管理不善、腐败现象普遍、缺乏高效率的基础设施和设备，以及 2013 年对最低工资标准的提升，这集中体现在服装领域。①

一、孟加拉国的劳动法简史

孟加拉国的劳动法体系有超过一个世纪的历史。第一部《劳动法》于 1881 年英占期间在印度次大陆颁布。随后，英国政府引入一系列应对不同的劳工问题的法律，如工作时间、雇佣童工、生育津贴、工会活动、工资等。《工厂法》(1881 年)、《工伤赔偿法》(1923 年)、《工会法》(1926 年)、《贸易纠纷法》(1929 年)、《工资给付法》(1936 年)、《产假福利法》(1939 年)和《雇佣儿童法》(1938 年)是英占期间制定的主要劳动法律。②

在 1947 年印巴分治后，几乎所有殖民时期的法律都在经过变更和修正后得到了保留，以巴基斯坦政府行政规章的形式存在。1971 年孟加拉国独立后，本国政府通过第 48 号总统命令保留了之前的法律。同时，政府还颁布了

---

① 美国国务院经济和商业事务局，"Investment Climate Statement-Bangladesh"，2015，http://www.state.gov/e/eb/rls/othr/ics/2015/241475.htm。

② Jakir Hossain，Mostafiz Ahmed and Afroza Akter，"Bangladesh Labour Law：Reform and Directions"，Bangladesh Institute of Labour Studies，2010：5.

新的法律，以应对不断变化的环境以及工人阶级和国家的需要。2006 年，该国通过了修订后的 2006 年《孟加拉国劳动法》(BLL)。

《孟加拉国劳动法》具有高度的综合性和进步性。该法是对 25 部独立法律的巩固和更新。该法覆盖面广，条款涉及服务和就业、青年就业、生育津贴、医疗卫生、安全、福利、工作时间和休假、工资支付、工伤赔偿、工会和劳资关系、纠纷、劳动法庭、员工分红、就业保障和码头工人安全、公积金、学徒制度、处罚和程序、管理、监管等。

该法也是一部先进的法律，因为它厘清了各类旧劳动法律中的一些含糊之处，并与国际劳工组织核心公约的劳动法律制度接轨。就消除歧义而言，现在"劳动者"的定义非常具体。又如，"工资"的概念排除了以下事项：水电供应等房屋设施产生的开销，雇主的公积金供款，交通津贴，以及其他支付给劳动者用于工作相关开销的花费。

该法的先进性还体现在它更广泛的覆盖范围，如医院、养老院甚至非政府组织的劳动者和职员都在该法的覆盖范围之下。同样，一些福利和社会保障制度得到建立或改善，如死亡抚恤金(给予死亡劳动者家庭的资金支持)，给所有私人部门劳动者申请公积金，将带薪产假从 12 周提高到 16 周，对 200 人或 200 人以上的团体采用群体保险，以及增加了因工负伤、残疾和死亡的劳动赔偿。

2006 年《孟加拉国劳动法》的修正案于 2013 年 7 月 15 日获得通过。该修正案首次提出政府有义务保障结社和劳资谈判自由，并着手解决加强职业安全和健康的迫切需求。该修正案对 2006 年劳动法进行了大量修订，重要的修订包括：新增有关劳动者地位的条款①，死亡赔偿金②，劳动关系的终止③；新增第 28a 条"发生不可能控制的灾害或损害时的劳资关系"，解决儿童年龄的纠纷④，对儿童危险的工作⑤，紧急出口⑥，劳动者到达过道、楼梯的路径⑦等；新增第 78a 条关于强制使用个人安全设备的规定⑧，在发生事故时通知主管

---

① 《孟加拉国劳动法》，42 B. C. S 4，(2006)。

② 同上，42 B. C. S 19。

③ 同上，42 B. C. S 23，24 and 27。

④ 同上，42 B. C. S 36。

⑤ 同上，42 B. C. S 39。

⑥ 同上，42 B. C. S 62。

⑦ 同上，42 B. C. S 72。

⑧ 同上，42 B. C. S 80。

部门，在员工超过5000人[①]的企业设立健康中心；新增关于建立安全委员会的条款[②]；新增第94a条“残障劳动者强制集体保险中的居住设施”[③]；新增第124a条“通过调解实现拖欠工资给付”；新增第140a条“政府的特别权力”，禁止克扣去世员工[④]家属的应得款项，社会对话、工会和争议解决条款[⑤]，雇主和公司责任。[⑥]

就国际劳工组织(ILO)的核心公约而言，孟加拉国批准了以下国际劳工公约：

1. 国际劳工公约第29号(禁止强迫劳动)；
2. 国际劳工公约第87号(结社自由和对组织权的保护)；
3. 国际劳工公约第98号(组织权和劳资谈判权)；
4. 国际劳工公约第100号(同工同酬)；
5. 国际劳工公约第105号(强迫劳动的废除)；
6. 国际劳工公约第111号(禁止就业和职场歧视)；
7. 国际劳工公约第182号(消灭最恶劣形式的童工)。

孟加拉国唯一没有批准的核心约定是国际劳工公约第138号(最低年龄公约)。然而，孟加拉工会(BLA)规定的工作最低年龄为14岁(尽管一项特别条款规定，12至14岁之间的儿童可承担不影响他们健康、发展和教育的“轻度工作”)。

二、劳工管理和待遇的相关法律

《孟加拉国劳动法》明确规定了工作环境、工作时间、最低工资、离职政策、健康和卫生条件，以及对受伤劳动者的补偿。

劳动者是指任何人，包括培训生、见习生在内，不论其劳动条件与环境是否以书面形式载明，不论是直接被雇佣还是通过中介聘用，也不论是否熟练、体力劳动还是脑力劳动、发展业务还是文职工作。“劳动者”不包括从事管理、

---

① 《孟加拉国劳动法》，42 B.C.S 89。

② 同上，42 B.C.S 90。

③ 同上，42 B.C.S 99。

④ 同上，42 B.C.S 155。

⑤ 同上，42 B.C.S 168，176，177，178，179，180，183，187，200，202，202a，205，211，213，214，215，2006。

⑥ 同上，42 B.C.S 232，233，234，235，236，2006。

行政(或监督)事务的人。禁止强迫劳动。[①]

劳动者被分为六类。

学徒:作为实习者受雇于某一单位并领取津贴的劳动者被称为学徒。

借调劳动者(Badli):单位中永久或试用劳动者临时缺席时雇佣的劳动者。

临时劳动者:非正式雇佣的劳动者。

短期劳动者:短期工是指在工作单位内承担短期性质工作,并很可能会在有限的时间内完成工作的劳动者。

试用劳动者:受雇于任何单位,填补常设职位,且处于试用期的劳动者。

长期劳动者:受雇于任何单位,填补常设职位,圆满完成试用期的劳动者。

劳动关系需包含以下内容。

聘书和身份证:聘书、身份证和劳动合同是必需的。本法规定了聘书和劳动合同所必须包含的信息,并要求劳动合同由用人单位和劳动者双方签字。[②]

发放工资的责任方:雇主或所有人,首席执行官(CEO),经理或公司负责人,以及劳动者经承揽合同聘用时的承揽人。当承揽人不能支付劳动者工资时,雇主应全额支付,随后可冲抵对承揽人的债务。

终止条款:在终止工作方面,用人单位须满足以下要求。

裁员:提前一个月通知,并支付 30 天的薪水以及连续服务超过 1 年的劳动者依服务年份发放的遣散费。

辞退:对于身体或精神无法胜任工作的员工可以辞退,针对该员工服务的每 1 年应额外支付相当于 30 天薪水的经济补偿。

绝对终止权:在不做任何解释的情况下终止劳动者的服务,对按月雇佣的长期劳动者需提前 120 天书面通知,对其他劳动者需提前 60 天书面通知。

不当行为:无须事先通知,即可解雇被认定任何刑事犯罪或有以下任一不当行为的劳动者。不当行为包括:故意不服从(独自或与他人联合)任何合法或合理的命令,盗窃、欺诈或不诚信,行贿或受贿,超过 10 天的经常性擅离职守,经常性考勤迟到,经常性违反工作单位的规章制度,闹事或行为不检,经常性的工作过失或疏忽,工作中频繁受到处罚,参与或唆使他人非法罢工或怠工,以及伪造、篡改用人单位正式文件。

---

① Jakir Hossain, Mostafiz Ahmed and Afroza Akter, "Bangladesh Labour Law: Reform and Directions", Bangladesh Institute of Labour Studies, 2010: 6.

② 同上。

退休:劳动者的退休年龄是57岁。

工作时间:工作时间是每天8小时,每周48小时,每周休息一天。每天最长加班时间为2小时。加班需支付双倍时薪。年轻劳动者不允许在晚上7时至早上7时的时段内工作。

劳动者每天有权享有如下休息和吃饭时间:

1. 每天工作超过5小时,中间应有半小时休息;
2. 每天工作超过6小时,中间应有1小时休息;
3. 每天工作超过8小时,中间应有一次1小时休息或两次半小时休息。

假期:劳动者有权享有假日、事假、法定节日、年假和病假。

工资:孟加拉国政府成立了"最低工资委员会",以确定不同行业的最低工资标准,考虑的因素包括:生活费用、生活水平、生产成本、生产力、产品价格、经营能力,以及本国的经济和社会条件。每个劳动者都有权参与公司的盈利和收益分配。雇主必须对男、女劳动者同工同酬。①

职业安全与健康:单位必须为每150名工人配置一个急救箱和一名受过医疗训练的人,并应配备设施完善、有病房、医生和护士的药房。雇主必须采取适当措施,保护工人免受火灾的威胁和损害。单位应保持清洁,避免下水道、卫生间或其他污染源排出的瘴气。工作空间不应过于拥挤,损害劳动者的身体健康。每个单位应提供纯净的饮用水,充足的光照和空气,以及供男性和女性分别使用的独立卫生间。②

此外,国际劳工组织于2013年10月斥资2420万美元,启动了一个三年半的计划,以支持孟加拉国在成衣行业发起的促进消防安全和建筑结构完整性的国家三方计划(National Tripartite Plan)。该计划的关键要素已经得到实施,包括楼宇及消防安全评估,劳动监察改革,以及职业安全、健康、再就业和技能培训。同时,国际劳工组织与国际金融公司(IFC)合作,在孟加拉国启动了改善工作计划(the Better Work program),该计划将对工厂是否符合国家法律和国际劳工核心标准进行评估,就调查结果发布公开透明的报告,为工厂提供咨询服务,并建立劳资对话。③

---

① Jakir Hossain, Mostafiz Ahmed and Afroza Akter, "Bangladesh Labour Law: Reform and Directions", 2010, Bangladesh Institute of Labour Studies 6.

② 同上。

③ Bureau of Economic and Business Affairs, U. S. Department of State, "Investment Climate Statement-Bangladesh", 2015, http://www.state.gov/e/eb/rls/othr/ics/2015/241475.htm.

孟加拉国的消防及楼宇安全协议（the Accord）是一个为期五年、有法律约束力的独立协议。该协议缔约方为190个服装品牌、零售商和工会组织，旨在建立安全和健康的孟加拉国成衣制造产业。该协议覆盖超过1600家工厂。孟加拉国工人安全联盟（Alliance）由26家北美公司和品牌联手创立，以改善孟加拉国成衣制造工厂的安全性。该联盟涵盖了580多家工厂。这两项举措均开始于2013年，为期五年。两项举措都进行了安全生产检查，并协助其成员的工厂实施整改计划。[①]

福利和社会保障：离职金依法被定义为独立支付的至少30天薪水，支付对象为工作超过6个月后离职的劳动者。

工厂应为每100名劳动者设立一个内部餐厅。

每个单位、雇主应为劳动者建立公积金（经3/4的劳动者提出书面申请）、劳动者参与基金和劳动者福利基金。

有200名及以上劳动者的单位应建立集体保险。

每个雇主应该为其劳动者提供因公负伤、致残或死亡的补偿。

各类女性的问题也有所涉及，如规定16周的产假（分娩前后各8周），不区分男女的薪酬制度，禁止对女性任何形式的歧视，禁止在未得到许可的情况下要求女性在晚上10点至早上6点间工作，禁止女性处理或运作危险机械（除非经过充分的操作此类机械的训练），禁止女性从事水下或地下劳动。

三、劳资关系和社会对话

任何单位的劳动者都有权组建工会和加入他们选择的工会。工会有权制定其章程和规定，并选举代表。此外，工会有权建立或加入联合会，而此种工会或联合会有权加入任何国际组织和工会联盟。

工会可在任何单位中担任劳资谈判的代理人。在产业纠纷中，双方可通过协商达成和解，或在协商失败后由仲裁解决纠纷。劳资谈判代理人有权发出15天冷静期的罢工通知（对于雇主而言则是停摆）。雇主在罢工期间不得雇佣新的劳动者，也不得在工会组织抗议活动期间开除劳动者。

结社自由和加入工会的权利受到《宪法》保障。在实践中，劳动法的执行和实施反复无常，很多公司经常阻挠劳动者建立活跃的工会。在历史上，工会

---

① Bureau of Economic and Business Affairs, U. S. Department of State, “Investment Climate Statement-Bangladesh”, 2015, http://www.state.gov/e/eb/rls/othr/ics/2015/241475.htm.

是高度政治化的组织，劳资关系饱受争议，这集中体现在成衣行业。综合劳动部(JDL)是负责批准工会申请的机构，在这方面有宽泛的权力。①

2004年7月，国会颁布了一部《出口加工区法》。该法允许成立可选举领导、进行劳资谈判的劳动福利协会，但在实践中出口加工区没有形成劳资协议。由于受到诸多大型企业的联合抵制，劳动福利协会的规定在出口加工区难以实施。②

法律实施

政府应任命劳动局主任，以及“同等数量”的劳动局增补主任(Additional Director of Labour)、劳动局联合主任、劳动局副主任和劳动局主任助理，以完成必要的工作场所监管任务。

政府应委任一名首席监察长官以及数名副监察长官、助理检察长官和监察官。这些官员有权进入、监督和检查任何工作场所，确保劳动法得到遵守。

政府有权设立其认为必要的任意数量的劳动法庭。一个劳动法庭包括一名主席和两名成员(一名代表雇主，另一名代表劳动者)。

四、童工

儿童(14岁以下)不得在任何单位工作，也不得从事任何职业。但是满12周岁的儿童可以从事轻度工作，该工作不得损害他的健康、发展和教育。2006年《孟加拉国劳动法》第34条禁止儿童从事一系列行业，包括运输工人、茶叶种植工人等。但这些规定在农业、家政等非正式行业未被严格遵守，导致这些行业大量使用童工。因此，童工问题在孟加拉国是一个长期存在的问题。

1995年7月4日，孟加拉国成衣出口商协会与联合国儿童基金会(UNICEF)以及国际劳工组织(ILO)签署了合作备忘录(MOU)，承诺将出口加工区纺织业工厂的童工遣散，并帮助他们接受教育。由国家劳工组织协同的监督小组在1996年发现43%的出口加工区工厂有童工，而在2001年，这个比例下降到不足5%。合作备忘录计划已经结束，美国大使馆认为该项目是成功的，因为大部分童工得以从出口加工区，甚至从整个成衣行业中抽身。消

---

① Bureau of Economic and Business Affairs, U. S. Department of State, “Investment Climate Statement-Bangladesh”, 2015, http://www.state.gov/e/eb/rls/othr/ics/2015/241475.htm.

② 同上。

除童工的法律在出口加工区以外仍然不能有效实施，在雇佣了大约80%劳动力的非正式行业更是如此。不过，孟加拉国正致力于进一步遵守国际劳工组织关于童工的条约。①

五、2015年《孟加拉国劳动规章》

在经过长时间的等待后，孟加拉国终于在2015年9月15号通过公报发布了2015年《孟加拉国劳动规章》。在很长一段时间里，政府受到来自各方要求颁布劳动规章的压力。

一些关键点如下。

雇佣政策或服务规章：任何单位如果想要设立自己的雇佣政策、服务规章，必须事先取得劳动监察长官的许可。所有现有的雇佣政策、服务规章必须在2015年11月15日前提交给劳动监察长官征得许可。

劳务派遣机构的注册：该规章规定了企业根据劳动法在劳务派遣机构注册的过程和形式，并为劳务派遣机构设立了一些新的条款。

组织系统表的建立：每个单位的所有人必须准备一份单位的组织系统表，且必须获得劳动监察长官对该组织系统表的许可。

聘书：根据劳动法，雇佣任何劳动者都必须颁发聘书。劳动规章强制要求聘书必须包含特定信息，如工资、其他经济利益、适用规则等。

各类注册：劳动规则为各类注册规定了特定形式，如劳动合同、劳工登记、离职登记等。

不端行为和处罚：本规章规定了不端行为的调查程序。

节日奖金：本规章强制要求，任何连续工作满一年的劳动者每年必须获得两次节日奖金。每次奖金不超过基本工资。

对公积金的拓展性规定：本规章对公积金作了详细规定。新增加的条款涉及被提名人的选择、公积金管理、管理公积金之信托机构的活动。

节假日：本规章详细规定了节假日的相关事宜，并阐明了每周假日的补偿性规定。

健康与消防安全：本规章详细规定了健康和消防安全的相关事宜。

工资：本规章对工资作了细化规定，并阐明了按比例扣除特定费用的工资

---

① Bureau of Economic and Business Affairs, U. S. Department of State, “Investment Climate Statement-Bangladesh”, 2015, http://www.state.gov/e/eb/rls/othr/ics/2015/241475.htm.

计算机制。

向劳动法庭起诉的法定形式:本规章引入了一些向劳动法庭起诉的法定形式。

工厂规划和扩建的批准:本规章废除了《工厂规则》(The Factory Rules),并就如何获得工厂规划和扩建的许可作出了细化规定。

《孟加拉国劳动法》试图通过一部单一的法律涵盖几乎所有劳动相关的情况。此外,该法试图覆盖所有可能的劳动相关行业。因此,法律规定有可能对一个行业很友好而对其他行业过于苛刻。总体而言,劳动法及相关规范鼓励投资,也关注劳动者权益。

第七章　孟加拉国环境法

我们人类为了获得更好的生活不断开发和破坏我们的环境。这种过度开发在千百年来已对环境本身造成严重威胁。工业化、人口的指数级增长、对汽车的日益依赖、对树木滥伐以及其他此类活动是当今全球环境恶化的根本原因，导致了全球变暖，进而极地冰川逐渐消失，海平面上升。

传统经济增长意味着商品和服务的增长。经济增长被认为是人类福祉和发展的先决条件。但是以商品和服务为基础的传统经济增长评价体系没有考虑环境效应。最近，可持续发展概念的出现清晰地表明，需要替代方法来评价自然和经济发展以评测人们的生活水平。这种方法考虑到了会对可持续发展产生影响的自然资源枯竭和环境问题。

一、孟加拉国的环境法律和政策

目前，孟加拉国共有约 210 部环境相关法律。然而，这并不表示该国有环境立法的传统，立法目标也并非“保护导向”或“环境导向”。

孟加拉国大约有 60 个政策、战略和行动计划涉及环境治理。近期的政策文件体现出理念上的进步。然而，政策仅仅是行政文件，具有临时性且无法强制执行。

二、孟加拉国的环境法

1995 年《环境保护法》(ECA)是第一部以保护环境和保存自然为目的的重大法律，1997 年《环境保护规则》(ECR)紧随其后。①

① 亚洲开发银行，Country Environmental Analysis：Bangladesh (2004)，第 19 页。

孟加拉国大多数的环境法律在完全不同的人口与发展条件下产生。例如，1965 年《工厂法》和其他一些健康保护法诞生时工业污染和有害物质尚未成为人们关注的焦点。孟加拉国 1992 年的环境政策已经认识到需要更好、更全面的方法来解决环境问题。然而，环境政策中的大多数要素未能被写入法律。唯一明确解决环境问题的立法是 1995 年《环境保护法》。该法致力于保护和提高环境标准，并控制和减轻环境污染。然而，该法对企业环境管理之实质性义务的规定非常有限。诚然，企业和项目需要从环境部门获取环保审批，而任何受到或可能受到此类行为影响的个人可向部门领导申请针对环境污染的救济或停止侵害。然而，该法的最大不足在于，它没有说明申请和取得环保审批应达到的标准、参数、排放水平和管理标准。

1997 年《环境保护规则》的颁布是对 1995 年《环境保护法》立法目标的支持和补充。就有毒有害物质的管理而言，该规则对不同类型企业处理废弃物的准则作出了广泛的规定。但是与印度《环境保护规则》不同的是，1997 年《环境保护规则》没有说明可允许的排放范围和实施纠正措施的义务（IUCN，2000）。

孟加拉国部门法很少提及环境问题，即便提及了，也没有什么实质内容。例如，1975 年《孟加拉国石油法》第 6 条规定，从事任何石油作业的人有义务保障其操作以如下方式进行：(1)以正确和熟练的方式操作，并符合良好的油田实践；(2)以不影响导航、渔业、海洋和海床资源保护的方式作业，并考虑与生态环境有关的因素。该法没有定义什么是“与生态环境有关”，也没有说明公司为履行该法规定的义务应当建立和维持哪些管理要求。

表 7-1 汇总了一系列涉及环境的现有法律。

表 7-1　孟加拉国现有环境法律

法律	部门
1995 年《环境保护法》	环境法部门的主要法律，也是相关环境法规的主要组成部分。1995 年《环境保护法》授权环境和森林部（MoEF）制定环保管理规范和指引。该法同时指定能源部（DoE）负责实施 1997 年针对空气污染、水污染和噪声污染的工业环境影响评估准则（EIA）

续表

法律	部门
1997 年《环境保护规则》	1997 年针对空气污染、水污染和噪声污染的工业环境影响评估准则(EIA)。根据影响程度,该评估准则的评价分为四个等级,即绿色、琥珀色 A 级、琥珀色 B 级和红色
2010 年《环境法院法》	该法旨在建立环境法庭,以迅速处理涉及环境法规定之环境侵害的案件
1997 年《环境污染管制条例》	包括世界卫生组织规定的国家水质标准,空气质量标准,噪声,固体废物管理
1965 年《工厂法》	空气污染,职业健康
1939 年《机动车法》	空气污染,噪声
1920 年《农业和卫生改进法》	土地利用
1947 年《非农业租赁法》	土地利用
1950 年《国家收购和租赁法》	土地利用
1950 年《荒地收购法》	土地利用
1950 年《城镇改善法》	土地利用
1977 年《城市条例》	土地利用
1982 年《地方政府条例》	土地利用
1984 年《土地改革条例》	土地利用
1989 年《土地改革委员会法》	土地利用
1990 年《吉大港山地道路管理法》	土地利用
1884 年《爆炸法》	有毒有害物质
1908 年《爆炸物品法》(1983 年修改)	有毒有害物质
1930 年《危险药物法》	有毒有害物质
1930 年《有毒物质法》	有毒有害物质
1962 年《农业害虫条例》	有毒有害物质
1971 年《农药条例》(1980 年修订)	有毒有害物质

续表

法律	部门
1982 年《危险药物管制令》	有毒有害物质
1977 年《城市条例》	固体废物管理法律和有关规则说明
1950 年《私人森林条例》	森林保护
1927 年《森林法》(1973 年修改)	森林保护,生物多样性保护,水土保护
1973 年《野生动物(保护)法》(1974 年修订)	野生动植物保护,湿地管理,生物多样性保护
1889 年《私人渔业保护法》	生物多样性保护
1950 年《渔业养护和保护法》	沿海资源管理,生物多样性保护
1983 年《海洋渔业法令》	沿海资源管理,生物多样性保护,海洋污染防治
1974 年《领土水域和海洋区域法》	沿海资源管理,海洋污染防治
1927 年《矿业法》	矿产资源开发与管理
1934 年《石油法》	矿产资源开发与管理
1986 年《文物法》	文化遗产
1986 年《文物条例》	文化遗产
1864 年《运河法》	水资源管理
1876 年《灌溉法》	水资源管理
1939 年《水葫芦法》	水资源管理
1952 年《堤坝和排水系统法》	水资源管理
1958 年 IWTA 条例	水资源管理
1963 年《供水及污水管理局条例》(1989 年修订)	水资源管理
1976 年《内河航运条例》	水资源管理
1990 年《封闭水体管理政策》	水资源管理
1977 年 EPC 条例	海洋污染防治

三、1995 年《环境保护法》

1995 年《环境保护法》的颁布旨在实现三大目标,即保护环境,提高环保标准,以及控制和缓解环境污染。该法的制定以 1992 年环境政策和 1995 年全国环境管理行动计划(NEMAP)所提供的政策框架为基础。该法界定了部分环境违法行为,并规定了相应惩罚。此外,为补充和落实该法,政府根据该法第 20 条颁布了 1997 年《环境保护规则》。然而,1995 年《环境保护法》和 1997 年《环境保护规则》都未能避免一些漏洞和缺点。俗语有云:“预防胜于治疗。”但 1995 年《环境保护法》的条款所称之“提高环保标准”和序言所述之“缓解环境污染”,都表明该法以治疗为导向,规定的是治疗措施而不是预防措施。在真正意义上,1995 年《环境保护法》应对的是损害发生后的情况。

在第 3 节中,“政府”的概念是模糊的。我们不禁要问:1995 年《环境保护法》所规定的政府是谁?对于应成立以部长为首之能源部(DoE)的“政府”,没有任何具体的标准予以界定。

1995 年《环境保护法》的第 3(2)条谈到环境部部长的任命,但该条并没有说明任命部长所需的资质。委任过程完全取决于政府的满意度。

该法第 4 条赋予环境部部长不受约束和限制的权力。第 4 条中用到“可以”这一措辞,表明部长没有义务为保护环境采取必要的措施,而是可以做任何他想做的事。值得注意的是,根据第 4 条,部长有权对任何企业立即采取行动,并在没有事先通知的情况下关闭该企业,只要他“认为”该企业有可能危及公共健康。对任何人、任何行业或公司采取任何行动而无须给予事先通知,这无疑违背了自然正义的原则。此外,这种关闭方式完全取决于部长的个人好恶。这在很大程度上给了部长腐败的空间。

该法第 5 条要求政府划定“危重生态区”。显然,环境专家可以在划定危重生态区过程中发挥至关重要的作用。然而第 5 条没有提及此事。

根据第 6B 条,山脉或丘陵可因“不可回避的国家利益”而被移除。所谓“不可回避的国家利益”是模糊的。没有具体客观的标准界定“不可回避的国家利益”。

尽管第 6C 条谈到危险废物的生产、进口、存储和运输,但是该条没有涉及废物的重复使用、回收和削减。

该法第 12 条谈到“环境清关证书”。但是对于环境部未能及时颁发环境清关证书(ECC)的后果,尚不清楚。第 12 条没有规定取得环境清关证书的法定标准和要求。第12条还谈到了环境影响评估(EIA)报告的编制,尽管它并没有规定专家在报告准备过程中发挥的作用。然而,该款只规定了工业项目的环境影响评估报告要求,而没有规定非工业项目的相关要求。根据1997年《环境保护规则》第7条的规定,属于高污染红色类别的企业必须取得当地政府机关颁发的"无异议证明(NOC)"。但环保法和环保规则均未规定任何当地政府机关颁发"无异议证明(NOC)"应遵循的程序。但是,印度和其他一些国家有"公开听证"的规定,这意味着在任何企业设立前,有关地方当局会召集本地居民,了解他们对企业设立是否有异议或认为存在潜在的环境损害或风险。另外,1992年《选举宣言》第10条规定,所有相关公民有权参与环保事务,并有机会参与决策过程。遗憾的是,1995年《环境保护法》和1997年《环境保护规则》均没有对此类公开听证或公众参与作出任何规定。

该法第14条取消了法院对以该法为依据发出的指令或指引提起申诉的管辖权。只有政府组建的申诉机构有权管辖涉及该法的申诉。此类申诉机构的裁决为最终裁决,对其裁决不得审查或修改。

四、2010年《环境法院法》

2010年《环境法院法》所描述的环境法院在管辖方面至少有双重的局限性,即缺乏对同一法律事项的综合管辖权以及不充分的惩戒政策。显然,环境法院只能就涉及1995年《环境保护法》的事项行使管辖权,而对其他大量环保法律视而不见。对所有环境法律的综合管辖是贯彻正义所必需的。根据2010年《环境法院法》第2c条和1995年《环境保护法》第15条,环境法院对自然人和法人最高可以判处100万塔卡的罚金,不论该罪行或侵权行为的严重性如何。

根据2010年《环境法院法》第4条,地方法院法官可被指定为环境法院法官。值得注意的是,他们作为事实上的环境法院兼职法官体现了政府在环境治理方面采取的"面子工程"。鉴于民事法庭繁重的办案量,地方法院法官不可能同时作为民事法院法官和环境法院法官,承担两个法院的工作,除非他是德沃金书中的Hercules法官。

1995年《环境保护法》第17条与2010年《环境法院法》第6(3)条和第7(4)条表明,法院不能在未获得执行官(即环境部督察)的事先授权下仅根据受害人陈述定案。这在立法上显然是行政对司法的霸权,必然导致无法实现环境正义。

当前环境治理已进入了书信审理模式的时代,诸如诉讼程序要求之类的程序正义标准正在经历划时代的自由化进程。

五、国际环境协定

政策体制也在很大程度上受到国际政策制度的影响，包括孟加拉国签署的国际公约、条约和议定书（ICTPs）。最新颁布的环境政策、国家保护战略、国家生物多样性战略和行动计划就是衍生于孟加拉国签署之国际公约、条约和议定书规定的义务。对于落实签署的国际公约、条约和议定书规定的义务，孟加拉国政府没有作出多少显著的努力。政府对于谈判以及其后通过和实施阶段的介入大多是建立在个案衡量的基础上，没有保持相关文件的连续性，也没有努力提升相关机构的专业化水平。以下是一些孟加拉国签署和批准的重要国际公约、条约和议定书，有可能引发政策变化或以此为目标启动新的项目或活动。

《生物多样性公约》(CBD)：孟加拉国于1992年在里约签署了该公约，并于1994年全文批准通过。所有签署方应发展自己的生物多样性战略和行动计划（BSAP）。孟加拉国刚开始发展自己的此项计划。

《气候变化框架公约和关于消耗臭氧层物质的蒙特利尔议定书》：孟加拉国于1992年6月在巴西里约热内卢的地球峰会签署了气候变化框架公约，并于1994年批准通过。孟加拉国政府在政府间谈判委员会（INC）的参与度已经微乎其微。在制度化方面，政府成立国家指导委员会以负责和监督气候公约的相关行动。

《拉姆萨尔公约》：为保护湿地的基本生态功能和水禽等特色湿地栖息动物，《拉姆萨尔公约》的总体目标在于减少湿地的流失，并确保它们的存续。

《关于控制危险废物越境转移及其处置的巴塞尔公约》：孟加拉国已经批准通过了《巴塞尔公约》。该公约自1993年6月30日开始实施，且政府参与了1989年伦敦准则修订案提出的自愿信息交流。

六、最高法院的标志性决定

在孟加拉国，最高法院将生命权解释为包括对环境和生态平衡保护和保存以及免受空气和水污染的自由。①

在孟加拉国环境律师协会秘书长提起的诉讼案件中，最高法院规定，任何

---

① Dr Mohiuddin Farooque v. Bangladesh, represented by the Secretary, Ministry of Irrigation, Water Resources and Flood Control and Others, 48 DLR, 1996: 438.

人在环境问题中都具有充分的权益，只要他不是好管闲事的介入者或与案件无任何利益的旅行者。[1]

在 Bangladesh Environmental Lawyers Association v. The Election Commission and others（SC of Bangladesh，High Court Div.，Writ Petition No. 186 of 1994）一案中，孟加拉国环境律师协会（BELA）的秘书长 Mohiuddin Farooque 博士声称，政治候选人藐视选举法，在全市通过扬声器噪声和不定期游行制造环境污染。最高法院指出“缓解申请人所指控之环境污染是有必要的”，但认为选举委员会和达卡城市公司采取了明确的措施阻止被指控的污染情节。鉴于上述事实，加上总检察长保证政府将采取一切必要措施落实选举委员会的指示，最高法院认为进一步的指示是不必要的。[2]

环境法庭作为孟加拉国的环境治理工具，其制度构架必须克服传统民事或刑事法庭的缺点，在环境领域实现超验正义的过程中发挥创造性的作用。

七、政府的环境政策

尚未通过的最新环境政策草案就以下行业规定了指导方针。

农业：在满足粮食自给自足的前提下鼓励和保障对环境无害的农业实践。在各类具体措施中，鼓励使用天然肥料和杀虫剂，避免使用农用化学品和对环境造成不良影响的人造材料。

工业：对新企业进行的环境影响评估、对污染企业实施的整改措施、对设立污染企业的禁令以及环保科技的发展能够有效促进自然资源的可持续和高效利用。

健康与卫生：将保障农村和城市地区的健康环境，预防侵害公共健康和工作场所健康的行为发生。

能源和燃料：本部分推荐的项目包括减少使用燃料木材和农业废弃物，探索可替代性能源资源，预防潜在的核能破坏和核辐射，保护森林可燃物，并发展和改进节能技术。除此之外，在实施燃料和矿产资源勘探和开采项目前，强制进行环境影响评估。

---

① Dr Mohiuddin Farooque v. Bangladesh, represented by the Secretary, Ministry of Irrigation, Water Resources and Flood Control and Others, 48 DLR, 1996:438.

② Dinah Shelton and Alexandre Kiss, Judicial Handbook on Environmental Law, United Nations Environment Program, 2005:116－117.

水资源：建议广泛运用对环境无害的水资源管理方式，运用范围包括水资源利用和发展，灌溉网络和堤防建设，河道疏浚，以及防止河流污染等措施。在承担水资源发展或洪水控制机制相关项目时，必须先进行环境影响评估。

土地：引起或导致水土流失、盐碱化或土壤肥力流失的活动被禁止。建议在不同的生态系统中采用兼容的土地利用机制，并对新生土地实行环境无害化管理。

森林、野生动物和生物多样性：森林的保护和扩张、野生动物和生物多样性的保护以及湿地保护是需要优先采取行动的领域。

渔业和畜牧业：本部分的基本目标是保护渔业和畜牧业，保护红树林等生态系统，以及预防湿地和鱼类自然栖息地的减少。这意味着需要有跨部委的协调机制，实现有关机构对现有水资源开发、防洪和灌溉项目的评估，以尽量减少它们对鱼类生长和栖息地的负面影响。

食品：本部分推荐了卫生、环保的食品生产、保鲜、加工和分发方法，以及禁止进口有害食品的保障措施。

沿海和海洋环境：沿海和海洋生态系统被确定为潜在干预地区，其中所有的内部和外部污染活动都应被制止。建议在可再生限度内在沿海和海洋环境中捕鱼。

交通运输和通信：公路、铁路、航空和水运系统应在不污染环境的前提下运作。上述领域的任何项目在开展之前必须经过环境影响评估。

住房和城市化：住房和城市中心需要有利于环境的规划和发展。城市中水体的存在有助于保持市区环境和生态系统的平衡。

人口：在环保发展活动中，应注重对人力资源的规划和合理利用，包括保障女性在各个领域的参与和主流地位。

教育和公众意识：通过正规和非正规教育消除文盲，构建和提升公众环境问题意识，传播环境知识和信息是保护、改善和可持续利用自然资源的政策导向。

科学、技术和研究：研究和开发机构需要考虑将环境问题纳入他们的研究项目。为领导和落实环境问题研究，环境与森林部（MoEF）被指派承担领导机构的角色。政府成立了国家环境委员会，首相任委员会主席全面指导政策的实施。政策强调，环境与森林部应根据环境、社会经济、国家其他需要等背景条件的变化，及时对政策采取适当的修订和修改。

综上所述，孟加拉国环保相关法律和政策对投资是友好的。这些法律日臻完善。作为一个发展中国家，孟加拉国政府鼓励投资。因此，环境相关的法律较少对孟加拉国的外商投资构成阻碍。

第八章　有关外国企业的纠纷解决法律

一、孟加拉国的法院结构

（一）孟加拉国的最高法院

孟加拉国《宪法》设立的最高法院是该国的最高级别法院。它有两个部门，即上诉庭和高等法庭。一方面，高等法庭拥有初审管辖权、上诉管辖权和《宪法》与其他法律赋予的权力和职能。另一方面，上诉庭审理和处置针对高等法庭判决、法令、命令或量刑的上诉。上诉庭有权在彻底践行正义之必要性的前提下，发布指示、命令、法令或传票，目的包括确保任何人出庭或调查、起草任何文件。最高法院由孟加拉国首席法官领导。①

1. 孟加拉国境内的高等法院历史

孟加拉国领土原本是印度次大陆的一个重要组成部分，其法律制度的历史可追溯到1726年。当时乔治一世国王颁布的宪章改变了直属城镇加尔各答、孟买和马德拉斯的司法行政管理，并以国王的名义建立了民事和刑事法庭。莫卧儿帝国期间，东印度公司从皇帝处取得了殖民权，成立了三个辖区城镇，即马德拉斯、孟买和加尔各答，并把英国司法系统引入了辖区城镇的管理，英国司法系统由此进入了这片次大陆。1726年宪章引入了自印度（孟加拉国在当时属于印度）向英国枢密院提起上诉的制度。此后，1773年《东印度公司规范法》出台，将东印度公司置入英国政府的控制之下，并制定了在加尔各答

① 《孟加拉国最高法院的年度报告》，2014年，第64页。

威廉堡设立最高法院的相关规定。1774年3月26日，最高法院在英皇制诰下于威廉堡设立。作为纪录法院，该法院有权处置孟加拉、比哈尔邦和奥里萨邦领土内对陛下臣民的犯罪、诉讼或控告。根据1833年通过的一项法案，枢密院被转变成具有最高权力的皇家法院，并在建立统一的印度次大陆法治方面发挥了巨大作用。

1861年印度高等法院法重组了印度当时的司法体系，建立了高等法院，废除了加尔各答威廉堡、马德拉斯和孟买的最高法院。高等法院被授权在民事、刑事、海事、遗嘱和婚姻方面的初审和上诉案件中行使管辖权。随着权力从英国议会转移到印度人民手中，政府根据1947年印度独立法的精神颁布了1947年《孟加拉高等法院令》。设立在达卡的东孟加拉高等法院是管辖当时东巴基斯坦的独立高等法院，俗称为达卡高等法院，有权管辖所有上诉案件（民事和刑事）和一些初审案件。

随着《巴基斯坦伊斯兰共和国宪法》于1956年颁布，巴基斯坦最高法院被确立为国家的最高级别法院，辖区覆盖东巴基斯坦和西巴基斯坦，代替联邦法院，对巴基斯坦各省设立的高级法院的决定有上诉管辖权。达卡高等法院有权发出具有人身保护令、执行令、禁令、调查令和阅卷令性质的令状，并有权宣布任何违宪法律作废。①

2.最高法院的司法管辖权

孟加拉国最高法院的权威源于《孟加拉国人民共和国宪法》。《宪法》第94(1)条规定，孟加拉国最高法院包括上诉庭和高等法庭。这两个最高法院部门有各自独立的管辖权。其管辖权来源不仅有《宪法》，也包括一般法律（议会法案）。②

(1)上诉庭的管辖权

《宪法》赋予上诉庭下列管辖权。

上诉管辖权：《宪法》第103条规定，上诉庭具有司法管辖权审理和裁定针对高等法庭判决、法令、命令或量刑的上诉。必然具有向上诉庭上诉之权利的情况包括：高等法庭确认案件涉及有关宪法解释的实质性法律问题，或已判处或确认判处当事人死刑或终身监禁，或对当事人因蔑视法庭作出的处罚，以及其他上诉庭许可上诉且有国会法案为依据的案件。③

---

① 《孟加拉国最高法院的年度报告》，2014年，第64页。

② 同上，第66页。

③ 同上。

上诉庭的发布和执行程序：根据《宪法》第104条，上诉庭有权在彻底践行正义之必要性的前提下，发布指示、命令、法令或传票，包括以确保任何人出庭、调查或起草任何文件为目的的命令。[①]

审查权：《宪法》第105条规定，上诉庭有权在国会法案条款和本庭所订立之规则的限制下，审查任何宣判的判决或命令。1988年《孟加拉国最高法院(上诉庭)规则》第四部分第26条规定了上诉庭审查的权力和程序事项。[②]

咨询管辖权：《宪法》第106条规定，任何情况下如果总统认为产生或可能产生法律问题，且该问题具备向最高法院咨询的必要性或公共意义，那么他可将该问题提交给上诉庭审议。上诉庭经听证后认为恰当的，可随后将其意见汇报给总统。[③]

最高法院的规则制定权：在遵守国会制定的任何法律的前提下，最高法院可经总统批准订立规则，以规范最高法院内部法庭和下级法院的司法实践和程序。[④]

(2)高等法庭的司法管辖权

《宪法》第101条规定，高等法庭拥有初审管辖权、上诉管辖权和《宪法》、其他法律赋予的管辖权、权力和职能。

初审管辖权：高等法庭的初审管辖权是指其作为一审法院审理案件或诉讼的管辖权。根据《宪法》第102条，宪法赋予高等法庭特殊初审管辖权，以保障《宪法》第三部分规定之基本权利的落实及其司法审查权的行使。还有其他一些属于高等法庭普通或初审管辖权范畴的一般法律(议会法案)，包括1994年《公司法》、2000年《金钟法院法》、1991年《银行公司法》、1925年《遗嘱和继承法》、1869年《离婚法》、1972年《人民代表命令》、1983年《孟加拉国商船条例》、1926年《藐视法庭法》等。1908年《民事诉讼法》和1973年《最高法院(高等法庭)规则》进一步规定了高等法庭的管辖范围。[⑤]

上诉管辖权：法律可以赋予高等法庭对任何事项的上诉管辖权。赋予高等法庭上诉管辖权的法律包括：1898年《刑事诉讼法》、1908年《民事诉讼法》、1991年《增值税法》第42条、1969年《海关法》第196D条、1973年《高等法庭

---

① 《孟加拉国最高法院的年度报告》，2014年，第66页。

② 同上。

③ 同上。

④ 同上。

⑤ 同上。

规则》,等等。①

再审管辖权:1908 年《民事诉讼法》第 115 条赋予高等法庭再审管辖权。高等法庭可以审查下级法院的裁判。1898 年《刑事诉讼法》第 439 条赋予高等法庭对下级法院刑事裁判的再审管辖权。此外,根据《刑事诉讼法》第 561A 条,高等法庭有权在其认为必要的情况下,以落实根据该法作出的任何命令,防止任何法院滥用程序或确保结果正义性为目的,发出命令。②

审查管辖权:1908 年《民事诉讼法》第 114 条赋予高等法庭审查管辖权。《高等法庭规则》第二部分第 10 章和 1973 年《民事诉讼第 47 号命令》规定了与审查相关的程序事项。③

监督和控制下属法院的管辖权:《宪法》第 109 条规定,高等法庭有权监督和控制所有下级法院和法庭。作为其监督下级司法机关权力的一部分,首席大法官 Md Muzammel Hossain 先生在 2014 年参观了下属司法机关的几个法庭。由首席大法官任命的 20 名法官在 2014 年视察了 31 个区所有下属司法机关的法院和法庭。④

下级法院向上级法院移送案件:根据《宪法》第 110 条,如果高等法庭认为下级法院的待决案件涉及宪法解释的实质性法律问题,或存在解决案件必须处理的重大公众问题,高等法庭可将该案从该法院撤销,并亲自审理此案,或对其中的法律问题作出裁判后将案件连同高等法庭的裁判文书副本发回原法院(或移交给其他下级法院),受理法院在收到案件后应依照高等法院裁判意见径行裁判。除此之外,1908 年《民事诉讼法》第 113 条授权高等法庭通过引用的方式就任何下级法院的案件发表意见或发出命令。根据 1984 年《所得税条例》第 160 条,高等法庭有权审理所得税案件。《民事诉讼法》第 24 条规定了民事法庭案件的移交,而《刑事诉讼法》第 526 条规定了下级法院管辖之刑事案件的移交。⑤

---

① 《孟加拉国最高法院的年度报告》,2014 年,第 66 页。

② 同上。

③ 同上,第 67 页。

④ 同上。

⑤ 同上。

(二)孟加拉国最高法院概览①

表 8-1　孟加拉国最高法院概览

建立	根据《宪法》第 94 条于 1972 年 12 月 16 日建立
授权	《宪法》第四部分第 1 章
管辖权范围	孟加拉国全境
地点	国家首都达卡
面积	55.05 亩土地。建筑面积:主楼 165026.54 平方英尺;附楼 83684.00 平方英尺;旧大楼 7881.83 平方英尺;新附楼(A,B 和 C)157000.00 平方英尺
法院的组成	根据《宪法》第 94(2)条,最高法院包括上诉庭和高等法庭,由首席法官和总统认为必要数量的若干名各庭法官组成
法官的任命	最高法院首席大法官和两个法庭的法官依照《宪法》第 95 条任命;最高法院高等法庭的增补法官和上诉庭的专案法官依照《宪法》第 98 条任命
法官目前的数量	上诉庭:包括首席大法官在内 7 名法官。高等法庭:90 名法官
法官职位的任期	直到其年满 67 岁;除非证明其存在不端行为或丧失行为能力,经国会议员总数至少 2/3 同意,由共和国总统免除其职务;或本人亲自写信给共和国总统辞去职务(《宪法》第 96 条)
管辖权	上诉庭具有司法管辖权审理和裁定针对以下机构的判决、法令、命令或量刑的上诉:高等法庭、行政上诉法庭、国际刑事法庭。向上诉庭提出的对高等法庭的判决、法令、命令或量刑的上诉,应是当事人的正当权利,如果高等法庭证明有关案件涉及宪法解释的实质性法律问题;或判处当事人死刑或终身监禁;或对当事人处以藐视法庭的处罚;以及国会法案规定的其他案件[宪法第 103(1)和(2)条];以及取得上诉庭许可 高等法庭拥有初审管辖权、上诉管辖权和《宪法》与其他法律赋予的权力和职能(宪法第 101 条)

① 《孟加拉国最高法院的年度报告》,2014 年,第 4 页。

续表

法庭房间	上诉庭:3(主楼)。高等法院司:21(主楼),34(附楼),4(旧大楼)。共计=62
联系方式	通信地址:The Registrar Supreme Court of Bangladesh, Shahbagh, Dhaka－1000 Phone(电话):＋88 029562941－5,9567307 Fax(传真):＋88 02 9565058 Website(网站):www. supremecourt. gov. bd E-mail(邮箱):registrar@supremecourt. gov. bd

(三)孟加拉国的下级法院

下级法院分为刑事和民事法院,覆盖超过 64 个区。民事法院分别为拥有助理法官、高级助理法官、联合地区法官、增补地区法官和地区法官的法院。刑事案件则由刑事地区法官、增补刑事地区法官和联合刑事地区法官的法院审理。在都市地区,刑事地区法院被称为都市刑事法院。① 刑事法院采取两级制:刑事地区法院是第一级,处理地区层面的刑事案件。刑事地区法官法庭和增补刑事地区法官法庭有权管辖超过 10 年有期徒刑的罪行。联合刑事地区法官只能审理最高可判 10 年的罪行。治安官法院的量刑权力则为最高 7 年。②

司法机关还包括几个特别法院和法庭。例如:家庭法院审理婚姻案件,暴力侵犯妇女儿童;特别法庭审理涉嫌对妇女和儿童使用暴力的罪行;根据 2002 年《酸性物质犯罪预防法》设立的酸性物质犯罪法庭审理通过(泼洒)酸性物质造成伤害的犯罪;劳工法庭审理有关劳动和就业问题的案件;反腐败法庭审理腐败案件;快捷审理法庭审理需要立即处置的事项等。③

二、仲裁机制

国外投资者的印象是,孟加拉国司法机构无力执行合同,在案件得到解决前需要拖上 10 年甚至更久。④ 同时,在孟加拉国的法院里,尤其是在下级法

① 《孟加拉国司法、国家廉政体系评估》,政策简报,第 25 期第 2 页,2014 年 9 月。

② 《孟加拉国:混乱的司法、国家司法腐败报告》,透明国际,第 180 页,2005 年。

③ 《孟加拉国司法、国家廉政体系评估》,政策简报,第 25 期第 2 页,2014 年 9 月。

④ 具体参见:《世界发展报告(2005)》,第 86—90 页。

院，腐败问题十分普遍。[①] 最高法院于1999年作出判决，在缺乏司法独立之《宪法》保障的情况下提出12项措施敦促政府实施，而政府没有照办。司法程序受到持续行政干预的情形在2005年再次受到批评。[②] 尽管如此，最高法院一直稳健地维持着公平和有能力的名声。本章表明，有关贸易和投资的争端解决机制在过去几年里取得了长足的进步，现行法律制度提供仲裁作为避免复杂法庭诉讼的手段。

仲裁是解决争端的非讼机制，由独立第三方的仲裁员作出有约束力的决定。[③] 仲裁机构是一个国际法机构，其历史可追溯到19世纪。[④] 在世界范围内仲裁的使用不断增长。如今，仲裁是解决国际商务中私人和公共纠纷的最重要、最灵活的手段之一，尤其应对不同国家私人投资者之间的纠纷和私人投资者与投资国政府的纠纷，其中东道国政府的角色包括了私人身份和主权国家身份两类。有关仲裁的国际法律不具有约束力，而是由本国法律或当事方选择的国际法律对仲裁结果进行规制。此外，诸如投资者—国家仲裁之类的纠纷解决在很大程度上是由当今全球经济领域适用的国际公法规制；因此，仲裁已被证明是解决公共和私人纠纷的最有效的手段。本文所述之公共纠纷，指的是国家与国家，以及国家与私人投资者之间的投资仲裁，而私人纠纷指的是私人投资者之间或私人投资者与以私人身份进行商业活动的国家之间的商事仲裁。

重要的是，随着仲裁在世界范围内成为热门的商业纠纷解决方式，孟加拉国提倡仲裁。仲裁作为司法程序的替代机制，是高效的解决争端机制，这在外商投资领域尤为明显。2009年6月30日 Saipem SpA v. The People's Republic of Bangladesh 的仲裁裁决是孟加拉国商业纠纷仲裁发挥作用的一个很好的例子，该仲裁适用了《纽约公约》而不是孟加拉国本国法律。本章致力于阐明孟加拉国的国内法律框架如何在与国际法律框架保持一致的基础上解决商业和投资纠纷。

---

① 具体参见：《世界发展报告(2005)》，第86—90页。

② 同上。2007年，临时执政政府宣布要进行司法部门的分离，并制定了四套规则来实现分离。通过这些指令，政府制定了必要规则将司法机关从行政部门分离出去，并建立了司法服务委员会任命下级法院的法官。

③ 仲裁。http://www.ciarb.org/dispute-appointment-services/das-arbitration.

④ J. H Ralston, International Arbitration from Athens to Locarno. London, 1929.

(一)投资者—投资者的商事仲裁

国际商事仲裁通过保障和改善国际私人交易的效率，促进了市场一体化。[①] 国际商事仲裁是国际市场架构的关键机制。[②] 商事仲裁历史悠久[③]，为解决各方之间的贸易纠纷提供了有吸引力、灵活的方法，且成本低、速度快。[④] 世界各地的许多机构都起草了仲裁行为的规则，以吸引有利可图的商事仲裁到他们的中心解决纠纷。[⑤] 为了提供国际统一的标准以解决与国外投资者的纠纷，孟加拉国遵循《联合国国际贸易法委员会示范法》(UNCITRAL)、《国际投资争端解决公约》(ICSID)和《纽约公约》。

1. 国际法律框架

关于国际商事仲裁的第一个重大国际协议是 1923 年的《日内瓦议定书》。[⑥] 该协议得到包括英国在内的 30 个国家的批准。在国际商事仲裁的背景下，最重要的文件是 1927 年日内瓦《关于外国仲裁裁决执行的公约》。[⑦] 经过第二次世界大战，1953 年国际商会(ICC)关于仲裁裁决在国内法院直接执行的提议受到了国际社会的反对，但最终促成了 1958 年《关于承认和执行外国仲裁裁决的纽约公约》。[⑧] 该公约规定了承认和执行仲裁裁决的简化程序。其缔约国名单表明，该公约获得了巨大的成功。[⑨] 对于本国投资者希望参与

① Alessandra Casella, "On Market Integration and the Development of Institutions: The Case of International Commercial Arbitration", European Economic Review, 1996(40): 155.

② Dezalay and Brayant G. Garth, Dealing in Virtue: International Commercial Arbitration and the Construction of a Transnational Legal Order. Chicago and London: University of Chicago Press, 1996: 7.

③ 具体参见：R. Bernstein and D. Wood, Handbook of Arbitration Practice, 3rd ed.. London, 1998; E. E. Bergsten, International Commercial Arbitration. New York, 1991。

④ M. Mustill, "Arbitration: History and Background", Journal of International Arbitration, 1989(6): 43.

⑤ John Collier & Vaughan Lowe, The Settlement of Disputes in International Law: Institutions and Procedures. Oxford: Oxford University Press, 2009: 46.

⑥ The Geneva Protocol 1923, 27 LNTS 157.

⑦ 1927 年日内瓦《关于执行外国仲裁裁决的公约》，92 LNTS 301。

⑧ 1958 New York Convention on the Recognition and Enforcement of Foreign Arbitral awards, 330 UNTs 3. For details see A J van den Berg, the New York Arbitration Convention of 1958: Towards a Judicial Interpretation, Daventer, 1981.

⑨ 截至 2014 年底，已有 156 个国家批准。

全球贸易的国家而言，批准该公约至关重要。孟加拉国于1992年5月6日批准了此公约。[①]

仲裁法律的发展离不开个人和国家在多个层面上的努力。国际商会(ICC)成立于1919年，根据其规则，全球进行了成千上万次仲裁。[②] 联合国国际贸易法委员会成立于1966年，目的在于协调和统一国际贸易。联合国国际贸易法委员会仲裁规则于1976年获得通过。[③]

联合国国际贸易法委员会在1985年通过了关于国际商事仲裁的示范法，以协调各成员方不同国内立法的巨大差异。[④] 示范法试图在当事人意思自治和国家对其领土范围内解决纠纷的管辖权之间寻找适当的平衡。[⑤] 它要求每一个国内法院拒绝审理书面仲裁协议所涵盖的事项，而应将当事人指引到仲裁机构，除非法院认定该仲裁协议无效、不可操作或无法履行。[⑥]

由于孟加拉国对待国际法律采取二元划分的方法，有关仲裁的国际法律规定不能在孟加拉国直接适用，除非本国立法明确采纳。要将仲裁纳入常规法律制度，必须要有规范仲裁庭和法院关系的国内立法。

2.孟加拉国国内法律

为了与国际商事仲裁的现代化步调一致，孟加拉国颁布了2001年《仲裁法》。该法于2001年4月10日生效[⑦]，同时废止[⑧]了所有印度次大陆国家曾

---

① Ratification Status available in http://www.newyorkconvention.org/countries.

② 国际商会是国际上最大的商业组织，其仲裁由国际仲裁庭主持。争端解决程序由1997年《国际仲裁庭规约》(36 ILM1625)进行规范，而孟加拉国是国际商会国家委员会的成员。详情参见：http://www.iccwbo.org/worldwide-membership/national-committees/icc-bangladesh/。

③ UNCITRAL Rules 1976，15 ILM 701.联合国国际贸易法委员会规则被认为是一套中立的规则，可被来自任何地区的任何国家和当事人接受，而国际商会规则则被一些人怀疑是由西方仲裁机构制定并在源头上染上了资本主义色彩。

④ UNCITRAL Model Law 1985，UN Doc. A/40/17，annex 1，1985，24 ILM 1302.详情参见：CF. A. Broches，"1985 UNCITRAL Model Law on International Commercial Arbitration：an Exercise in international legislation"，Netherlands Year Book of International Law，1987(18)：3。

⑤ 《联合国国际贸易法委员会示范法》第5条如下："在本法所管辖的事项中，除非本法另有规定，否则法院不得介入。"

⑥ 同上，第7条和第8条。

⑦ 2001年《仲裁法》。

⑧ 同上，第59节。

经适用的1940年法。[①] 孟加拉国和印度的仲裁法都源自《联合国国际贸易法委员会示范法》。在某些方面，孟加拉国的法律借鉴了印度的1996年《仲裁和调解法》。

2001年《仲裁法》遵循了示范法的规定，目的在于巩固和编纂国内和国际商事仲裁法律。此外，该法建立了单独、统一的孟加拉国仲裁法律制度，并体现了世界其他地区解决与外国实体间纠纷的最新潮流。[②]

与《联合国国际贸易法委员会示范法》相比，孟加拉国《仲裁法》似乎赋予当事方更多自由。例如，与示范法不同，孟加拉国《仲裁法》第17条对仲裁庭可能解决的问题作了一系列非穷尽的列举，如是否存在有效的仲裁庭，或仲裁庭成员构成是否正当。[③] 类似的，在界定国际商事仲裁时，该法照搬了1996年印度法的定义[④]，但偏离了《联合国国际贸易法委员会示范法》。[⑤] 这意味着，两个孟加拉国国民即便在其他国家开展业务，两人之间的商业纠纷也无法被孟加拉法认定为国际商事仲裁，而示范法则可能如此认定。

为解决国际商业纠纷，孟加拉国也接受仲裁以外的手段。孟加拉国《仲裁法》体现了典型的纠纷解决的亚洲路径[⑥]，鼓励使用包括调解和和解在内的其他替代性纠纷解决机制。2001年《仲裁法》第22条规定如下：“仲裁庭可在各当事方同意的前提下鼓励当事方采取仲裁以外的方式解决纠纷，这不与仲裁协议相冲突。仲裁庭可在仲裁程序的任何阶段随时使用调解、和解或其他任何程序促成纠纷解决。”[⑦]该法还规定：“如果在仲裁程序中，当事人达成和解，仲裁庭经当事人要求，应以仲裁裁决的形式记录纠纷的解决和商定的条

---

① AFM Maniruzzaman, “The New Law of International Commercial Arbitration in Bangladesh: A Comparative Perspective”, The American Review of International Arbitration, 2003(14):140.

② 即1998年德国《仲裁法》和1996年印度《仲裁和调解法》。

③ 2001年《仲裁法》第17条。

④ 1996年《印度仲裁法》，第2(1)(f)节。

⑤ 《联合国国际贸易法委员会示范法》，第1(3)条。

⑥ A. F. M. Maniruzzaman, “International Commercial Arbitration in the Asia-Pacific: Asian Values, Culture and Context”, Int'l Business Lawyer, 2002(30):508; see also A. F. M. Maniruzzaman, “The Problems and Challenges Facing Settlement of International Energy Disputes by ADR Methods in Asia: The Way Forward”, Int'l Energy Law and Taxation Review, 2003(6):193.

⑦ 2001年《仲裁法》第22(1)节。

件。”[①]因此在孟加拉国，就商定条件作出的仲裁裁决和其他任何裁决没有区别。[②]

2001年《仲裁法》保障当事方选择自由，允许他们根据纠纷实质选择任何法律，而不局限于本国法律。[③] Maniruzzaman 教授指出，选择空间十分广阔，双方可以选择商法或跨国商业法律规则、不属于某个国家法律体系特征的特定贸易规则或其他任何规则。[④] 这里，适用法律的选择仅仅意味着实体法的适用而非法律冲突规范[⑤]，这主要是为了避免反致的情形。[⑥] 该法允许仲裁庭在当事人未选择适用法律的情形下，根据纠纷涉及的所有情境，选择适用其认为适当的法律规则。[⑦] 仲裁程序应由最终裁决或仲裁庭命令终止。[⑧] 该裁决具有终局性，并对双方当事人有约束力。[⑨]

2001年《仲裁法》规定了对孟加拉国举行的国内仲裁和国际商事仲裁裁决的救济机制。[⑩] 撤销国内仲裁裁决的申请必须在有权作出和签署仲裁裁决的法院提出[⑪]，而国际商事仲裁裁决的救济则由孟加拉国最高法院高等法庭管辖。[⑫] 该法第43条单独列举了有限的撤销裁决的理由，不能以其他任何理由撤销裁决。[⑬]

---

① 2001年《仲裁法》第22(2)节。

② 同上，第22(4)节。

③ 同上，第36(1)条。

④ A. F. M. Maniruzzaman, “The Lex Mercatoria and International Contracts: A Challenge for International Commercial Arbitration?”, AM. U. Int'l L. Rev., 1999, 14(3): 657.

⑤ 2001年《仲裁法》第36(1)条。

⑥ A. F. M. Maniruzzaman, “The New Law of International Commercial Arbitration in Bangladesh: A Comparative Perspective”, The American Review of International Arbitration, 2003(14): 162.

⑦ 2001年《仲裁法》第36(2)条。

⑧ 同上，第41条。

⑨ 同上，第39条。

⑩ 同上，第42—43条。

⑪ 同上，第42(1)条。

⑫ 同上，第42(2)条。

⑬ 同上，第43(1)条如下：(1)仲裁裁决可被搁置，如果(a)提出申请的一方提供证据证明：(i)仲裁协议的一方存在无行为能力的情况；(ii)仲裁协议依据其适用法律无效；(iii)提出申请的一方没有获得指定仲裁员或仲裁程序的适当通知，或由于合理原因不能出庭陈述；(iv)仲裁裁决涉及的纠纷不属于仲裁条款的涵盖范围，或仲裁裁决包含对提交仲裁范围以外事项的裁决。

根据孟加拉国法律，国内外仲裁裁决可直接执行。该法规定："裁决可根据民事诉讼法强制执行，执行中裁决被视为法院的判令。"①因此，国内外仲裁裁决被拟制为法院判令。第45条规定的外国仲裁裁决的执行由达卡区域内行使管辖权的地方法院负责。② 地方法院要撤销在孟加拉国举行的国际商事仲裁作出的仲裁裁决，必须向高等法庭提起救济申请。③

现行《仲裁法》颁布之前，孟加拉国没有执行外国仲裁裁决的法律机制。虽然孟加拉国早在1992年7月6日就加入了《纽约公约》，但没有制定任何法律使公约在国内生效。因此在孟加拉国司法实践中，法官在处理对外国仲裁裁决的认可和执行时犹豫不决。④ 然而，2001年法将《纽约公约》纳入孟加拉国国内立法，该法第46条⑤照搬了《纽约公约》对于法院拒绝承认和执行仲裁裁决之理由的规定。⑥ 该法第45条强调了孟加拉国执行外国仲裁裁决的程序。执行外国仲裁裁决的申请必须具备："(a)仲裁裁决原件或符合仲裁所在地国家法律要求的认证副本；(b)仲裁协议原件或认证的副本；(c)证明该裁决为外国裁决的必要证据。"⑦上述(c)款在《纽约公约》和示范法中都找不到类似规定，它是孟加拉国法律额外增加的规定。

2001年法已经纳入了国际商事仲裁的基本原则，如当事人意思自治、仲裁的最小司法介入、仲裁庭独立和裁决有效执行原则。该法确立了自然正义的特定选择，从而实现了纠纷解决的公平和公正。⑧ 该法的独特性在于其承

---

① 2001年《仲裁法》第44条和第45(1)(b)条。

② 同上，第45条。

③ 同上，第42(2)节。

④ See Haji Azam v. Singleton Binda & Co.,(1975)27 DLR 583;Bangladesh Air Service PVT v. British Airways PLC(1997)49 DLR 187 (AD).

⑤ 2001年《仲裁法》第46条规定了拒绝承认或执行外国仲裁裁决的理由："(1)拒绝承认或执行外国仲裁裁决只能基于如下理由，即(a)如果被起诉方向法院提供证据证明：(i)该仲裁协议的一方行为能力受限；(ii)仲裁协议不受到双方选择适用之法律的支持；(iii)被起诉方没有得到仲裁员任命或仲裁程序的适当通知，或因其他合理的原因不能陈述案情；(iv)有关外国仲裁裁决包含超出交付仲裁范围的事项。"

⑥ 《纽约公约》第5条。

⑦ 2001年《仲裁法》第45(2)条。

⑧ 同上，第23条规定如下："(a)应给予双方当事人合理的机会以口头或书面或二者兼备的方式陈述案情；(b)应给予双方当事人合理的机会当庭检查对方或其他相关人员提出的所有文件和其他有关材料。"

前启后。[①] 孟加拉国积极吸引外商投资，为国外投资者提供与国际标准接轨的商业纠纷解决机制。

除了法律保护，孟加拉国还为解决商事纠纷提供了机构机制。孟加拉国国际仲裁中心（BIAC）于2011年成立，是全国首个解决商事纠纷的仲裁中心。[②] 孟加拉国国际仲裁中心是国际商会联合达卡商会和大都会工商商会共同推动的成果。作为孟加拉国第一个仲裁机构，孟加拉国国际仲裁中心提供可行的以仲裁为主的替代性纠纷解决机制，并制定了仲裁规则，配备了成熟的尖端设施。

（二）投资者—国家的投资协定仲裁

与上述商事仲裁不同，投资条约仲裁[③]不是一个纯粹的私人争端解决机制，并非完全取决于当事人意思自治，其影响也不局限于仲裁程序的当事人。相反，它承担着影响国外投资者、国家、公民社会行为的公共职能。因此，它是作为投资保护公共机制的一部分进行运作的。它是国际争端解决最为活跃、增长速度最快的领域之一，已知的投资协定仲裁案例总数已达到608例。[④] 这不仅是因为自冷战结束以来外商投资涨幅空前，也是源于国际法对国外投资者的实质性和程序性保护的扩张。[⑤]

当今现存的国际投资协定数量超过3000部。[⑥] 国际投资协定（IIAs）是两个国家之间的条约，约定保护双方投资者在对方境内作出的投资，并在对方国

① 2001年《仲裁法》第3(4)条规定如下："对于任何订立于本法实施之前或之后的仲裁协议，本法规定适用于针对该协议引发的纠纷在孟加拉国提起的仲裁程序。"

② BIAC Quarterly Bulletin, Volume 2, No. 2, Dhaka, April-June 2013.

③ 投资协定仲裁是指国外投资者和东道国之间关于国际投资条约所产生的权利和义务的仲裁。

④ UNCTAD, Latest Development in Investor-State Dispute Settlement，访问地址：http://investmentpolicyhub.unctad.org/Publications/Details/132。

⑤ Stephan W Schill, "Crafting the International Economic Order: The Public Function of Investment Treaty Arbitration and its Significance for the Role of the Arbitrator", Leiden Journal of International Law, 2010, 23(2): 401.

⑥ International Investment Navigator, http://investmentpolicyhub.unctad.org/IIA, 2015年11月23日访问。

家投资者的投资待遇和规范方面承担特定义务和限制。[①] 国际投资协定对东道国施加了一些义务和限制，以保护国外投资者的权利。国际投资协定规定的东道国义务和限制包括：创造投资的良好环境，为对方的投资者及其投资提供最惠国待遇，为国外投资者及其投资提供公平、公正的待遇和充分的保护和安全，除公共目的外避免在没有充分补偿的情况下征收国外投资者的投资，允许投资利润和回报的汇回，避免歧视性地区别对待境外投资者和国内投资者的投资，允许国外投资者通过行政法庭或司法法庭获得正义，以及最重要的，允许个人起诉东道国违反国际投资协定所保障的待遇标准（即投资者—国家纠纷解决或投资者—国家仲裁）。国家接受上述义务和限制，其基本逻辑在于认定国际投资协定设定的框架能增加外商投资的流入。[②]

国际投资法的目的在于促进和保护私人国外投资者的活动。[③] 国际投资协定的意义在于它能增强投资者的信心，从而增加外商直接投资的流入量。[④] 发展中国家加入国际投资协定，主要是为了吸引国外投资者，增加外商直接投资的流入。[⑤] 如同其他发展中国家一样，孟加拉国热衷于吸引国外投资者，这可以明显从孟加拉国加入的国际投资协定，尤其是双边投资协定的数量上看出来。在20世纪80年代初期，孟加拉国只签署了1项双边投资协定[⑥]，而现在是29项。[⑦] 在1980年，政府颁布了《国外私人投资促进和保护法》，其中包含的条款涉及保护和公平待遇、赔偿、征收和国有化、投资的汇回等。[⑧] 1991

① 关于双边投资条约的一般性讨论，参见 Rudolf Dolzer and Christoph Schreuer, Principles of International Investment Law, 2nd ed. Oxford University Press, 2012; Jeswald W. Salacuse, The Law of Investment Treaties. Oxford University Press, 2013; Andrew Newcombe and Lluis Paradell, Law and Practice of Investment Treaties: Standards of Treatment. Wolters Kluwer, 2009。

② M. Sornarajah, The International Law on Foreign Investment, 3rd ed. Cambridge University Press, 2010: 187.

③ Rudolf Dolzer and Christoph Schreuer, Principles of International Investment Law, 2nd ed. Oxford University Press, 2012: 46.

④ Jennifer L. Tobin and Marc L. Busch, “A BIT is better than A Lot: Bilateral Investment Treaties and Preferential Trade Agreements”, World Politics, 2010(62): 1.

⑤ Eric Neumayer and Laura Epess, “Do Bilateral Investment Treaties Increase Foreign Direct Investment to Developing Countries?” London: LSE Research<online>.

⑥ 《孟加拉国——德国双边投资协定》。

⑦ 国际投资协定数据库。

⑧ Foreign Investment in Bangladesh, http://www.sdnbd.org/sdi/statisticapocketbook/Chap01/0114.htm, 2015年11月25日访问。

年后政府进行了进一步的显著改革，其中包括：关税改革的进步、进口清关程序的重组和迈向统一关税结构的进展。① 孟加拉国政府在其1999年综合产业政策中认识到外商投资的作用，承认应重视“促进私人部门引领工业生产和投资的增长”和“在出口和国内市场为导向的产业中吸引外商直接投资，以弥补国内投资资源的不足，并获得不断发展的技术和出口市场的准入”。②

在投资委员会的网站上，首相留言如下：“我们希望在2020年之前把孟加拉国变成一个中等收入国家，而外商投资是这个目标的重要组成部分。”③这意味着政府正在努力创造一个更加开放、完善的外商投资环境。④

截至2015年，孟加拉国签署的国际投资协定总数是30个，其中24个已生效。在这30个国际投资协定中，1993年之前只签署了9个，其余21个为1993年之后签署。孟加拉国在2013年的GDP总量为1528亿美元⑤，2013年外商直接投资总额为15.99亿美元，仅占国内生产总值的1.09%。然而，尽管外商直接投资占GDP的比例很小，但外商直接投资总量从1993年的1400万美元增加到2013年的15.99亿美元⑥，这表明外商投资已显著增加。

至今，孟加拉国订立的所有国际投资协定都包含了投资者与东道国之间或缔约方之间投资争端解决的规定。在大多数协议中，国外投资者要解决与东道国的争端有三种途径。第一，投资者可以将纠纷提交到主管的国内法院；第二，如果投资者母国为国际投资争端解决中心（ICSID）成员方，他可以将纠纷提交该中心仲裁庭⑦；第三，他可以将纠纷提交给联合国国际贸易法委员会（UNCITRAL）仲裁程序规则设立的专设仲裁庭。需要注意的是，对上述任一

---

① Jayatilleke S. Bandara and Marc McGillivray, “Trade Policy Reforms in South Asia”, Issue 7, The World Economy, 1998(21): 886.

② Foreign Investment in Bangladesh, http://www.sdnbd.org/sdi/statisticapocketbook/Chap01/0114.htm, 2015年11月25日访问。

③ 首相在孟加拉国投资峰会的发言，美国纽约，2009年9月，孟加拉国投资委员会网络信息。

④ Foreign investment in Bangladesh, 在线网。

⑤ Country-wise Nominal and Real GDP, total and per capita, annual, 1970—2013, UCNTADSTAT, http://www.unctadstat.unctad.org/wds/TableViewer/tableView.aspx, 2015年11月25日访问。

⑥ 同上。

⑦ 1965年《国际投资争端解决公约》(ICSID)也被称为《华盛顿公约》，它规定了投资争端的调解和仲裁机制。国际投资争端解决中心是根据公约促进纠纷解决的机构，与国家间或国际商业仲裁不同，但兼具二者的功能。具体参见：Salacuse, 369－390; John Coller, 59－76。

程序的选择是终局性的。孟加拉国在 1980 年 4 月 26 日成为国际投资争端解决中心成员方。

孟加拉国签署的所有国际投资协定(包括与中国[①]签署的在内)都规定仲裁裁决是终局性的,对纠纷双方都具有约束力,且该国已承诺根据其本国法律执行仲裁裁决。为了进一步明确这一点,印孟投资条款强调如下:“仲裁裁决应按照本协议的规定作出,并应对争议各方均具有约束力。”[②]

然而,由于国际投资协定所附随的义务,孟加拉国陷入两起投资者—国家纠纷案件,即 Saipem SpA v. People's Republic of Bangladesh[③] 和 Niko Resource (Bangladesh)LTD v. Peoples Republic of Bangladesh。

最后,当前的范式似乎将孟加拉国变成了国际贸易、商业和投资领域理想的争端解决场所。考虑到孟加拉国各行业不断增长的外商投资,尤其是在天然气和电力行业的增长,以及该国与世界其他地区不断增长的出口贸易,对新的立法的需求一度迫在眉睫。由于新法体现了仲裁的现代实践,它被认为能够帮助孟加拉国潜在国外投资者建立信心。[④] 对于寄希望通过国际商事纠纷解决机制保障其投资的国外投资者而言,仲裁法是必不可少的。

---

① 中华人民共和国政府与孟加拉国人民共和国政府《关于促进和保护投资的协定》(1997 年 3 月 25 日)。

② 印度政府与孟加拉国人民共和国政府《促进和保护投资协定》(2011 年 7 月 7 日),第 5(3c)条。

③ 国际投资争端解决中心第 ARB/05/7 号案件,投资者(母国意大利)胜诉:争议的出现源于孟加拉国国内法院拒绝承认和执行有利于投资者 Saipem 的起诉 Petrobangla 的国际商会仲裁裁决。国际投资争端解决中心仲裁庭作出了有利于投资者的裁决,认为孟加拉国违反了意大利—孟加拉国 IIA 规定的义务。

④ A. F. M Moniruzzaman,“Modernisation of International Arbitration Law in the Age of Globalisation: A Bangladesh Perspective”,OPINION:[2004] I. C. C. L. R. 133.

结　论

显然，在过去几十年里，孟加拉国不论在独立前还是独立后都作出了对保障国外投资者非歧视性待遇的庄严承诺。该国的现行法律和体制框架保证了外商投资得到公平与公正的待遇。在孟加拉国的总体发展进程和国家各领域经济增长中，贸易已成为一个重要组成部分。贸易在孟加拉国的发展规划中占据核心地位，而外汇短缺是其中的主要障碍。出口贸易可以在很大程度上填补外汇缺口，而出口增长也将增加该国的进口能力，从而进一步提升产业化和整体经济活动。尽管孟加拉国经济存在结构性限制，但出口部门在整个20世纪90年代表现良好。更有趣的是，在过去几年里，孟加拉国的出口增长速度高于世界与南亚区域合作联盟国家(SAARC)的水平。

本文是一次独特的尝试，旨在梳理孟加拉国的法律和体制框架，并审视该国是否愿意向外商投资打开市场。本文表明，孟加拉国自20世纪90年代初倾力展开广泛的贸易改革战略。这包括大幅度削减和合理化关税，取消数量限制，由多元转向统一的汇率制度，可兑换活期账户，以及外向型的总体贸易政策体制。孟加拉国的脱贫战略文件(PRSP)一直强调私人部门在推动出口增长和多样化中的角色，使得出口导向型经济成为其脱贫和发展战略的关键推力。孟加拉国已经证明了自己是全球自由贸易的积极倡导者。目前该国是WTO论坛中最不发达国家的领导者。孟加拉国是首个运用WTO争端解决机构挑战印度实施的反倾销措施的最不发达国家。

就海关法而言，孟加拉国已经采取措施改革本国海关法，以符合2013年贸易便利化协定(TFA)规定的WTO标准。2014年新海关法的草案已经获得内阁批准，并提交国会通过。孟加拉国将很快批准WTO的《贸易便利化协定》，因为50多个国家已经批准了该协定以简化贸易规则。孟加拉国一直积极倡导简化国际贸易中的海关程序。自20世纪90年代初，孟加拉国一直强调简化出口和进口的海关程序。目前的2015—2018年进出口政策致力于移除国际贸易的所有可能障碍。近年来，该国的海关系统也得到大幅改善。该国对于签署和批准大量双边和多边投资条约的长期努力也意味着孟加拉国对外国实体开放，并致力于按照国际标准保护外商投资。

孟加拉国政府积极寻求外商投资，特别是在能源、电力和基础设施项目方面。孟加拉国提供了慷慨的投资机会，有宽松的产业政策和出口导向、私人部门主导的经济增长战略。更有趣的是，国外投资者被允许持有孟加拉国公司高达100%的股权，但某些受监管实体除外。100%外商独资企业在土地所有权上也没有任何限制。该国已签署了30多个双边条约及其他一些国际投资协定，以促进外商直接投资。孟加拉国热衷于吸引国外投资者，因此该国正稳步发展当地的法律，为外商投资提供满意的保障。

孟加拉国在过去12年左右保持了年均6%的经济增长，这表明该国有适当的机制操控它的经济体系。在一些法律的帮助下，中央银行监管外汇、银行业、非银行金融机构和资金流动部门。一方面，货币和银行体系的相关法律为投资、银行业和资金流动创造了良好的环境。在另一方面，这些法律创设了严格的刑罚制度，以惩戒对投资者权利的侵害。

为了将孟加拉国展现为投资的天堂，孟加拉国政府正在与私人部门密切合作。政府鼓励总理办公室领导的公私伙伴关系。总理办公室认为，应在公共部门给予外商投资最高的优先级。《公私伙伴关系法》为投资者提供了最好的设施并保护他们的投资。目前，孟加拉国有数个大型公共基础设施项目以不同的公私合作模式运作。可以肯定地说，孟加拉国欢迎国外投资者，并提供公共基础设施领域的投资机会，且政府有意愿按照国际规范分享利润。

作为若干国际文件的签署国，孟加拉国有决心为工人提供良好的工作环境，保障其享有的劳动权利。2006年《劳动法》旨在保护和促进工人和雇主的利益。投资格局和服装行业的快速增长说明孟加拉国具有友好的劳动力和投资者环境。此外，该国致力于保护其环境免受计划外的工业化影响。政府已制定了与环境有关的若干法律。合理适用这些法律可以保障其环境免受污染危害。

最后，本文简要阐述了与国外投资者相关的孟加拉国争端解决机制。值得高兴的是，该国承诺为国外投资者提供与国际标准接轨的保障。2001年

《仲裁法》的制定参照了1958年《关于承认和执行外国仲裁裁决的纽约公约》相关规定、1976年《联合国国际贸易法委员会仲裁规则》、1985年《联合国国际贸易法委员会示范法》以及其他一些有关商业和投资仲裁的国际法律。对国外投资者来说,该国已经成为一个有吸引力的投资地点。

译者:冯煜清
东南大学法学院副教授

巴基斯坦

Saqib Jillani

作者介绍

Saqib Jillani是Jillani & Co律师事务所的律师和合伙人。该律所总部设在巴基斯坦，为企业提供各种公司和商业方面的咨询，业务主要涉及产业（纺织、化工、饮料等）、发电、水泥、石油和天然气、信息技术、知识产权、竞争法、财产等与民事、商业纠纷相关的领域。

概　述

1947年，巴基斯坦伊斯兰共和国成立。巴基斯坦东部与印度接壤，边境线狭长，西部与伊朗及阿富汗接壤，北部则与中国接壤，有超过1000千米的南部海岸线，国土面积超过80万平方千米。南方炎热干燥，北方寒冷但气候温和。巴基斯坦总人口1.9171亿①，其中7519万人生活在城市。巴基斯坦是个多民族国家，境内有旁遮普人、信德人、帕坦人、俾路支人，以及占信德省多数人口的印度移民。该国主要由四个省份组成：旁遮普省——这也是人口最多的省；信德省；开伯尔-普什图省；拥有最大土地面积、丰富矿藏与石油资源的俾路支省。乌尔都语是巴基斯坦的民族语言，但英语亦广泛在绝大多数政府部门中使用。巴基斯坦的人口以穆斯林信徒为主（占据总人口的97%），基督教徒与印度教徒亦是小而充满活力的少数群体。巴基斯坦的国内生产总值约为2700亿美元，其实际GDP增长预计将达到每年超过4%的速度。纺织品是其主要出口产品，如棉布、针织品及棉纱，除此之外，大米也是其主要出口品。主要进口产品包括石油制品、棕榈油以及电信设备。

政治体制

巴基斯坦是一个民主联邦共和国，实行议会制度。巴基斯坦《宪法》规定实行两院制立法机关，由国民议会（下院）和参议院（上院）组成。总理是政府首脑，实际上把持着行政机关，总统是名义上的国家元首，在总理的意见下行使职责，但所有政府合约都需要以巴基斯坦总统名义执行。内阁由部长和顾

---

① Ministry of Finance, Government of Pakistan, Pakistan Economic Survey, 2014—2015: 199.

问组成,内阁成员由总理提名,总统任命,但是总理的行动须与内阁磋商。巴基斯坦的四个省份都有各自的省政府,都有各自的省部长内阁和省议会。继2010年的《宪法》修正案后,一些从前属于联邦政府的权力和领域,其管辖权已经逐渐移交给省议会。关于联邦立法机关的权限,有一份完整而详尽的列表①,明确规定了联邦议会在哪些主题或领域拥有立法权。其余主题或领域属于省立法机关职权范围。

① 《宪法》附表4,第70(4)条。

第一章　巴基斯坦《海关法》

一、简介

海关是征收所有进出口货物的进口税、关税、个人税赋的机构，这些税收有别于国内许多税种，如消费税和销售税。[①] 巴基斯坦的海关征税管理权属于海关总署，而对该部门的管辖权属于联邦税收局（FBR）。[②] 1969 年出台的《海关法》规定了海关部门的权力、职责、权限，并且将三个分别应对海洋[③]、陆地[④]、领空[⑤]的《海关法》合并成一部法律，构成了《海关法》的雏形。

海关总署对跨境货物进行的征税所得是政府重要的财政来源。政府的既定政策通过海关总署实施，目的是保护国内产业并且通过征收较高的关税来抑制国内对进口奢侈品的消费。《海关法》是一部规范了所有与海关流程和程序相关的重要法律。它规定了海关部门的管辖范围和权力，并明确了有关海关纠纷的争端解决机制。海关当局根据《海关法》享有广泛的权力，如搜查、扫描、逮捕、截停运输工具、开锁、传召证人提供证据、扣押和没收货物并处罚款等。它还包括提供入关检查和办理通关手续，以及对进出口文件的审查。

---

① The Customs Act，1969 with Commentary by Najib A. Chaudhry，Lahore：Tariq Najib Corp，1983.

② FBR 是财政与税收部的分支部门，由税收部门掌管。

③ 《海洋税法》，1878 年。

④ 《土地税法》，1924 年。

⑤ 《空中战舰法》，1911 年。

二、巴基斯坦海关部门

FBR有权将巴基斯坦境内任何指定区域的官员任命为海关官员。根据《海关法》第3章，FBR有权委任海关首席征税官、征税官、征税上诉官、海关附加征税官、海关副署长、海关助理署长和其他任何指定的海关官员。

（一）海关官员

海关首席征税官：海关总署职位最高的官员是北部和南部地区的首席征税官。[①] 北部地区海关的首席征税官的权利范围包括典型的海关征税管区，如白沙瓦、拉瓦尔品第、拉合尔、木尔坦、赛尔士和费萨拉巴德。同样，南部地区海关的首席征税官的权利范围包括巴基斯坦海关计算机系统自动化（PACCS）典型海关征税管区，卡拉奇海关大楼，典型海关征税评价管区，典型海关出口征税管区、海关大楼，穆罕默德·卡西姆港典型海关征税管区，典型海关征税预防管区，典型海关征税通关后审计管区，卡拉奇，海得拉巴，奎达和瓜达尔。海关首席征税官是依据税收管理改革计划（TARP）实施各项改革举措和规划的核心人物。他们可以在其管辖范围内行使其下属官员的所有权力。他们负责监管其管辖区内的所有征税工作。

海关署长：负责海港和征税管区的海关部门负责人，是以执行《海关法》为目的的执行官。负责保障FBR的高效运行，拥有准司法裁决权及上诉事宜权。

海关上诉官员：审查与海关相关的上诉案件。

海关附加署长：隶属于海关征税官，但成文法授权其拥有行政和准司法权。

海关副署长：隶属于海关征税官，但成文法授权其拥有行政和准司法权。

海关助理署长：同样隶属于海关征税官，负责自己职权范围内的各海关领域及部门的高效管理，也享有行政和准司法权。

其他海关官员[②]**：**《海关法》第3(g)条规定，FBR可就某个区域委任任何海关官员。

警司、副警司、预防官员及督察等协助海关署长、海关上诉官员、海关副署长和海关助理署长执行公务。

---

① 参见SRO No. 967(I)/2007，2007年9月20日。

② 1969年《海关法》，第3条。

(二)海关主管部门

联邦税收局(FBR):FBR官员由官方公报通报和任命。该局由总干事、众多干事、增补干事、副干事,助理干事,以及其他官员组成。[①] 这些官员依据《海关法》有权扣留、扣押及没收违反《海关法》规定的任何禁止或限制进口货物。[②]

过境贸易总局:过境贸易总局官员由官方公报通报和任命,由总干事、众多干事、增补干事、副干事、助理干事,以及其他官员组成。[③] 该局负责所有过境贸易协定、法律和程序的执行。[④]

内部审计总局:内部审计总局官员由官方公报通报和任命,由总干事、众多干事、增补干事、副干事,助理干事,以及其他官员组成。[⑤] 该总局负责内部检查和审计职能。[⑥]

改革及自动化总局:改革及自动化总局官员由官方公报通报和任命,由总干事、众多干事、增补干事、副干事、助理干事,以及其他官员组成。[⑦] 改革及自动化总局负责海关部门内部自动化工作。[⑧]

风险管理总局:风险管理总局官员由官方公报通报和任命,由总干事、众多干事、增补干事、副干事、助理干事,以及其他官员组成。[⑨] 该局负责风险及其管理的评估。[⑩]

培训及研究总局:培训及研究总局官员由官方公报通报和任命,由总干事、众多干事、增补干事、副干事、助理干事,以及其他官员组成。[⑪] 该局负责海关部门人员的有效培训。

---

① 《海关法》第3A条。

② 参见SRO No.486(I)/2007,2007年6月9日,关于物种、情报与调查部门官员的权利、功能及权利范围。

③ 《海关法》第3AA条。

④ 参见SRO 932号(I)/2012,2012年8月1日。

⑤ 《海关法》第3B条。

⑥ 参见SRO 75号(I)/2006,2006年1月26日。

⑦ 《海关法》第3BB条。

⑧ 参见2014年8月的SRO No.767(I)/2014,2014年8月12日,经No.859(I)/2014修订,2014年9月30日。

⑨ 《海关法》第3BBB条。

⑩ 参见SRO No.769(I)/2014,2014年8月12日。

⑪ 《海关法》第3C条。

知识产权执行总局：知识产权执行总局官员由官方公报通报和任命，由总干事、众多干事、增补干事、副干事、助理干事，以及其他官员组成。① 该局负责处理知识产权相关问题。②

估值总局：估值总局官员由官方公报通报和任命，由总干事、众多干事、增补干事、副干事、助理干事，以及其他官员组成。③ 估值总局的职能是确保全国范围内估值实施的一致性和中立性。④

通关后审计总局(PCA)：通关后审计总局(PCA)官员由官方公报通报和任命，由总干事、众多干事、增补干事、副干事、助理干事，以及其他官员组成。⑤ 通关后审计总局负责通关后审核，制定全面的监督机制，以验证贸易申报的正确性，发现及调查与商业贸易有关的欺诈行为，并提出防止类似情况发生的措施。⑥

输入输出联合高效组织总局：输入输出联合高效总局(IOCO)官员由官方公报通告和任命，由总干事、众多干事、增补干事、副干事，助理干事，以及其他官员组成。⑦ 输入输出联合高效总局主要根据 1990 年的《销售税法》针对 IOCO 工业单位或注册登记的个人而设立。⑧

三、海关部门的职责与权力

(一)海关官员主要职责⑨

确保正确征收、实现、收取和妥善核算各项关税。

防止走私，并确保进入或转出本国的一切货品交易严格按照当时有效的法律法规进行。

严格监督在巴基斯坦境内进行转运的国外货品，从而减少巴基斯坦国内

① 《海关法》第 3 条。

② 见 2014 年 SRO No. 768(Ⅰ)，2014 年 8 月 12 日。

③ 《海关法》第 3 条。

④ 见 2007 年 SRO No. 494(I)，2007 年 6 月 9 日。

⑤ 《海关法》第 3 条。

⑥ 见 SRO No. 496(I)/2009，2009 年 6 月 13 日；SRO 500 号(I)/2009，2009 年 6 月 13 日；海关总署第 13 号订单/2008，2008 年 10 月 18 日。

⑦ 《海关法》第 3 条。

⑧ 见 2013 年 SRO No. 811(I)/2013，2013 年 9 月 20 日。

⑨ 参见 The Customs Act，1969 with Commentary by Najib A. Chaudhry. Lahore：Tariq Najib Corp，1983。

非法走私商品销售的机会。

根据《海关法》,在陆地或水域均有权依法没收违禁货品,并负责此类案件的审理。

确保进出口货物当事人遵循《海关法》规定的征税义务,防止犯罪的发生,并就犯罪进行合理的处置。

(二)海关官员主要权力

《海关法》赋予海关官员法定权力,并履行法律规定的职能。一些法定权力如下。

1.搜查和逮捕权

海关官员享有搜查和逮捕任何人的权力,无论其有没有搜查令。[①] 只要海关官员有合理理由认为嫌疑人持有非法物品(所携带的物品或相关的文件应当予以没收的)。这种搜查或逮捕的发生,只有当嫌疑人在巴基斯坦海关水域登陆、登船或即将登船,或者嫌疑人刚刚从到达或者离开巴基斯坦境内的运输工具下车、上车或者正在乘坐,或者嫌疑人即将进入、离开巴基斯坦,或在海关区的领域内。[②]

当任何级别不低于海关助理署长的官员或者具有相同职位的专职预防走私的海关官员合理相信任何应当被没收的货物、任何文件或物品能纳入到《海关法》相关法律程序,当此类货物、文件、物品被隐藏或保存在任何地方,或者根据第162条准许的搜查前存在转移的危险时,该官员应当事先准备一份书面文件表明自己确认的理由,列举应当搜查的货物、文件、物品,并陈述对上述货物的搜查理由。[③]

相应职位的海关官员经授权可以对任何个人进行搜查,如果他有理由相信该人正在参与走私铂金、放射性矿物、金、银、宝石,或者携带铂金制品、放射性矿物、金、银、宝石、货币,或者任何由联邦政府在官方公报或者与上述商品相关文件中公布的其他商品或物品。[④] 任何获得授权的海关官员有理由相信该人已触犯《海关法》或已经实施走私犯罪,即可逮捕此人。[⑤] 如果此人在实

---

① 《海关法》第158,161,162,163和167条。

② 同上,第158(1)条。

③ 同上,第163(1)条。

④ 同上,第158(2)条。

⑤ 同上,第161(1)(2)条。

施犯罪时未被捕,海关官员在事后也可以予以逮捕。[①]

2. 对可疑人员身体进行X光扫描权

当海关官员有理由认为任何个人身体里藏匿有应被没收的物品时[②],他可扣留该嫌疑人,并且及时将其交于职位不低于海关助理署长级别的官员。此时,海关应当对嫌疑人进行X光扫描或身体检查。

在扫描人员出具的报告的基础上,海关官员确信该嫌疑人体内藏匿有应被没收的物品时,他可以在一名注册医生的监督和建议下以直接适当的方式将这些货品从违法者身体中取出,嫌疑人也必须遵守这种要求。

3. 有权截停并搜查交通工具,迫降飞机及破锁

若相应职位的海关官员有理由认为,任何在巴基斯坦的领地(包括领海)用来运送走私货物或装载走私货物的运输工具,无论已经使用,正在使用,还是即将使用,他都有权截停该运输工具,如果是飞机,可以使其迫降,并可以:(1)临检和搜索运输工具的任何部分;(2)审查并搜索任何商品;(3)可以撬开任何装置、设备、箱包的锁,然后进行搜索。

必要时可以截停船只或飞机以外的任何运输工具,此时海关官员有权使用一切合法手段阻止其或防止其逃脱,如果所有其他手段均告失败,可进行射击。[③]

4. 传召证人提供证据权

在调查涉嫌走私货物的过程中,海关官员有权要求任何个人出示或提交文件或物件,以便海关官员了解案件的真实情况。在这种情况下,委派的海关官员均有权传召任何个人,如果他认为有必要让其提供证据、文件,或提供海关官员正在调查的相关物证。[④]

5. 检查、扣留没收物品权

相应职位的海关官员有权根据《海关法》对任何没收物品进行检查,若检查此类货物行不通时,海关官员可向该货物的所有权人或持有者或保管人员发布命令,不得擅自对货物进行移除、分解或以其他方式处理,除非事先征得海关官员的许可。海关官员可根据《海关法》规定的程序依法对货物或文件进行检查,其意见可以成为有用的证据。经授权的海关官员可对通过陆空海进

① 《海关法》第167条。

② 同上,第160条。

③ 同上,第164条。

④ 同上,第165条。

入巴基斯坦的任何包裹进行扣留，可扣留被怀疑含有叛国或煽动性的报纸、书籍或文件。[①]

6. 予以处罚并没收货物权

根据《海关法》第 156、157、179 条，海关官员有权对货物进行没收、裁决及处罚。

当货物涉及没收，关税退补，税收未征、少征或错误退还，处罚，违法的情况时，可根据《海关法》以及以下订立的规则执行，海关官员在关税和其他税费方面的管辖权和权限范围，不包括运输工具，应为如下[②]：

(1)海关署长，没有限制；

(2)海关附加署长，不超过 300 万卢比；

(3)海关副署长，不超过 100 万卢比；

(4)海关助理署长，不超过 50 万卢比；

(5)主管，不超过 5 万卢比；

(6)首席估价师，不超过 5 万卢比。

7. 海关官员其他依法行使的权力

虽然海关总署关注的主要是关税的征收管理和防止走私发生，海关人员也履行其他法律赋予的权力。一些海关官员可履行的职能如下：

(1)根据 1990 年《销售税法案》，恢复对本国进出口货物销售税的征收；

(2)代表塞斯委员会恢复对出境、出口的棉茶农产品的征税；

(3)代表商务部恢复对灯塔税的征收；

(4)在无搜查令的情况下，有权逮捕任何已违反、企图违反，或有充足理由怀疑任何已违反、企图违反 1971 年《巴基斯坦国防部条例》第 31(1)条规定的巴基斯坦公民；

(5)在无搜查令的情况下，有权逮捕任何已违反或有充足理由怀疑其已经违反 1974 年《护照法》和 1952 年《巴基斯坦(入境管制)法》规定的个人；

(6)举报《武器法》规定的非法进口武器和弹药罪行；

(7)执行某些联合的法案、法规及规章；

(8)协助其他征收机构征税，如所得税、中央消费税和营业税。

根据《海关法》第三章，FBR 有许多有关港口、机场和陆地海关检查站的申报权力，其权力如下：

---

① 《海关法》第 168 条、第 172 条。

② 同上，第 179 条。

i 对任何报关货物或各种类别的进出口货物可指定报关口岸或海关机场或陆地海关站进行报关；①

ii 对任何一类货物或特定货物可指定经由陆路或内陆水域流入或流出巴基斯坦；②

iii 确定海关检查站的限额，同意在海关检查站对货物或任何类别货物的装卸进行适当安置；③

iv 指定仓库站。公共仓库是委任的，而私人仓库必须是注册的。④

海关署长有权委任或许可公共或私人仓库，其中应税货物可以不缴纳关税进行存放。⑤

四、《海关法》中的禁止、估价和争端解决

(一)《海关法》中的禁止

根据《海关法》第 15 条规定，海关禁止以下货物进入或流出巴基斯坦：

i 伪造的硬币；

ii 伪造货币、纸币或其他任何假冒产品；

iii 任何淫秽书籍、纸张、绘画、照片、影片、录音、录像等；

iv 任何违反《巴基斯坦刑法典》《虚假交易布局设计条例》、2000 年《专利条例》、2001 年《商标条例》的假冒商标的商品。

v 在巴基斯坦境外生产或制作的商品，但在商品上冠以巴基斯坦制造商、经销商或贸易商的名称或商标；

vi 涉及侵犯《版权条例》《注册外观设计条例》《专利条例》中知识产权、集成电路图设计、工业设计、专利的商品。

联邦政府有权对通过空中、海洋或陆地带入或者进入巴基斯坦境内的任何货物进行禁止或限制。⑥

根据第 18 条，应按规定税率，附表所规定的时间或根据其他法律规定执

---

① 《海关法》第 9 条。

② 同上，第 9 条。

③ 同上，第 10 条。

④ 同上，第 11 条。

⑤ 同上，第 12 和 13 条。

⑥ 同上，第 16 条。

行的时间对以下货物征收关税：

i 进口到巴基斯坦的商品；

ii 从国外带入到任何海关站的货品，未缴付税款就地转运，或运输至、载运至、进口至任何其他海关站；

iii 从一海关站转到另一个海关站，尚未完税的货物。

《海关法》第 18 条规定联邦政府因受制于条件和限制应当对本法附表 1 所标明的任何进出口货物进行常规性征税，其税率不得超过《海关法》第 25 条或第 25(A)条所确定的货物商品价值 100%。但是，根据第 18 条征收的累计关税不得超过巴基斯坦政府根据多边贸易协定制定的比率。联邦政府有权以官方公告的形式对任何进出口巴基斯坦的货物，或者对任何进入或驶出港口、海关站的货物免除关税。该权力的实施必须经内阁经济协调委员会的同意，而且仅能在紧急情况下实施，如国家安全、国家灾难、国家食品安全，或因国际大宗商品价格异常波动时，保护国家的经济利益、去除异常征税、发展落后地区、实现双边和多边协定等，但须受到其他条件和限制，如对有些货物仍然应当征收关税。①

（二）进出口货物的关税估价②

成交价值：进口货物的海关价值应为成交价值，即出口到巴基斯坦的货物出售时实际支付或应付的价格。在确定海关价值时，以下关税应增加到货物实际支付或应付的价格里：

i 运送到港口、机场或进口地的运输费用；

ii 装卸搬运费；

iii 保险费用；

iv 手续费，包括除代购佣金外的订货手续费；

v 集装箱的成本；

vi 劳动力及包装材料成本。

海关价值还应包括由进口商或其相关人员直接或间接地免费提供的下列产品及服务的价值，或者以减少其成本的方式促成了对进口货物的生产及出口销售：

---

① 《海关法》第 19 条。

② 同上，第 25 条。

i 进口货物的材料、元器件、零部件及类似物品；

ii 进口货物生产过程中使用的工具、模具及类似物品；

iii 工程、开发、艺术品、设计工作、计划和草图都是在巴基斯坦以外的地方进行的，而且是生产进口货物所必需的。

这一估价还将增加以下内容：与被估价货物有关的使用费和许可证费，但该使用费和许可证费不包括在实际支付或应支付的价格中；以及随后转售、处置或使用由卖方直接或间接获得的进口货物的收益的任何部分的价值。

如果因缺乏足够的信息尚不能对上述海关价值做出任何调整的话，那么就无法对进口货物的交易价值进行确认。如果无法确定进口货物的海关价值，则海关价值为巴基斯坦出口的相同货物的交易价值，其出口时间与所估价货物的交易价值大致相同。

如果不能对上述进口货物的海关价值进行确定，其进口货物的海关价值应以进口货物或类似进口货物的单价为基础，以其最大的销售总量进行估价。估价者应是不涉及购买该类货物的人。

如果不能对上述进口货物的海关价值进行确定，应根据以下各项总和的计算值：

i 生产进口货物所需的材料、制造或其他加工价值的成本；

ii 反映货物销售产生的盈利及总花销，即由出口国制造商对同类货物所做的估值；

iii 货物运输、装卸和保险费用在内的其他费用成本。

海关价值估计由海关署长和估价署长决定，任何修正申请可在海关价值确定后 30 日内向海关署长提交。①

《海关法》允许对进口到巴基斯坦已征关税的货物进行退税，并允许退还两年之内由巴基斯坦出口的货物的关税。②

第十七章规定了《海关法》中的犯罪和处罚。

（三）争端解决

《海关法》规定，任何个人在退还关税方面的利益受到决定或命令的损害，都可以向海关上诉官员提交申诉，其评估方法是海关官员依据《海关法》第 79

① 《海关法》第 25D 条。

② 同上，第 35 条。

条所制定，其决定是海关官员依据《海关法》第80条对进口商提供的货物报关声明作出，其仲裁是海关官员依据《海关法》第179条裁定。根据第194条的规定，联邦政府设立上诉法庭，即海关上诉法庭，审理对海关署长、海关附加署长、FBR、海关官员根据第195条所做出的任何决定或命令的申诉案件。

五、通关手续

（一）声明和评估

进口货物所有人必须在其货物到达15天内，就货物用于国内消费、仓储、转运或其他目的的用途办理通关手续，并且提供真实的货物申报，提交货物完整和正确详尽的资料，正规渠道开具的商业发票、提单或运单、装箱单或任何FBR正式规定的报关文件；在海关电脑系统存在此注册用户的情况下，评估并接受其支付关税、税款及其他费用；在船只预期抵达时间10天前不得进行货物的申报。当出现货物需要立即清关的情况时，职位不低于海关助理署长级别的海关官员，可以在货物申报前允许货物清关，但必须依照FBR规定的条件和限制。①

（二）经海关查验货物的报关

海关官员必须检验收到的货物报关单上进口货物的详细情况是否合格，这包括申报、评估，并在海关电脑系统可查阅的情况下是否缴纳了关税、税款和其他费用。海关官员可在任何时间检查他认为有必要检查的进口货物，也可在货物通关时或通关后的任何时间地点以合理的方式要求出示相关文件。如果在货物报关单的检查过程中，发现有任何声明、文件、信息与评估不符，货物将会被进行重新评估，重新征收关税、税款和其他费用。②

（三）除船只外其他运输工具的货物卸货

除船只外的任何运输工具到达陆地海关或机场海关时，运输工具负责人需交付进口清单及相关文件。该负责人应在相应官员或由其正式授权的人面前即刻将该运输工具行驶至检查站、陆地海关或机场海关，并同时将运输工具

---

① 《海关法》第79条。

② 同上，第80条。

上的货物移交至海关进行检查。①除经有关人员的许可，任何进口货物清单上的货物不得在已运至海关检查站的运输工具上卸载。除非其在进口货物清单上说明或修订、补充说明，才可在海关站被卸载。② 此规则并不适用于邮包的卸载，或者乘客、乘务人员随身携带的行李。

（四）货运责任人的职责

运输工具的负责人、主管、代理或所有权人需要共同或分别向海关署长递交以下信息资料：

1. 任何货物集装箱的装卸信息等，以上责任人应在货物提单或其他文件当中提及是否存在与提交清单中数量、重量不同的货品；

2. 若该负责人不是货物实际所有者，应提交货物集装箱负责人的姓名、电话及详细地址；

3. 若货物负责人不是海关许可的报关代理人，应提交实际签发承运单、提单人的姓名、详细地址、电话号码；

4. 应提交货物的持有者所出具的勘误表中的所有细节、图片副本、指令，或者提交货物变更负责人的所有信息；变更是以收货人或发货人的名义，涉及货物到达的目的地，或者到达、驶离巴基斯坦运输工具上货物装载的重量、价值、规格以及数量。③

（五）乘客及机组人员行李申报

所有行李持有人，不论是乘客还是机组人员，都应向海关官员以口头或书面的形式声明其行李中所包含的物品，并必须就该行李以及行李中的物品回答海关官员所提出的问题，并且出示其行李以及其他携带的物品以便检查。④

入关检查和通关手续采用了全新的海关网络程序系统（简称 WEBOC），通过在线系统即能对以上所述手续进行管理。进口商可在线提交与货物处理、放行相关的提货单、空运提单、原产地证书、商业发票、装箱单和保险凭证。进口商必须有国家税务号码和销售税登记号码。

---

① 《海关法》第 74 条。

② 同上，第 75 条（进口货物不得卸载，除在进口货单上指定说明）。

③ 同上，第 72A 条。

④ 同上，第 139 条。

六、出口检查及通关手续

(一)装货前许可

除旅客行李、邮包、压舱物等对运输工具的安全有强制要求的物品外,任何货物都必须停留在接受海关检查的运输工具上,直到海关官员给出关于其运输工具的书面通行许可后才可放行。①

(二)出口清关要求

《海关法》第31条规定,只有当货物所有人向海关提交运货申请及正确、详尽的材料,缴纳了关税、税款及其他费用之后才能装运出口货物。此外,如果有要求退税,必须按其在海关电脑系统的申报备案进行结算。为此,海关官员须验证各个有关出口的细节,包括申报、评估及支付的关税、税款及其他费用的正确性,同时也应核实申报退税表是否符合资格。

海关网络程序系统同样适用于出口,出口商也可通过此系统完成网上申请及相关文件的提交。

① 《海关法》第130条。

第二章　巴基斯坦外贸制度及法律

一、简介

对外贸易是国际资本、商品和服务的交流。自 1947 年关贸总协定成立以来，贸易一直是全球经济体系的基石，世界各国都努力使他们的贸易法律符合 GATT 中阐述的原则。作为 1947 年关贸总协定的创始成员以及 1995 年的 WTO 成员，巴基斯坦一直支持并致力于一个开放、透明和基于规则的多边贸易体系。除印度和以色列外，巴基斯坦对所有 WTO 成员实施最惠国待遇。自 2013 年以来，任何产品也可以从印度进口，只要该产品没有列入巴基斯坦始终奉行的约 1200 种产品不能进口的负面名单。① 而之前，仅有 2000 多种产品列入正面清单。这种变化，使得两国间的双边贸易指数也成倍提升。巴基斯坦在反倾销、反补贴措施和其他保障措施方面有完全符合 WTO 原则的透明立法体制。同时它建有符合卫生及植物检疫适用协议的卫生和植物检疫措施法。

二、贸易法——无许可证制度

巴基斯坦实行自由贸易体制，无论出口商还是进口商无须获得许可证，便可从事贸易活动。任何注册的法人根据巴基斯坦法律都可以进口和出口货物。FBR 最近推出的海关网络程序系统②，一种无纸化办公系统，允许在线提

---

① 2013 年之前的进口政策秩序，其中有一个“准许进口货物名单”，包含着约 2000 种获准从印度进口的商品名单。

② www. weboc. gov. pk.

交舱单,货物报关。进口商可以在网上提交与货物通关放行有关的提货单、空运提单、原产地证书(自由贸易协定特许进口情况下)、商业发票、装箱单和保险凭证。进口商或出口商必须持有国家税务编号和销售税务登记号。人工干预海关检查和清关的次数已大幅减少。

所有进口是依据2013年出台的《进口政策令》,该命令规定所有货物可根据巴基斯坦国家银行程序要求的各种付款方式进行。对于贷款、信贷或经过经济事务司或者其他代理机构许可的需要合同的双边援助方式的进口,其信用证应在合同签订60日内在一家由巴基斯坦国家银行指定的银行开具。一般而言,世界各地的货物都允许进口到巴基斯坦,除非《进口政策令》明令禁止。

所有出口货物同样依据2013年出台的《进口政策令》,该命令规定,所有出口商品必须根据巴基斯坦国家银行认可的外汇交易规则以及程序进行,并及时按照规定和程序提交文件。除了其附表1指定的具体货物名称外,一般货物都准许出口。附表2的指定货物应按其条件出口。①

三、货物原产地规则

原产地规则是指一个国家用于确定货物原产地的一般用途的法律、法规和行政规定。原产地规则增加了贸易体制的复杂性,因此一般不被看好。巴基斯坦没有任何对最惠国待遇国家进行原产地国认证的要求。② 然而,在许多双边和多边贸易协定中原产地规则仍然存在。这些协议包括:《南亚自由贸易区框架协定》《巴基斯坦—斯里兰卡自由贸易协定》《巴基斯坦—中国自由贸易协定》《巴基斯坦—马来西亚自由贸易协定》《巴基斯坦—伊朗自由贸易协定》《巴基斯坦—毛里求斯自由贸易协定》《全球贸易优惠制度和巴基斯坦—印度尼西亚自由贸易协定》。几乎所有这些协议要求产品将完全在原产地生产并获得。这些货物的最低附加值也要35%～50%的离岸价格。

四、卫生与动植物检疫措施

《卫生与动植物检疫措施适用协议》允许WTO成员适用卫生与植物检疫措施(SPS),以保护动植物生命免遭来自病虫害、疾病或携带微生物疾病产生的侵害。同样,卫生与动植物检疫措施可保护人类或动物的生命免遭食品、饮

① 见2013年《进口政策令》。

② 根据其对WTO的通报,见WTO文件G/RO/N/16。

料或饲料中添加剂、污染物、毒素或携带微生物疾病产生的侵害。巴基斯坦在卫生与动植物检疫措施方面没有统一的立法，然而当需要时，一些法规可以授权巴基斯坦实施卫生与动植物检疫措施。一些覆盖卫生与动植物检疫措施的立法包括：

1937年《农产品(分级和标记)法》；

1970年《巴基斯坦动物检疫(进出口动物产品)法》及规则；

1971年《农业农药条例》；

1976年《植物检疫法》；

1979年《巴基斯坦动物检疫条例》；

1997年《巴基斯坦鱼类检验和质量控制法》。

值得一提的是，正在积极制定的《国家卫生和动植物检疫机构法(草案)》将根据WTO法律来应对所有卫生与动植物检疫措施。从有关当局了解到，这一草案将在适当的时候提交至国民议会。目前，由巴基斯坦国家粮食局、巴基斯坦安全研究所公认的国家动植物健康检查服务中心将起到SPS协议规定的信息咨询作用。①

SPS协议附录A就WTO成员需遵循的国际标准和指导方针提供了一些建议。在食品安全方面，附录A就食品添加剂、兽药、农药残留、污染物的分析和取样方法，以及卫生实践规范和指南方面，推荐使用食品法典委员会制定的标准、指南和建议。在动物卫生和人畜共患病方面，附录A推荐使用由国际兽疫局(世界动物卫生组织)资助下设计的标准、指南和建议。在植物健康方面，附录A推荐使用由国际植物保护公约(IPPC)秘书处资助下设计的标准、指南和建议。巴基斯坦是上述所有组织的成员，并遵循其推荐的标准和准则。

巴基斯坦就《生物多样性公约》已经签署并批准了《卡塔赫纳生物安全议定书》。该议定书是一项国际协议，其目的是保证因现代生物技术造成的安全处理、运输，以及对转基因生物(LMOS)的使用，该技术会对生物的多样性产生影响，同时还需考虑人类健康风险。

海关总署和植物检疫部门负责监管食品进口。植物保护部是植物卫生主管部门，是国家指定的植物保护组织。它负责在各个海港、国际航空站和国际边境边界设立植物检疫站监管农产品国际贸易。对进出口货物的物理检查是强制性的。实验室测试是基于风险的，可以在边界或内陆实施。就具体商品而言，已经同许多国家签订了双边协定和议定书。

---

① WTO的《巴基斯坦贸易政策评论》(秘书处的报告)，2015年2月17日。

植物检疫工作由植物保护部的植物检疫司负责，其具有法定授权和管理责任。该组织工作流程及设置是按照1997年《国际植物保护公约》第4条进行的，其目标是通过立法手段保护农作物和森林健康，促进植物和植物产品的贸易，它不是贸易壁垒。其管理程序的主要原则如下：

1. 要防范非官方控制下的害虫进口；

2. 从具有高效检疫服务的国家进口货物；

3. 根据《植物检疫证书指南》(联合国粮农组织 ISPM 第7号出版物)，获得植物检疫证书；

4. 进口时检查材料，并按要求进行处理；

5. 出口前检查材料，必要时进行处理；

6. 评估出口商对有害生物的处理、包装和打包的执行情况；

7. 签发植物检疫证书，并为进口国提供信息；

8. 保持透明度和公平竞争；

9. 分享信息和经验。

植物检疫司还需对有关托运所需的信函，如进口许可证、原产地证、植物检疫证、处理证、提单、发票、信用证、停泊许可证等进行核对，以确保货物的真实性和适当进入。出现违规行为需进行适当处理。

动物检疫部门①负责管控动物的进出口。它执行以下主要功能：监管动物及动物产品的进口、出口和检疫，目的是防止外来疾病的入侵和传播；坚持高标准检疫服务，以保护巴基斯坦和其他国家的畜牧业；为出口商和进口商提供认证服务。

国家兽医实验室执行以下功能：

1. 作为国家参考实验室；对跨界动物疾病(TAD)的管控具有经济和贸易的意义；

2. 检测畜禽产品残留量，达到欧盟和世界卫生组织的植物检疫条件；

3. 提供疫苗的质量控制和分析；

4. 开展活动性疾病监测和病毒类型；

5. 在世界技术领先的实验室进行培训、进修并传播技术；

6. 当高致病性疾病(HPED)出现时，协调、调查并帮助遏制疾病传播；

7. 评估兽药质量、安全性、效力和有效性。

巴基斯坦唯一一次在 SPS 协定下的公告是在2000年。当时需要比利时

---

① 国家食品安全与研究司，见 www.mnfsr.gov.pk。

提供进口畜禽和畜禽产品的无二恶英证明,以确保来自比利时的畜禽产品不含二恶英。

根据 2013 年《进口政策令》,巴基斯坦已经禁止进口活体动物,尤其来自疯牛病感染国家,以及来自特定国家的家禽产品。根据《WTO 贸易政策评议书》,截至目前,还没有一项具体的贸易异议是针对巴基斯坦的 SPS 措施提出。

五、《反倾销法》

1994 年《关贸总协定》第 6 条谴责倾销,即以远低于产品正常价值将一国的产品投放到另一国的市场上。这种投放会对缔约方境内的产业形成威胁、造成实质损害或实质性地阻碍国内产业发展。巴基斯坦 2015 年颁布了最新《反倾销法》。该法改革并巩固了 2000 年颁布的早期关于反倾销方面的法律。①

《反倾销法》第 3 条授权国家关税委员会(NTC)②对巴基斯坦的进口产品实行反倾销措施,并根据《反倾销法》的规定发起并进行调查,若被调查的产品正在巴基斯坦境内倾销,而且该产品对国内产业造成损害,国家关税委员会将会采取相应措施。进口产品的商业价格低于它的正常水平时,就被视为倾销。③ 国家关税委员会依据正常贸易过程中出口国销售同类商品实付或应付比较价格的基础,来确定被调查产品的正常价值。国家关税委员会依据正常贸易过程中因没有在出口国生产此类商品或出口国没有此类商品可比价格的情况下,基于同类商品实付或应付比较价格,确定被调查产品的正常价值。④

当同类产品没有在出口国国内市场正常贸易过程中进行销售,或者因任何特殊的市场形势不允许对此类产品的出售进行合理的比较时,那么国家关税委员会必须基于出口至第三国同类产品的可比较价格,确定被调查产品的

---

① 2000 年《反倾销法》。

② 国家关税委员会是根据 2015 年《国家关税委员会法》成立的。国家关税委员会最初根据 1990 年《国家关税委员会法》成立。2015 年《国家关税委员会法》第 3 条规定,根据 1990 年设立的早期国家关税委员会应视为已根据新法案建立,尽管 1990 年法已被废除,它应被视为已经有效构成。

③ 《反倾销法》第 4 条。

④ 同上,第 5 条。

正常价值，只要该价格符合出口国的生产成本、合理的管理费、一般成本及利润。①

为确定损害，国家关税委员会将对以下相关因素进行客观检查，应包括倾销进口量，倾销进口产品对国内市场同类产品价格的影响，倾销进口产品对此类产品国内生产商的影响。②

申请人代表国内产业的申诉，可以书面申请递交给国家关税委员会。申请书应当包括倾销和受到损害的证据，以及倾销进口产品与受到损害之间的因果关系，还应包括国内产业相关的任何其他相关信息。③ 收到申诉申请后，国家关税委员应该通知申请书中提到的每个出口国政府。若无充足证据表明有倾销，或受损程度不足以发起调查，国家关税委员可以拒绝申诉申请。

根据《反倾销法》第 24(2)条的规定，若国内生产商明确支持的申请，所涉及的产量不足国内产业生产的同类产品总产量的 25%左右，则不得进行调查。

国家关税委员会可随时终止调查，当其认为没有充足的证据表明倾销存在或没有适当理由显示受损程度严重。当倾销程度被视为可忽略不计时，或实际虚拟倾销进口商品的体量可忽略不计，或受损程度可忽略时，也可终止调查。可被忽略不计的倾销范围为低于出口价格的 2%。若被调查的倾销进口产品的数量不足同类产品总量的 3%，除非被所有国家作为倾销产品进行调查，其程度分别为单独占同类产品总量的 3%以下，总计占同类产品总量的 7%以下，则可忽略不计。④

国家关税委员会有权实施临时措施，当有充足理由初步认为存在倾销及受损情况时，并且认为实施临时措施能防止调查过程中造成的损害。当国家关税委员会根据《反倾销法》的规定确定存在倾销和受损情况时，就必须征收反倾销关税。根据《反倾销法》的规定所实施的反倾销税除缴纳海关征收的其他进口关税外，还应收取从价税和从量税。若发现所有来源的此类进口产品都存在倾销并造成损害，那么基于非歧视原则对其征收关税。

利害关系人可以向依照《反倾销法》组建的上诉法庭提出上诉，以反对调查的发起或者基于初步的判定认为依照该法不存在反倾销行为。上诉审议是

① 《反倾销法》第 6 条。
② 同上，第 15 条。
③ 同上，第 20 条。
④ 同上，第 41 条。

针对国家关税委员会的肯定或否定的最终决定。对上诉法庭做出的判决存在异议时可以上诉至高等法院。

六、《反补贴法》

《补贴与反补贴措施协定》禁止(除《农业协定》规定外)根据出口业绩进行补贴或过度补贴出口产品,因为此种做法会破坏国际贸易。国际贸易组织争端解决程序认为此种补贴是被禁止的,必须撤回。如果不撤回,受此影响的WTO成员可以对损害国内产业的该类补贴产品采取反补贴措施。

巴基斯坦2015年颁布的《反补贴关税法》使《补贴与反补贴措施协定》开始生效。根据《反补贴税法》第3条,若发现出口国直接或间接在制造或生产产品时有任何补贴行为或任何出口至巴基斯坦的产品(包括运输到巴基斯坦时)有补贴行为的,国家关税委员会有权对出口国征收反补贴税。

根据《反补贴税法》第4条,以下情况即被视为补贴行为存在。

(A)政府财政资助,其中

(i)政府的做法涉及直接转移资金,包括赠款、贷款和股权注入,或潜在的直接转移资金或责任;

(ii)政府财政收入选择放弃或不征收,包括财政激励,如税额抵免,条件是同类产品销往国内消费时已经征收了关税、税费,出口产品却可减免。或者减免的关税或税费没有超过相同产品承担的关税或税费,该减免则不应被视为补贴行为,条件是此种减免必须按照第一、第二和第三附表的基于产品豁免权规定;

(iii)政府提供货物或服务而不是提供基础设施或购买货物;

(iv)政府为筹资机构支付款项,委托或指令一家私营机构执行条款(i)(ii)(iii)所规定的一项或多项通常属于政府和惯例的职能,与政府通常采用的做法没有任何实际意义上的区别。

(B)符合1994年《关税与贸易总协定》第16条所指的任何形式的收入和价格支持。

(C)政府所赋予的利益。

只有国家关税委员会才能决定某种补贴是针对某个企业、行业或企业集团。应当注意的是,各级政府对一般适用税率的设置或改变,不应被视为专项性补贴。由国家关税委员会认定的受损应依据确凿的证据,并应对补贴进口产品的数量、其对国内同类产品市场价格的影响和由此补贴进口产品对国内市场的影响进行客观审查。[①]

只有收到代表国内产业的书面申诉时，国家关税委员会才能立案调查被指控补贴行为的存在、程度及影响。申请书应包括补贴行为存在的充分证据，如果可能的话，应有补贴量、补贴法定义里的受损情况，以及补贴进口产品与损害之间的因果关系。

国家关税委员会有权征收临时反补贴税，前提是其已经发出开始调查的公共通知，有关利害方已获得足够提交信息的机会，国家关税委员会已经做出了临时裁定，认定该补贴存在并对国内产业造成损害。

在调查期间，若国家关税委员会认为该禁止性补贴，或者受补贴产品的数额或者损害程度可忽略不计时，就应立即终止调查。当国家关税委员会认定该禁止性补贴以及受损的结果存在，就应实施最终反补贴税。最终反补贴税应等于或小于国家关税委员会依照本法所确定的出口商从中获得利益的禁止性补贴数额。在上诉法庭启动调查或初步确定前，有一项针对上诉的规定，即申诉人以不符合《反补贴法》第 11 条和第 13 条的规定为由，对国家关税委员会作出最终的肯定或否定性的结论以及作出的最终调查令向上诉法庭提出申诉。对上诉法庭的裁定结果可上诉至高等法院。

七、《保障措施条例》

根据《保障措施协议》，当进口产品数量剧增，并对境内同类产品生产造成绝对或者一定的影响时，此种情况对国内同类产品的生产行业或直接竞争产品造成严重损害或者产生严重威胁，WTO 成员可以采取保障措施。WTO 成员由其主管当局进行适当的调查后才能实施保障措施。

巴基斯坦所实施的保障措施协议载于 2002 年的《保障措施条例》。

《保障措施条例》第 3 条规定，国家关税委员会可以根据其调查认定，如果该出口到巴基斯坦的调查产品将产生不可预估的后果或对巴基斯坦承担的 WTO 义务产生影响，而且该正在进口的调查产品数量剧增，并对境内同类产品生产造成绝对或者一定的影响，此种情况对国内同类产品的生产行业或直接竞争产品造成严重损害或者产生严重威胁，联邦政府将对被调查产品采取保障措施。在确定进口产品造成的严重损害或严重损害威胁方面，国家关税委员会应当对国内产业形势的目标和可量化性质的所有相关因素进行评估。

---

① 《反补贴法》第 9 条。

八、技术性贸易壁垒[①]

WTO 的《技术性贸易壁垒协定》旨在确保技术规范、标准和评价程序，是非歧视性的，不对贸易形成不必要的障碍。它规定技术规范不应该限制贸易，而是要履行合法的义务，并考虑到不履行义务将要承担的风险。此类合法目标有很多，但尤其是国家安全、植物安全或健康、环境安全等。评估此类风险需要考虑的相关因素应包括现有科技信息，相关的加工技术或预期产品的最终用途。

巴基斯坦标准和质量控制局（PSQCA）于 1996 年根据《议会法案》成立。它是国家标准制定机构，负责规划并执行巴基斯坦农业、食品、化工、电子、机械、汽车、纺织等许多重要部门的标准，制定并采用标准并提供合格的测试评估。它同样就标准政策、规划和活动向政府提供建议，并致力于提升产业效率和促进发展，以及保护消费者。巴基斯坦标准和质量控制局是国际标准化组织（ISO）、国际电工委员会（IEC）和国际法制计量组织（OIML）的成员。它是 WTO 技术性贸易壁垒（TBT）的国家咨询点（NEP）的核心部门。[②]

作为国际标准化组织、国际电工委员会和国际法制计量组织成员，巴基斯坦致力于将国家标准与国际要求统一。它有大约 30927 个标准规格，主要包括农业、食品、化工、民用、机械工程和纺织品。这些标准通常与国际或地区标准相一致。其中，15700 项符合国际标准化组织标准，6370 项符合国际电工委员会和国际法制计量组织标准，8857 项符合英国国家或地区标准。[③]

进口须符合同类国产商品的国家质量标准或法规。2013 年《进口政策令》附录 N 中包含一系列需要《强制性认证标志许可表》的进口产品清单，进口产品必须符合巴基斯坦规定的人类安全和公众健康标准。这些货物必须由巴基斯坦标准和质量控制局颁发的认证标志才能在国内生产、囤积或销售。国内所有制造商和出口商必须在巴基斯坦标准和质量控制局进行注册，以确保合规性。进口和国产商品采用同样的测试程序。巴基斯坦标准和质量控制局还设置强制标准，如公众健康和安全（主要是食品和出口）标准符合国际要求（如世界卫生组织和国际食品法典委员会）。巴基斯坦标准和质量控制局有

① 参见 2015 年 2 月 17 日的 WTO 贸易规则评论。

② 《WTO 的贸易政策审议》第 43 和 44 页，2015 年 2 月 17 日。

③ 同上。

52 个注册检验机构和 22 个实验室进行质量控制服务。[①]

巴基斯坦国家认证委员会(PNAC)是国家认证机构,用于测试实验室和其他合格评估设施,在科学技术部的行政控制下运行。该标准由巴基斯坦标准和质量控制局的 11 个国家实体及其技术委员会进行阐述。标准草案在向利益相关方征求意见中不断改进。巴基斯坦国家认证委员会与国际实验室认证合作组织(ILAC)、亚太实验室认证合作组织(APLAC)有互相认可协定。巴基斯坦已经与其他 11 个国家签署互相认可协定,被列入各国具有同等地位的认证测试、校准实验室和认证机构的有:质量管理体系(QMS),即 ISO－9000;环境管理系统(环境管理体系),即 ISO－14000。巴基斯坦国家认证委员会采用的是国际标准,并已认可 59 个检测和校准实验室,其中包括医药、纺织、化工、工程和食品。另一家机构,巴基斯坦科学和工业研究理事会(PCSIR)还提供测试设备(主要针对出口商)。[②]

巴基斯坦曾经就技术贸易壁垒协定关注的健康和安全标准向 WTO 提交了 59 份提案,主要涉及食品和其他产品的采样和测试程序以及标签、包装、贮存和运输。当局表示还在准备附加提案。但有关巴基斯坦技术贸易壁垒措施方面的具体贸易问题,尚没有提出。[③]

---

① 《WTO 的贸易政策审议》,第 43 和 44 页,2015 年 2 月 17 日。

② 同上。

③ 同上。

第三章　外商直接投资相关法律

一、简介

外商直接投资(FDI)是指一国的投资者长期投资另一个国家。投资方式可以是管理、设立合资企业、技术转让和许可。投资工具是外国资产所有权，如在东道国有产业、土地等。如今，外商直接投资被认为是实现国家间经济一体化的重要手段。

自1997年巴基斯坦投资委员会(BOI)制定了第一个投资政策以来，巴基斯坦实行开放的投资制度。该政策开放了国外投资者对服务、基础设施和农业等方面的投资，在此之前投资仅限于制造业。[①] 巴基斯坦联邦政府发布的最新投资政策是2013年《投资政策》。这项政策不仅加强了1997年建立的自由开放制度，还通过不断激励国内外投资者在巴基斯坦进行投资，进一步开放该国的投资环境。

2013年的《投资政策》，1976年的《国外私人投资促进和保护法》和1992年的《经济改革保护法》确定了外商直接投资的基本原则，可投资的行业，以及国外投资者与国内投资者享受的待遇。1976年的《国外私人投资促进和保护法》和1992年的《经济改革保护法》还对促进巴基斯坦的外汇汇出提供了保护。

2012年出台的《经济特区法》对国内外投资者在经济特区开办产业产生了巨大的刺激作用。这些激励措施包括：用于特区场地建设和项目开发所需的进口资本货物免税，对于特区开发者和特区企业免征10年的所得税。

---

① 见2013年《投资政策》。

巴基斯坦坚定信奉双边、区域和多边贸易体制，并实施国家立法以确保立法对激励措施的保护。

所有在巴基斯坦的投资必须以企业实体进行，大多数公司的建立都是依据1984年的《公司条例》。巴基斯坦证券交易委员会(SECP)是公司的最高监管机构，监管对象包括私有、国有、非上市公司。根据1984年的《公司条例》，它是各类巴基斯坦境内公司的唯一管理机构，负责对各类公司的合并、监测和监管。

巴基斯坦监管部门奉行非歧视原则，以确保国内外投资者享有同样的待遇。对于国外投资者而言，他们与国内投资者一样，不承担繁重的财务义务或其他义务，除一些可能对外国侨民实施的安全措施外。

二、巴基斯坦投资体制的显著特点①

(一)国外投资者自由入境

除国家安全和公共安全原因外，所有部门和活动均对外商投资开放。具体受限行业包括武器和弹药、烈性炸药、放射性物质；证券、货币、铸币；耗材酒精。外商投资在任何行业没有最低的资产净值要求，外国资产净值的市场占有率也没有上限，除了一些专门的行业，如航空、银行、农业，以及媒体。

(二)国民待遇原则②

作为WTO的成员，巴基斯坦国内在内部税收和监管方面坚持国民待遇原则。国外投资者与巴基斯坦公民在同等投资情况下，都支付同样的国内税或其他国内费用，在投资方面都享有平等待遇。③ 同样，任何外商投资的工业企业在货物进出口适用法律、规章制度方面，都与其他工业企业一样享有同等待遇。

(三)便捷登记和入境

巴基斯坦有着开放的准入制度，不需要对参与者进行预先筛选和批准。凡遵守1984年的《巴基斯坦公司条例》和其他巴基斯坦法律的外国公司，不需

① 参见2013年《投资政策》。

② 参见《关税与贸易总协定》(1947年《关贸总协定》)第3条。

③ 参见1976年《国外私人投资促进和保护法》第8条。

要对其投资另行批准。若要合并或者收购一家在巴基斯坦境内经营的公司，就必须获得竞争委员会的预先合并或者收购的许可并且依据1984年《公司条例》规定的程序。另外，某些特定行业的经营企业还须获得专门行业的监管许可。这些许可是巴基斯坦法律明确规定的，也同样适用于国内投资者。[①]

投资委员会为外资公司进驻巴基斯坦开展经营活动开设了网上注册程序。注册登记的作用是作为巴基斯坦政府对投资者存在的一种告知，并确保投资者享有《投资政策》规定的具体权利，它不是一个核准机制。投资委员会象征性地收取一定的高效服务费用。

在巴基斯坦设立或开展业务的典型方式是国外投资者根据1984年《公司条例》所规定的登记程序建立一家私有有限责任公司或国有有限责任公司，或者收购这两类公司的股权。国外投资者也可以根据巴基斯坦证券交易委员会(SECP)和巴基斯坦证券交易所(PSX)规定的适用规则收购国有上市公司的股份。同样，外国实体也可按照投资理事会规定的适用程序设立代表处或联络处分支机构。投资理事会收取相关服务费用。根据1984年《公司条例》，国外投资者可自由出售股份，转让所有权，或终止所有权。

国外投资者可自由从境外银行或金融机构、国外投资者的母公司获取外币贷款，也可以获得供应商贷款，包括政府投资政策中涵盖的工程项目贷款。私有实体可协商外币贷款以进口工厂和出口导向型产业设备，要么建立新型工业企业，要么平衡、升级、更换和扩大现有的出口导向型企业。除上所述外，外币贷款的获取以资助出口或提供周转资金，但须符合某些条件。所有外币私人贷款协议和供应商贷款协议需提交巴基斯坦国家银行进行登记。

国外投资者有权以发展为由持有土地，但必须遵循有效的联邦或省级法规。允许国外投资者持有农业项目60%的股份，农业公司100%的股份。

三、设立经济特区

2012年《经济特区法》为建设、发展和高效运行经济特区，鼓励和促进国内外投资，以及在巴基斯坦建立工业基础设施提供了保障。

《经济特区法》的突出特点和激励措施如下：

允许投资者在巴基斯坦任何一个有资质建立经济特区的省份获取至少50英亩土地。

本法在巴基斯坦全境内有效，并优先于任何其他法律。

---

① 见以下章节巴基斯坦对国外投资者的监管机构。

政府必须自己建立经济特区，或与私营方进行多种模式合作，包括公私伙伴关系，或认可私营经济活动区作为《经济特区法》规制的经济特区。

根据《经济特区法》设立的核准董事会由巴基斯坦总理与财政部长领导，财政部长作为副主席，成员包括各省的行政部长、经济部部长、省投资委员会的执行主任和私人部门的代表。

核准董事会，在合理的情况下以经济影响评估为基础，可以对经济特区某个特定类别、开发区企业、区域或某个行业给予额外的利益。

根据《经济特区法》设立的核准委员会，由投资管理委员会主席主持，由联邦经济部代表、各省经济特区主管、企业和私有部门的代表组成。

每个省应有各自的经济特区主管部门，该部门作为一个法律实体由各省首席部长或由首席部长提名的人领导。

任何现有的经济区域在符合经济特区资格的情况下可向经济特区主管部门申请，但只能享受一项激励措施。

激励和豁免一旦授予经济特区，该经济特区就不能撤回其开发商和企业。

经济特区的开发商和企业进口免税物资用于建立、维护特区和特区项目。

特区开发商和企业十年内享受免税政策。

政府提供所有的公共设施和基础设施直到该特区发展到特定阶段。

允许开发商进行自备发电，并出售多余电量。

投资委员会提供一站式设施。政府应提供若干港口设施，各省政府负责安全保障。

四、签证便利

巴基斯坦驻外使团被授权对 69 个国家符合商务签证清单（BVL）上的商人在 24 小时内办理有效期 5 年（多次入境）的商务签证，只要商人能提供必要的文件，如巴基斯坦公司一方的邀请函，或者有投资委员会或省级投资促进机构的推荐函。证件持有者每次访问最多为 3 个月。

30 天有效期的落地签证以及在巴基斯坦的停留权，待符合 69 个国家商务签证清单（BVL）上的商人提交商务签证所需的文件后签发给提交人。

根据投资委员会规定，巴基斯坦驻外使团也授权向国外技术和管理人员发放工作签证，其目的为向当地居民传授技术知识和技能。工作签证的期限为 1 年，每年可续签。签证延长申请由投资委员会在 4 周内处理。

所有持工作签证的外国人可免于警察登记，除了列在负面名单上的外国公民。

五、外商投资保护

巴基斯坦政府为在巴基斯坦的国外投资者提供全面保护。1976 年的《国外私人投资促进与保护法》和 1992 年的《经济改革保护法案》是保护国外投资者的主要法规。一些关键的保护举措如下:

(一)防止征收

如若联邦政府接管了一家国外私人投资的工业企业,或者收购了该工业企业的巴基斯坦公民的股份所有权,那么国外投资者或债权人或在巴基斯坦国内的任何个人之间所从事企业的协议,经联邦政府批准,都不受此类接管或收购的影响。[①]

同样,任何外资或私人投资的工业企业不得被收购,除非根据正当的法律程序对原产国的资本或投资进行足够的货币补偿,并制定补偿的原则和方式。[②] 根据 1992 年的《经济改革保护法案》第 7 条的规定,由政府根据法律转让给个人的对任何银行业、商业、制造业或其他公司、机构或企业的所有权、管理以及控制,不得以任何理由由政府再次强制收购。

同样,根据 1992 年《经济改革保护法案》第 8 条的规定,"任何由外国或巴基斯坦投资者为获利依法以任何形式设立或者持有的外企、工业企业或商业企业,任何由外国或巴基斯坦投资者对任何公司、企业、金融机构、商业银行股票或股权的投资不得被政府强制收购或接管"。

(二)利润汇回[③]

任何行业的国外投资者可随时以其本国货币汇回利润、股息或其他资金(包括贷款和利息),但需根据 2002 年的《SBP 外汇手册》的程序要求。同样,受雇于外商私人投资的工业企业的外国雇员/外国人可按照 SBP 规则汇款以抚养家属。

持有外币账户的国外投资者,享有免受所得税部门或任何其他税务部门对其外币账户的资金来源调查的豁免权。外币账户余额及由此产生的收入将继续免征财产税和所得税,以及强制性的天课税(Zakat,一种适用于穆斯林的税赋)。不得限制外汇账户里的存取款。银行有义务对外币账户的交易完全

---

① 1976 年《国外私人投资促进与保护法》第 5 条。

② 同上,第 6 条和第 7 条。

③ 同上。

保密。①

(三)保护金融义务

根据1992年的《经济改革保护法案》第10条的规定，所有发生的金融义务，包括根据文件，或者代表政府实施的任何金融和合同承诺，应当继续有效并不会对受益人产生不利。

(四)保护产业建立的财政激励

1992年的《经济改革保护法案》第6条规定，由政府为投资提供的财政激励措施，按附表所列的法定指令，或以其他方式通知，将继续按规定条款生效，不得对投资者产生不利。

应当指出的是，1992年的《经济改革保护法案》有压倒一切的法律效果，若其他法律与其内容冲突时，以此为准。

六、巴基斯坦和其他国家之间的双边投资条约

巴基斯坦已与多个国家签署了避免双重征税和投资条约。这些条约由政府行政部门签署和批准，最后以成文法修正令(SRO)的形式成为巴基斯坦法律的一部分。一条SRO即是一种附属立法，具有全面的法律效力。这些双边投资条约的特点包括：

鼓励缔约双方之间的投资；

在本地投资者和国外投资者之间实行非歧视和公平公正待遇；

对国外投资者利润、股息、特许权使用费、技术费、利息的便利汇回；

根据《解决投资争端公约》《国际投资争端解决公约》(ICSID)对争端进行解决；

因出现战争，其他武装冲突或国家紧急状态情况时，对外商的损失赔偿实施平等和非歧视性的待遇。

巴基斯坦和其他缔约国之间签署的双边投资条约已经有50多年，其内容上并不是完全一致。投资委员会正在制定范本，以确保在互惠的基础上保护缔约国的投资。其目的是使现存的双边投资条约与范本尽可能保持一致，并使新的双边条约与新的范本保持一致。

值得注意的是，非歧视和平等原则也同样适用于其他非缔约国，但条件是

---

① 1992年《经济改革保护法案》第5条。

这些国家以同等方式对待投资。

表 3-1　与巴基斯坦签署双边投资协定的国家

序号	国家	签署日期	序号	国家	签署日期
1	澳大利亚	1998 年 2 月 7 日	25	马来西亚	1995 年 7 月 7 日
2	阿塞拜疆	1995 年 10 月 9 日	26	毛里求斯	1997 年 4 月 3 日
3	巴林	2014 年 3 月 18 日	27	摩洛哥	2001 年 4 月 16 日
4	孟加拉国	1995 年 4 月 24 日	28	荷兰	1988 年 10 月 4 日
5	白俄罗斯	1997 年 1 月 22 日	29	阿曼	1997 年 11 月 9 日
6	比利时一卢森堡经济联盟	1998 年 4 月 23 日	30	菲律宾	1999 年 4 月 23 日
			31	葡萄牙	1995 年 4 月 17 日
7	波黑	2001 年 9 月 4 日	32	卡塔尔	1999 年 4 月 6 日
8	保加利亚	2002 年 2 月 12 日	33	罗马尼亚	1995 年 7 月 10 日
9	柬埔寨	2004 年 4 月 27 日	34	新加坡	1995 年 3 月 8 日
10	中国	1989 年 2 月 12 日	35	韩国	1988 年 5 月 25 日
11	捷克	1999 年 5 月 7 日	36	西班牙	1994 年 4 月 26 日
12	丹麦	1996 年 7 月 18 日	37	斯里兰卡	1997 年 12 月 20 日
13	埃及	2000 年 4 月 16 日	38	瑞典	1981 年 3 月 12 日
14	法国	1983 年 6 月 1 日	39	瑞士	1995 年 7 月 11 日
15	德国	2009 年 12 月 1 日	40	叙利亚	1995 年 4 月 25 日
16	印度尼西亚	1996 年 3 月 8 日	41	塔吉克斯坦	2004 年 5 月 13 日
17	伊朗	1995 年 11 月 8 日	42	突尼斯	1996 年 4 月 18 日
18	意大利	1997 年 7 月 19 日	43	土耳其	2012 年 5 月 22 日
19	日本	1998 年 3 月 10 日	44	土库曼斯坦	1994 年 10 月 26 日
20	哈萨克斯坦	2003 年 12 月 8 日	45	阿拉伯联合酋长国	1995 年 11 月 5 日
21	科威特	2011 年 2 月 14 日	46	英国	1994 年 11 月 30 日
22	吉尔吉斯斯坦	1995 年 8 月 23 日	47	乌兹别克斯坦	1992 年 8 月 13 日
23	黎巴嫩	2001 年 1 月 9 日	48	也门	1999 年 5 月 11 日
24	老挝	2004 年 4 月 23 日			

七、对巴基斯坦和国外投资者的监管机构

(一)巴基斯坦国家银行(SBP)

巴基斯坦国家银行是该国的中央银行。1956 年的《巴基斯坦国家银行法》规定,巴基斯坦国家银行应当"规范巴基斯坦货币和信贷体系,促进国家利益健康增长,并确保国家的货币稳定和更充分地利用国家生产资源"。巴基斯坦国家银行拥有专属权力来规范银行业、实行独立的货币政策,并设定对政府借贷的限度。最重要的是,巴基斯坦国家银行对巴基斯坦银行公司有重要的监管作用。任何有意在巴基斯坦境内开展业务的外资银行,不论是建立分支还是建立一个独立的公司,都需从巴基斯坦国家银行获得许可。[①] 目前,外资银行公司在巴基斯坦获准持有银行最多 49%的股权。

(二)巴基斯坦电信管理局(PTA)

巴基斯坦电信管理局是巴基斯坦电信公司的唯一监管机构,是根据 1996 年的《巴基斯坦电信(重新组织)法》建立。其核心功能是规范电信系统的建立,运行、维护和提供巴基斯坦电信服务。巴基斯坦电信管理局随时有权向任何电信系统收费,授予和续期许可证。它有权监督并执行电信服务公司许可证的条款和条件。巴基斯坦政府于 2015 年发布了新的电信政策,其目的是将巴基斯坦转变为信息社会和知识经济体。该政策的愿景是:"通过开放、竞争和有序的市场,并广泛迎合经济和社会的利益,提供普遍适用、实惠和优质的电信服务。"电信政策为国内外市场参与商提供了公平的电信竞争环境,并对国外投资者而言,与国内投资者相比,其无须承担更多繁重的义务。

(三)油气管理局(OGRA)

油气管理局(OGRA)是根据 2002 年的《石油和天然气管理条例》建立,其使命是促进竞争,增加在中游和下游石油工业的私人投资,保护公共利益,尊重个人权利,并提供有效管理制度。根据该条例规定,管理局由 1 名主席和 3 名成员组成。2012 年,巴基斯坦政府颁布了《石油政策》并对国内和国际勘探公司在巴基斯坦发掘任何碳氢化合物提供巨大的价格优惠政策。政府允许外资在本国勘探区内设立股权占比 100%的公司。政府特别希望在这一领域吸

① 见 1962 年《银行业公司条例》第 27 条。

引外商投资，以增加石油和天然气生产，因为从国外进口石油到巴基斯坦，会对巴基斯坦的外汇储备造成巨大的压力。

（四）巴基斯坦电子媒体管理局（PEMRA）

巴基斯坦电子媒体管理局是根据2002年的《巴基斯坦电子媒体管理局条例》设立，负责“监管巴基斯坦所有广播媒体和分布式服务的设立和运营，为国际、国家、地区、地方或特殊听众服务”。

（五）国家电力管理局（NEPRA）

国家电力管理局是根据1997年的《电力生产、传输和分配法》成立，其主要职责是：

1. 签发电力生产、传输和分配许可证；
2. 建立并实施标准，确保消费性的电力运行及供应的质量及安全；
3. 批准公用事业公司的投资和电力收购计划；
4. 确定电力生产、传输和分配税费。

国家电力管理局负责监管电力部门，促进行业竞争结构，确保可协调的、可靠的、充足的电力供应。国家电力管理局由法律强制规定设立，其任务是基于透明的商业原则所实施的明智决策来确保投资者和客户的利益得到保护，并且确保该行业具有一个较有竞争力的环境。

（六）民用航空管理局（CAA）

民用航空管理局是一个监管机构，任务是促进和规范民用航空活动，并在巴基斯坦建立安全、高效、经济适用、妥善协调的民用航空运输服务的基础设施。巴基斯坦政府最近颁布了2015年《国家航空政策》，根据该政策，鼓励外商投资就航空维护、维修以及大修服务系列活动进行投资，并可持有100%的股权。但是，外国航空公司只能持有本国国内航空公司最高49%的股份。

八、国外投资者业务结构

（一）外国公司联络处

希望在巴基斯坦设立办公处的外国公司，可以选择开设一个联络处或分支机构作为其巴基斯坦的业务基地。外国公司可以在巴基斯坦开设联络处或代表处。这些办事处的建立是为了推广产品，提供技术咨询和援助，探索联合协作和促进出口的可能。在巴基斯坦，联络处不允许从事任何商业或贸易活动，其支出必须来自总部的汇款。

（二）分支机构

凡与巴基斯坦的公共或私人部门签有有效合同的外国公司，可获准在巴基斯坦设立分支机构以履行其合同义务。分支机构的活动仅限于合同中的规定。它不能涉及任何商业或贸易活动。其支出必须来自总部合同的收入及汇款。一家非常驻公司在巴基斯坦设立分支机构，应保留其组建机构的章程。这个过程包括两个阶段，从投资委员会获得许可并在巴基斯坦证券交易委员会登记。任命一个首席执行官和驻地官员是强制性的要求。分支机构必须具有本地注册地址。

建立分支机构必须从投资委员会获得许可。向投资委员会提交申请书的同时还必须提交在巴基斯坦外国公司的合同副本。首先从巴基斯坦政府内政部（MoI）各机构获得放行的许可，投资委员会才准许外国公司建立分支机构。递交申请后通常需要7～8周公布结果。初始许可为1年，续期许可允许3～5年。要在巴基斯坦注册外国公司的分支机构，必须在投资委员会批准后30日内向巴基斯坦证券交易委员会提交表格中指定的具体信息以及相关的文件。

（三）私人有限公司

国外投资者可以在巴基斯坦以私人有限责任公司的形式建立一家100%股权的子公司。根据《公司法》，私人有限责任公司必须由至少2名成员和最少2名董事组成。经行业监管部门批准后，可成立公司并开展业务。私人有限责任公司，可以通过公司章程（AOA）限制股份转让权，限制其成员的数量不超过50人，并禁止邀请公众认购其股份。私人有限责任公司注册过程涉及投资者准备公司组织章程大纲及细则、投资公司的身份证明文件、拟建公司董事成员的身份证件，并向证交所提交上述文件。私人有限责任公司成立的过程，由预定公司名称开始，并以签发公司注册证书结束。公司的成立一般不需要超过一周时间，包括提交所需的文件到支付规定的费用。然而，要注意的是，有一个安全检查程序（在有外国人作为公司董事或股东的情况下）由相关机构的检验可能还需要一段时间。此前，在有外国人作为董事或股东的情况下，公司的成立通常需要7～8周的时间，这是因为安全检查问题。但是，法律强制要求证交所在对公司进行安全检查之前就颁发公司成立注册证书，其条件是外国国家要做出承诺,若在安全检查不批准的情况下,应当替换合适的董事或股东。

(四)一人公司

一人公司(SMC)从名称来看就显而易见地表明,该类型的公司只有一个成员并且是唯一董事。所有的股票都属于单一成员;但是,法律强制要求单个成员要有一位提名董事在单个成员死亡时来履行董事的职责,并要求单个成员有候补提名董事,若出现提名董事不能履行董事职责时,企业本身不能成为其成员或董事。

(五)公共有限公司

公共非上市有限公司必须有至少3名成员和3名董事。它无权进行商业营业,除非它从证交所公司注册处获得"企业开业证书"。对成员的数量及股份转让的最大数额没有限制。

公共有限公司有权选择在巴基斯坦任何一家证券交易所发行其证券和股票。此时它必须有至少7名成员和7名董事,最低实缴资本应为2亿卢比,同样要求其公开发行股票,必须有至少500名申请者认购。缴足股本的发行金额至少要达到5亿卢比。

第四章　巴基斯坦货币银行体系与法律

一、简介

巴基斯坦拥有稳健的银行和货币体系。巴基斯坦的银行业一直保持稳定的盈利并具有雄厚的资本实力。在利息和非利息获利方面，其税后利润年同比上涨52%，资本充足率保持在17.2%，远远高于其他地方要求的10%和国际基准的8%。资产基础的稳定增长来自政府证券、季节性公共部门收入、商品融资方面的投资，以及私人部门贷款的增长。活期存款形成是资金的主要来源，因流动资金状况的改善，金融借款呈现减少趋势。①

二、外汇制度与资金流动规律

巴基斯坦外汇政策的制定和监管是根据1947年《外汇管理法》的规定。该法案的目的是规范巴基斯坦经济和金融利益方面的汇款、外汇交易、证券、货币和金条的进出口。根据该法案，外汇政策的基本规定由巴基斯坦政府和巴基斯坦国家银行(SBP)，以通知的形式发表在官方公报上。

1947年的《外汇管理法》的第3条、第4条和第5条明确规定未经授权不得从事外汇交易。第3条规定，巴基斯坦国家银行可根据申请，授权个人从事全部或部分外汇交易并用外币进行全部或部分交易。巴基斯坦国家银行应当明确授权的有效期限。授权经销商应遵守巴基斯坦国家银行不时发布的一般或具体的指示。通常，禁止任何个人在巴基斯坦境内外购买、借入、出售、出借外汇，除非获得巴基斯坦国家银行的普通或专门许可。同样，任何居住在巴基

---

① 巴基斯坦国家银行银行业的季度业绩回顾(2015年4月至6月)。

斯坦的个人不允许为居住在巴基斯坦境外的任何人提供外汇和信贷；开具、签发或商谈任何汇票和期票或承认任何债务，无论是实际还是偶然收取付款的权利或转移都是有利于居住在巴基斯坦境外的个人的。然而，这条规则并不适用于根据本法授予的特定豁免或授权情况。同样，这条规则也没有违反为国外投资者提供的特许，即国外投资者可以在巴基斯坦境外通过授权的个人（或银行）进行外汇交易来汇回外币。[①]

对所有外币进行的交易以及对每种类型许可交易的授权交由计划内银行，计划内银行实施各种类型的银行交易。[②] 交易许可证的申请必须由外国银行驻巴基斯坦的总部办事处或者由驻巴基斯坦的办事处负责提交，并提交给巴基斯坦国家银行主管外汇政策部门，表明其希望处理的交易的性质。申请书应明确告知该外国银行拥有训练有素的交易人员，以及用来处理外汇交易所需要的系统和设备。一旦银行总行或办事处获得了外汇交易授权，该行可自由决定自己的分支机构来开展外汇业务。经授权的各家银行分支机构都有权购买外币票据、硬币、旅行支票和即期汇票。此类交易应当报告其总行指定的分公司以便汇总信息，并向巴基斯坦国家银行报告。[③]

被授权银行可以向任何居住在巴基斯坦境内外的公民，以及境外的外国人开设外币账户。

三、银行系统和银行业务基本运行规则

（一）巴基斯坦国家银行(SBP)——中央银行

巴基斯坦国家银行是该国的中央银行。它是依据 1948 年《巴基斯坦国家银行令》设立，但作为国家中央银行是根据 1956 年《巴基斯坦国家银行法》（1956 年《SBP 法案》）建立。该法为其今天的业务奠定了基础。巴基斯坦国家银行的主要目的是“规范巴基斯坦货币和信贷体系，促进国家利益健康增长，并确保货币稳定和更充分地利用国家生产资源”。巴基斯坦国家银行拥有监管银行业务的全部权力和专有权，实行独立的货币政策，并设定政府从巴基斯坦国家银行借款的限制。按照《银行业条例》第 27 条，除非银行公司已从巴基斯坦国家银行获得了许可证，否则其无权在巴基斯坦开展业务。

---

① 1947 年《外汇管理法》第 4 条和第 5 条。

② 巴基斯坦国家银行《外汇管理指南》，第 2 章第 1 段。

③ 同上，第 2 章第 2 段。

巴基斯坦国家银行的行长是首席执行官，代表理事会负责处理和控制所有的银行事务。[①] 对银行事务和商业活动的监督和指导委托给理事会，其成员包括行长、巴基斯坦政府财务部秘书和8名董事，这些董事都是由联邦政府任命的经济学、财政、金融和会计领域的杰出专业人才。这些董事会成员都与银行无商业利益冲突。[②] 货币和财政政策协调委员会负责货币和汇率政策，由联邦财政部长、联邦商务部长或秘书、计划委员会副主席、省长、部长、财务部秘书、2位由巴基斯坦政府任命的有丰富研究和教学经验的杰出宏观或货币经济学家组成。该协调委员会还负责确保宏观经济增长目标，通胀和财政，货币和对外账户之间的一致性。此外，协调委员会负责不定期修订对政府借贷的限额。然而，禁止协调委员会采取任何对巴基斯坦国家银行的自主权产生不利影响的措施。

《巴基斯坦国家银行法》第9C条对联邦政府的借贷有所限制，它规定在每季度结束时政府借款必须归零。但是这种要求并不适用于巴基斯坦国家银行理事会不时确定的方式和手段的限制。它规定联邦政府的义务，即其债务的清偿自2011年4月30日起不晚于12年。若政府未能遵守任何一项上述规定，联邦政府有责任在议会上进行陈述，并阐述其失败的正当理由。

巴基斯坦国家银行货币政策委员会由巴基斯坦国家银行行长、巴基斯坦国家银行3名高级行政人员、3名理事会成员、3名外部成员(即由联邦政府任命的经济学家)。货币政策委员会支持联邦政府所实施的一般性经济政策，并应制定、支持和推荐货币政策，包括中间货币目标、主要利率和巴基斯坦外汇储备方面的适当决定并为其实现目标制定条例；批准及发布货币政策声明和其他货币政策措施；履行法律赋予的任何其他职责；执行与职能相关的任何辅助活动。

巴基斯坦国家银行代表联邦政府履行多种职能。它可以根据联邦政府的意向购买或持有任何银行公司的股票和债券。它可以作为联邦政府代理购销贵金属，或经批准的外汇，购买、出售、转让任何公司的汇票、证券或股份，管理公共债务并与国际货币基金组织一样具有特别交易提款权。其职能包括：发布公告，监管并监督金融体系，作为中央银行以及最终贷款方；作为政府的银行，制定货币政策。国家银行还就政策事务向政府提供咨询，并与国际金融机

---

① 1956年《巴基斯坦国家银行法》第10条，行长应是完全独立的，即他不得成为在巴基斯坦联邦、省政府或任何其他银行事务立法机关的成员。

② 见1956年《巴基斯坦国家银行法》第9条。

构保持密切的关系。

巴基斯坦国家银行的基本职责之一是监管和监督银行和金融体系，确保银行体系的稳定性，并保护存款人的利益。目前银行业务通过异地监管和现场监察系统进行监测。异地监管是由国家银行检查各银行定期收到的各种利润。现场监察是国家银行对相关银行的场所进行的检查。

除了对银行的信贷和风险限额以及“审慎监管”做出规定外，巴基斯坦国家银行同样对短期和长期贷款工具的分类制定指南，设置管理标准，禁止犯罪分子利用银行渠道从事洗钱和其他非法活动，制定股息支付规则，引导银行避免弄虚作假行为，并禁止他们对旧贷款拖欠者发放新贷款。资产负债表和损益表的格式已更改为符合国际标准的形式，确保业务经营有足够的透明度。《银行业条例》第 25 条授权巴基斯坦国家银行确定银行公司在授权预付方面需遵循的政策。这一政策可能包括银行公司、部门和地区应保持的信贷上限，不论预付款是否缴纳，在预付款、利率方面保持利润，禁止对借款人或借款组织发放任何贷款、预付款及其他信贷。

国家银行有权向银行收集有关其贷款、预付款或其他授信的数额和性质的信息，包括购买或贴现的汇票、信用证和担保等，这些信息可提供给任何借款人或某类借款者。①

(二)管理银行公司的法律

1962 年《银行业条例》是巴基斯坦银行业务的重要法律。银行在《银行业条例》中被定义为“以借贷或投资为目的接收公共存款，并根据需要即时偿还或以其他方式偿还借款，借款人可通过支票、汇票、订单等其他方式取出存款”的机构。《银行业条例》第 7 条规定，除了银行业务，银行公司可以从事的详尽的活动列表，包括如下内容。②

> i 借款、筹集资金或取款；在有担保或无担保的情况下借出或垫付资金；提取、制作、接受、贴现、购买。买卖、代收汇票、hundi(一种非正式汇款文书)、本票、票券、汇票、提单、铁路收据、权证、凭单(参与期证书)、定期金融证书、Musharika 证书(伊斯兰金融票据)、Modaraba 证书(伊斯兰金融票据)，以及国家银行或其他可转让票据、有价证券和其他可转让票据；信用证的许可和发行、旅行支票和通知单；外汇购买及出售、金银物品

① 《银行业条例》第 25－A 条。

② 同上，第 7(1)条，关于银行可进行银行业务活动的详尽清单。

交易;外汇买卖包括外国银行票据;收购、控股、发放佣金、承销和交易股份、基金、股票、债券、公司债券、证券(参股项目证书、短期融资凭证、Musharika证书、Modaraba证书和其他可能由国家银行批准的金融工具),以及各种投资;买卖债券、临时凭证或其他形式的证券(参股项目证书、短期融资凭证、Musharika证书、Modaraba证书和其他可能由国家银行批准的金融工具)或其他名义、贷款和预付款的谈判;接收各种债券、存款、保管或其他贵重物品抵押物价值的临时凭证;提供安全保险箱、收集和发放资金和证券。

ii 开展和办理担保和赔偿业务。

iii 以银行业务标准流程购买或收购任何资产,包括商品、专利、设计、商标和版权,无论卖方有无回购安排,以分期付款形式出售,根据延期付款基准,租赁或许可,分担租金,以及任何其他融资模式。

iv 管理、出售并变卖归属公司的任何财产以冲抵索赔或部分索赔。

v 获取和持有,交易任何财产,或该财产的所有权和其他权益,对贷款或预付款起到安全作用,或与安全性相连接。

vi 承诺和执行信托。

vii 为雇员和前雇员建立协会、信托、基金,从事有利于促进公司业务发展的有益事业。

viii 从事巴基斯坦国家银行指定的商业形式。

禁止银行公司雇用宣布破产的、延迟付款的、有复合债务的人员,以及现在或曾经被刑事法院裁判获罪之人。①

未经巴基斯坦国家银行的允许,银行公司不得删除关于该银行及其分支机构在巴基斯坦的任何业务记录。②

根据《银行业条例》第13条规定,银行公司可以在巴基斯坦开展业务,如果该银行缴纳巴基斯坦国家银行确定的最低实缴资本,最新资本要求是230亿卢比。巴基斯坦国家银行对外国银行公司要求的最低实缴资本以巴基斯坦卢比现金无息存款,或是以巴基斯坦国家银行规定的可自由兑换外汇的无息存款,或者没有作为抵押的证券存款的方式缴付。当外资银行公司以任何理由停止其业务时,其在巴基斯坦国家银行(SBP)的存款抵押应当作为外资银行公司的资产,该银行公司的所有债权人的债权应当以该资产优先清偿。

---

① 《银行业条例》第11条。

② 同上,第12条。

根据《银行业条例》第 14 条，银行公司在巴基斯坦注册成立必须满足以下条件：

i 公司的认购资金不少于法定资金的一半，实缴资本不少于认购资金的一半；

ii 公司的资本包括普通股和永久非累积优先股；

iii 任何股东的投票权，都与其出资在公司实缴资本中的所占比例严格相符；

iv 任何股东的投票权，除联邦政府规定的权利外，不得超过全体股东总投票权的 5%。但应注意的是，第 14 条的最新规定表明，个人可持有银行公司 5%以上的股权，但要获得巴基斯坦国家银行的批准。

巴基斯坦国家银行有权指导银行公司召开股东例会，选举银行公司的新董事。① 银行公司的董事任职不得超过六个连续任期，禁止委任其他银行公司的董事担任董事。②

不允许银行公司拿公司或其财产做浮动抵押，除非已经得到巴基斯坦国家银行的批准。③ 同样，不允许银行公司以自己股票的质押而获取贷款或预付款；不得向董事及其家庭成员提供无抵押贷款或预付，或者以董事及其家庭成员的担保进行贷款或预付。④

银行公司有义务建立储备基金，在宣布股息前，如该基金的金额加上股份溢价的金额少于银行公司的实收资本，须在该基金内保持一笔相当于每年利润余额 20%以上的损益账户披露的数额；在宣布任何股息前，若基金总额和股份溢价总额相加等于或超过银行公司的缴足资本，必须在基金内维持不少于利润余额的 10%的金额。⑤

巴基斯坦的银行公司都必须在巴基斯坦以现金、黄金或未经担保的、生效有价证券来维持价值不少于其在巴基斯坦存续期间负债总额的 20%。⑥ 每个银行公司每月还须向巴基斯坦国家银行提供每月收益并按照《银行业条例》第 29 条的要求和巴基斯坦银行公司的负债时间和要求，用规定的表格和方式提

---

① 《银行业条例》第 15 条。

② 同上，第 20 条。

③ 同上，第 18 条。

④ 同上，第 24 条。

⑤ 同上，第 22 条。

⑥ 同上，第 29 条。

交资产细节。应当指出的是，银行公司的资产价值不得少于巴基斯坦的负债时间和要求的85%。[1]

每家银行公司需要向巴基斯坦国家银行提交半年盈利记录，以规定的格式和方式显示其半年度在巴基斯坦的资产和负债。[2] 另外，每家银行公司还需要提交该年度资产负债表和损益表。这项义务也适用于通过分支机构在巴基斯坦经营的外国银行公司。年度账目必须由巴基斯坦国家银行批准的审计师组成的审核小组进行审计。[3] 每家银行公司，包括外资银行都需在巴基斯坦总办事处和每一个分支机构显眼的地方公示其经审计的资产负债表和损益表的副本。[4] 巴基斯坦国家银行有权检查任何在巴基斯坦银行公司的账本。系统地监测每家银行公司的业绩，这是巴基斯坦国家银行的法定责任，其目的是确保银行公司遵守可适用的法定标准和银行法规。[5]

巴基斯坦国家银行有权给所有的银行公司或个别银行公司发布指令，如果其认为这种做法符合公共利益；或者防止任何银行公司的行为损害存款人的利益；或确保所有银行公司的有序管理。[6] 巴基斯坦国家银行有权开除银行董事、主要行政人员或经理，如果它同样认为这符合公共利益；或者防止任何银行公司的行为损害了存款人的利益；或确保所有银行公司的有序管理。[7] 巴基斯坦国家银行也有权更换(暂停)银行公司董事会，如果有理由认为有必要这么做。在更换期间，董事会所有的权利和职责，应当由巴基斯坦国家银行委任的代表行使。[8] 巴基斯坦国家银行有权以明知故犯造成银行公司储户的损失或银行公司的损失为由，直接起诉董事及其主要行政人员或其他官员。[9] 根据《银行业条例》第42条，巴基斯坦国家银行在银行有关的所有事务上拥有广泛的权力。

《银行业条例》还规定了银行公司的重组、兼并与合并的程序。[10] 省高等

---

① 《银行业条例》第30条。

② 同上，第32条。

③ 同上，第34条和第35条。

④ 同上，第38条。

⑤ 同上，第40A条。

⑥ 同上，第41条。

⑦ 同上，第41A条。

⑧ 同上，第41B条。

⑨ 同上，第41D条。

⑩ 同上，第47条和第48条。

法院有权清盘银行公司,如果该公司无法偿还其债务,或公司清盘的申请已被巴基斯坦国家银行(SBP)批准。

可根据《银行业条例》委任银行 Mohtasib(银行申诉专员)。它有权调查:对银行不端行为的投诉;不正当、专制或歧视行为;违反银行法、法规、规章或准则;过度拖延或效率低下;贪污、裙带关系和其他形式的弊政。

(三)《财务机构(财政恢复)条例》

按照条例规定,在巴基斯坦设立银行法院,以便快速处理银行或客户就任何金融机构的债务违约而提起的银行诉讼案。它规定了原告的起诉以及被告的答辩程序。该程序大多是即决的,除非证据还需要核实。

(四)2010 年《反洗钱法》

《反洗钱法》的颁布是为了防止洗钱,打击恐怖主义融资,并没收洗钱或恐怖主义融资衍生的财产。根据本法,在巴基斯坦国家银行(SBP)内部建立财务监控部门(FMU),拥有独立的决策权。巴基斯坦各银行需向财务监控部门(FMU)提交可疑交易报告,该交易报告是银行获知的、怀疑或有理由怀疑其交易涉及非法活动得来的资金,或故意的或实施目的是隐藏或伪装犯罪的收益或涉及恐怖主义融资。凡不遵守可疑交易报告要求或者提供虚假信息者,应当处以监禁或者罚款,或者两者并罚。当报告的实体单位出现犯罪时,国家银行可以吊销其许可证。

(五)2007 年《支付系统和电子资金转账法案》

该法对巴基斯坦境内的支付系统以及电子资金的转账进行了监管,保护消费者、金融机构以及其他供应商,确定消费者和参与者的权利和责任;确定支付系统为指定支付系统。该法还建立并运行一个或多个即时支付结算系统,并授权国家银行提名一个或多个支付结算系统提供清算或结算服务。该法还就文件传输处理、错误通知和纠正进行了规定。

应当指出的是,2002 年的《电子交易条例》对以电子形式的文件、记录、信息、通信和交易提供了法律上的认可和便利。根据《电子交易条例》第 3 条,"任何文档、记录、信息、通信或交易应获得法律上的认可,其可用性、作用、效力、证据或可执行力不得以电子形式为由让证人证实"。

四、外资银行和金融机构的限制

允许外国分行和外商独资在本地注册的子公司在巴基斯坦开展业务，前提是外资银行的母国应当属于巴基斯坦作为成员的区域集团。否则，外资银行只能作为本地注册的子公司，外资股权上限为49%。允许现有的外资银行以及根据上述标准组建的银行，按照提交给国家银行并经其批准的每个分支扩张计划，开拓不超过100个分支机构。而拥有100个以上分支机构的商业银行必须在没有设立银行分支机构的区域开设20%的分支机构。①

① 《WTO的贸易政策审议》，2015年2月17日，第4.99段。

第五章　基础设施建设法

一、简介

一个国家发展的主要指标是其基础设施的质量。良好的基础设施会直接影响人们的社会和经济福利。对企业而言，通过将效率和确定性引入经营，可以减少经营成本。对于全体居民而言，能获得有品质的生活和负担得起的医疗、教育和基础设施服务，如供水和环境卫生、能源和道路网络，则被认为是实现了小康社会。有着近 2 亿人口的巴基斯坦对基础设施发展有着巨大的需求，而且还需要庞大的监察力量和人力资源。由于这些资源的贫乏，巴基斯坦已快速采纳了基础设施发展的公私伙伴关系（PPP）模式。联邦政府已经将巴基斯坦在公私伙伴关系上的政策落实到位，即 2010 年《巴基斯坦公私伙伴关系政策》（PAK－PPP）。该政策详细描绘了对基础设施发展公私伙伴关系模式的概念框架，以及联邦政府在这些项目的实施过程中给私人部门提供的机构性支持。同样，省级政府也颁布公私伙伴关系法律使公私伙伴关系模式制度化，给政府和私人部门之间达成的特许协议提供法律保护。巴基斯坦的公私伙伴关系的法律和政策，采取以市场为主导的方法，并设置奖励政策，以吸引私人部门参与基础设施发展的项目。

在基础设施发展项目方面，对外资参与没有任何限制，并且巴基斯坦政府会对国内和国际投资者给予非歧视性的平等待遇。

巴基斯坦和中国于 2015 年 4 月 20 日签署协议，启动总价值超过 460 亿美元的中国—巴基斯坦经济走廊 CPEC 发展项目，这笔资金相当于巴基斯坦年度 GDP 的 20％。经济走廊旨在连接俾路支省瓜达尔港到中国的新疆地区，经过长达 3000 多千米的高速公路、铁路和管道网络。中巴经济走廊

(CPEC)第一阶段的能源项目原定2017年12月完成。参与该项目的中国企业不辞辛苦地工作以按时完成，目标是生产大约10000兆瓦的电力。[①]

二、《巴基斯坦公私伙伴关系政策》(PAK－PPP)

《巴基斯坦公私伙伴关系政策》于2010年1月26日由内阁[②]经济协调委员会(ECC)批准。该政策的主要目标是：(1)通过提供基础设施，促进可包容的社会和经济发展；(2)从当地和国际市场融资并发挥公共资金与民间融资的杠杆作用；(3)通过环境授权鼓励和促进私人部门投资；(4)保护所有关联方的利益，包括最终用户、受灾群众、政府和私人部门；(5)建立有效和透明的体制安排用于项目的确认、组织、竞争性招标；(6)发展有效的风险分担机制，让最有实力的一方承担相应的风险；(7)当项目的可行性不足以吸引私人部门的资金时，提供可行性缺口资金。

巴基斯坦公私伙伴关系政策涵盖领域广泛，包括：

运输和物流，包括联邦、省市级公路、铁路、港口、机场、渔港以及仓储、批发市场、屠宰场和冷库；

大型城市公共交通，包括完整的巴士系统，以及城内和城际铁路系统；

地方政府服务，包括供水和卫生，固体废物管理，低成本住房，医疗、教育和健身设施；

能源项目，包括水力发电和自主发电项目；

旅游项目，包括文化中心、娱乐及休闲设施，以及其他旅游相关基础设施；

工业项目，包括工业园区、经济特区及相关项目；

灌溉项目，有些项目与发电捆绑在一起；

社会基础设施，其中包括教育、文化、卫生基础设施。

对于各级政府而言，应当坚守公私伙伴关系政策，因为它们代表着优先项目，还代表着货币价值，即对公共采购提供了一个更好的办法。

有关公私伙伴关系的资质标准和投资奖励一并列出，并适用于所有参与者，以下机构扮演着关键角色。

财政部包括财政部下的各个部门和机构，具体为：

1.部级间PPP特别工作组(TF)与工作组；

2.基础设施项目开发基金(IPDF)；

---

① http://www.boi.gov.pk/ViewNews.aspx? NID=972.

② 内阁由来自政府各部委的联邦部长组成。

3.债务政策协调办公室(DPCO);

4.项目发展基金(PDF)、可行性缺口基金(VGF)和基础设施项目融资基金(IPFF);

5.规划委员会和其中央发展工作组;

6.部委以及联邦、省级、地方部门作为缔约方。

基础设施项目开发基金(IPDF)和基础设施融资基金(IPFF)由巴基斯坦政府建立,是财政部下设的2个主要机构,负责基础设施项目的推广、开发、监管和融资。

基础设施项目开发基金的任务是:(1)由公共执行机构提交的公私伙伴关系建议书的准备和完善,以确保项目可行性;(2)支持具有货币价值的优先建议;(3)监督公私伙伴关系项目的准备和实施,并与审慎的金融、环境和社会保障保持一致;(4)建立执行机构和私人部门的合作工作基础;(5)作为公私伙伴关系专案组的秘书处,负责协调其他机构以及其他公共和私人利益相关者的关系。

基础设施融资基金是基础设施项目开发基金的一种互补组织,用来协助公私伙伴关系发展的融资。它是根据《公司条例》成立的一个非银行金融公司,负责对公私伙伴关系项目提供长期融资。

尽管公私伙伴关系政策已在2010年正式确立,但在实践中,联邦和省政府早就在两个关键基础设施行业对其进行了运用,即道路运输和发电。在《巴基斯坦公私伙伴关系政策》分章的第4条和第5条涉及基础设施建设法律,这两个行业一直受到详细的讨论以便使公私伙伴关系模式在巴基斯坦实践中产生指导性作用。

三、各省公私基础设施发展法

巴基斯坦大部分省份已经制定公私伙伴关系基础设施发展法。在信德省有《信德公私合伙企业法》(SPPP法,2010年),而在旁遮普有《旁遮普公私合伙企业法》(PPPP法,2014年)。同样,在开伯尔-普什图省有《开伯尔-普什图公私合伙企业法》(KPPPP法,2014年)。所有这些法律都具有同一目的,即为扩大基础设施提供服务,提高工程可靠性和质量,以实现政府的社会和经济目标,调动私人部门资源用于基础设施项目的融资、建设、维护和运营。我们将采取《旁遮普公私合伙企业法》来说明省基础设施建设的情况。

(一)2014年《旁遮普公私合伙企业法》

根据《旁遮普公私合伙企业法》,政府机构①可以与私营方签订公私伙伴关系协议,实施有关项目的设计,履行建设职能以及提供与之相关的服务,为项目的设计、建造及运行提供融资。《旁遮普公私合伙企业法》附表1列举了公私伙伴关系方法可以适用的基础设施行业。包括运河或堤坝、教育设施、卫生设施、住房、工业地产、信息技术、土地复垦、采矿、发电设施、公路(省级高速公路、地方公路、桥梁或绕城道路)、下水道或排水、固体废物管理、体育或娱乐基础设施、公共花园或公园、交易会、会展或文化中心、城市交通包括轨道交通或公交总站、供水和卫生设施、处置或分配、批发市场、仓库、屠宰场或冷库、粮仓和路灯等。附表2列举了涵盖于《旁遮普公私合伙企业法》的公私伙伴关系协议类型。如下:

i 建设—移交(BT):根据合同安排,私营方承担基础设施项目的融资和建设,建成后把它交给政府机构。在协商的基础上,政府机构将偿还项目总投资。这种安排可以在任何基础设施项目上应用,包括因安全或战略原因必须由政府机构直接经营的关键设施。

ii 建设—租赁—移交(BLT):根据合同安排,私营方承担基础设施项目的融资和建设,建成后根据租约安排持有一段时期后把它交给政府机构。到期后该项目所有权将自动转交政府机构。

iii 建设—运营—移交(BOT):根据合同安排,私营方承担基础设施项目的融资、建设、经营和维护。私营方在固定期限内经营设施,并允许收取用户使用设施的关税、通行费、手续费、租赁费或其他费用,收费不超过在公私伙伴关系协议里对设施建议的投标价格或磋商价格,以使私营方能够收回对项目的投资、经营以及维护的开支。私营方应在公私伙伴关系协议中规定的固定期限结束时,将设施移交给政府机构。这种BOT应包括供应和经营情况,合同安排里写明基础设施项目中设备和机械供应商经营情况、技术转让和政府机构提名的个人培训情况。

iv 建设—持有—运营(BOO):根据合同安排,授权私营方融资、建设、持有、运营并维护基础设施项目,允许私营方对项目用户进行征税,收回其投资、运营和维护开支。私营方可以拥有该项目,并可以选择将其运营

① 政府机构是指一个部门、相关的部门、法人团体、政府机构、当地政府或由政府拥有或控制的任何组织或公司。

和维护分派给项目运营商。私营方给政府机构的项目转让在合同安排里没有涉及。但是，政府机构可以在指定的时期后终止其义务。

v 建设—持有—运营—移交(BOOT)：一种类似(BOT)协议的合同安排，私营方将基础设施项目转交给政府机构之前，其在固定期限内拥有该设施项目。

vi 建设—移交—运营(BTO)：根据合同安排，政府机构与私营方签订基础设施项目建设合同，由私营方采取统包方式，承担成本超支、延误和其他特定的风险。项目一旦委任，私营方有权根据公私伙伴关系协议，运营设施并向用户收费。项目的名称总是由政府机构授予。

vii 合同增加和运营(CAO)：根据合同安排，私营方可以通过政府机构租赁扩建现有的基础设施。私营方以运营扩建的项目在约定的期限内向用户收费，收回投资。对扩建的设施或许有或许没有转让安排。

viii 开发—运营—移交(DOT)：根据合同安排，公私伙伴关系协议要求私营方建设的基础设施项目需要有良好的外部环境。鉴于此，授权私营方开发毗邻的资产，从而享受投资所创造的利益，如更高的物业费用或租金价值。

ix 合资企业(JV)：合资企业是一种公私伙伴关系形式，政府机构和私营方通过组建一个新的公司(合资公司)或者政府机构通过购买一家公司的股票享有对该公司的共同所有权，进行股权出资并整合资源来开发和实施项目。合资公司成立后，将有一个独立的法人身份，通过该公司，从事公共和私人部门的共同事业。政府机构和私营方将拥有合资公司的股份，并设有一个董事会，通常由股东代表组成。

x 管理合同(MC)：根据合同安排，政府机构委托私营方在约定的期限以特定的价格交付项目并实施基础设施项目的经营和管理。政府机关可以直接或者委托代理向用户收费。

xi 恢复—运营—移交(ROT)：根据合同安排，将现有的基础设施交付给私营方在规定的期间内进行翻新、运营和维护。在此期间，私营方可以向用户收费，以回收投资和运营维护的费用。期限届满时，该设施应返还给政府机构。该条例也被用于从国外购买、进口、整修、架设和运营现有的设施。

xii 恢复—持有—运营(ROO)：根据合同安排，将现有的基础设施交付给私营方进行翻新、运营和维护，但对其所有权没有时间上的限制。允许私营方永久性地向用户收费来回收投资、运行和维护费用。

xiii 服务合同(SC):根据合同安排,私营方承诺在特定的期限内就基础设施项目向政府机构提供服务。政府机关应支付私营方计划书中商定的费用。

(二)《旁遮普公私合伙企业法》下的制度安排和项目进程

《旁遮普公私合伙企业法》规定,所有公私伙伴关系项目必须经过制度安排。公私伙伴关系指导委员会有权批准、拒绝或复议政府机构提交的公私伙伴关系项目的提案。它还有权批准、拒绝或复议政府机构授予私营方合同的推荐。这种制度安排是所有项目的最终决定机关。同样,发展规划部下设的公私伙伴关系部门,其任务是在全省促进和推动公私伙伴关系的发展,并在准备和执行优质项目上协助政府机构。

《旁遮普公私合伙企业法》要求在财务部建立一个风险管理部,充当公私伙伴关系项目方式的财政监护人的角色。

《旁遮普公私合伙企业法》规定,政府机构在项目的生命周期里自始至终管理公私伙伴关系,包括认可、准备、招标、实施和运营。要求:

(1)确定合适的项目并优先划分政府在这些行业或地理区域内的责任;

(2)招募项目准备和投标的交易顾问;

(3)监督可行性研究的准备,如果其结果是肯定的,可通过公私伙伴关系部门项目将项目建议书提交到公私伙伴关系指导委员会;

(4)组织竞争性招标过程,包括资格预审和投标选择私营方;

(5)评标,向公私伙伴关系指导委员会建议合同授予的合作方;

(6)协商并签署公私伙伴关系协议;

(7)监测和评估项目的实施和运营。

政府机构可以向公私伙伴关系部门寻求支持和建议,来实施以上职能。

根据公私伙伴关系安排,政府机构应就有关项目设计和建设,与之有关的服务或项目设计、建设、运营所需的融资,与私营方达成公私伙伴关系协议。政府机构也应按照公私伙伴关系协议的条款和条件给私营方协调安排或支付经费。应当指出的是,《旁遮普公私合伙企业法》还授权政府机构就项目的开发,与任何其他政府机构、联邦政府机构或部门,或由联邦政府拥有或控制的实体,签订安排协议。

《旁遮普公私合伙企业法》要求政府机构应确定并准备项目建议书,获得公私伙伴关系指导委员会的批准,且在招标之前完成这个阶段。政府机构必须从其总体规划和其他规划文件中确定并明确潜在的项目,并优先区分项目内的行业或地理区域，采用的标准如供需缺口、社会效益和经济效益、财政吸引力、涉及的风险和不确定性，以及项目实施的准备情况。政府机构应确保项目建议书的准备，包括可行性研究、初步环境检查、环境影响评估、风险分析，以及政府支持的需求分析。

一旦项目获得公私伙伴关系指导委员会的批准，政府机构应采用资格预审和招标两个阶段的程序，通过竞争性公开的招标，选择私营方。《旁遮普公私合伙企业法》详细规定了项目私营方资格预审应遵循的程序。

（三）其他省份公私伙伴关系法

应当注意的是，其他省份的公私伙伴关系的法律也有全面的体制框架，来促进和实施公私伙伴关系项目。虽然该体制框架里的术语与《信德公私合伙企业法》《开伯尔-普什图公私合伙企业法》和《旁遮普公私合伙企业法》存在差异，但是，基本的目的都是相同的，即以开放、透明和竞争的方式，邀请私人部门开发公共基础设施服务。

四、道路与运输

国家公路管理局(NHA)是负责建设和发展巴基斯坦境内国家公路和战略道路的国家机构。它是根据1991年《公路管理局法》而设立，其法定目的和功能是“由联邦政府、省级政府或其他有关当局委托策划、推广、组织建设、开发经营、维修和维护国家公路和主要战略道路”。[①]国家公路被定义为列在《公路管理局法》附表第一部分，以及那些已被联邦政府确认为国家公路的道路。战略公路被定义为列在附表第二部分，以及那些已被联邦政府确认的战略道路。公路管理局是所有国家公路、高速公路和战略公路的联邦主要负责部门。公路管理局拥有约12000千米的公路网管辖权，仅占总路网的4.6%，但其承载着约80%的全国交通。[②]

巴基斯坦政府交通部长出任全国最高委员会主席，该委员会负责审批关于由联邦或省政府专门委托给国家公路管理局对国家公路和战略公路的发展、开发、维修和维护的规划。《公路管理局法》的管理归属于公路管理局的执行局。它有权审核不超过1亿卢比的建议书和方案。它可以给中央发展工作组(CDWP)或国家经济委员会执行委员会(ECNEC)推荐任何开销更高的

① 见1991年《公路管理局法》第4条。

② 巴基斯坦基础设施的报告由巴基斯坦国家银行基础设施的特别工作组制定。

项目。

公路管理局拥有广泛的权力以实现《公路管理局法》的目的。它负责就国家公路和战略道路发展事宜为联邦政府提供建议。它还有权根据《公路管理局法》获取土地，这类土地的取得必须是为了实现公共目的。它受委托可以在全国公路、战略道路和其他道路征收通行费，或安排其他机构征收通行费。它可以通过借贷、浮动债券、共享或租赁资产，或其他任何方式筹集资金。①

根据《公路管理局法》，公路管理局基金接收公路管理局收到的所有资金，包括联邦政府的贷款和赠款、通行费的收入、外援、通过公路管理局商谈的赠款和贷款，以及浮动债券基金、股票或通过任何其他方式所得的资金。

根据《公私伙伴关系的政策》和由公路管理局、交通部共同颁发的2009年《公私伙伴关系监管框架》，鼓励私营方以公私伙伴关系模式参与国家公路和战略道路的发展和建设。监管框架的设想方案是，用私人资本的投资按一定的期限去设计、融资、建设、运营和维护公共项目，并在特定的期间，私人投资财团能够从使用设施的用户中收取费用。当财团的所有权期满后，对该项目的所有权将以名义金额(卢比)计算返还给公路管理局，或者按照招标文件规定，公路管理局可以决定延长特许权或重新招标。届时，该联盟应该收集足够的收入来回笼投资并赚取利润，即赚取合理的投资回报。在这些模式下，公益项目将通过透明的招标程序来邀请企业参与竞争，但是，当多边机构或政府介入时，所采用的不同模式将涉及不同的程序。②

任何公私伙伴关系项目的第一步应是取得可行性研究报告，通过项目在技术、环境、经济和财政上的可行性，并符合监管框架的原则，达到公路管理局满意的程度。可行性研究应当包括下列特点：

1. 公私伙伴关系项目明确的基本原理、范围和规模；
2. 根据初步的工程设计，初步的项目成本估算；
3. 来自交通和其他来源，粗略的交通预测和收入分析；
4. 经济成本效益分析；
5. 完整的社会和环境的分析，包括了治理费用；
6. 财务和敏感性分析。

私人部门实体可向公私伙伴关系模式主动提交项目。一般情况下，此类

① 1991年《公路管理局法》第10条。

② 2009年《公私伙伴关系监管框架》。

项目不会受到公路管理局的支持,除非项目具有明显和压倒性的优势,如新技术、开发贫困地区或其他非常充足的原因。

允许公私伙伴关系项目的私人参与方按照特许协议约定的准则收取过路费(包括任何增加的费用)。当公私伙伴关系项目出现融资困难时,为了吸引私人部门,政府可以提供补贴或支持,或者通过财政部的可行性补缺基金支持。政府不得在租界区内收取任何地方税。

在任何公私伙伴关系项目里,财务结算前成本是无法收回的,特许经营者应当承担所有成本,包括:(1)开展项目的财务和环境可行性研究费用;(2)准备特许协议和安排财务产生的法律和其他费用;(3)项目的建设和维护成本(首先包括设施迁建和施工监理相关的费用);(4)路费征收和运营成本(包括故障维修的成本和日常维护成本)。特许权期限一般为期 25 年。如果有任何公共部门的授权或支持,如交通担保或收益的保证,应当在招标文件中注明。

为使招标过程便利化,模板特许协议已经作为私人融资和经营公路、隧道、桥梁工程的基础。模板特许协议应具体包括延期情况和不可抗力的风险和程序,用于处理一般不反映在消费物价指数中因法律的变化所造成的成本和损失。这种变化将在经营权有效期内进行适当的调整。公路管理局应承诺:(1)给予特许公司适当的援助,以获得项目必要的政府批准;(2)对项目土地免除成本和产权负担;(3)获得有关公共设施必要搬迁的方法、成本和时间尺度的公司协议;(4)采取适当的步骤,防止路权侵犯,控制路边设施和广告材料,并在高速公路和公路设置进出口限制。

所有公私伙伴关系项目需要招标并邀请资格预审合格的投标人按照招标文件提交投标文件。投标的排名将会按照预先确定的标准,包括达到概要设计的程度,拟议的股权水平和收费标准。排名第一的投标人将有 60 天的时间来商谈可接受的特许经营协议。

国家高级管理局下设的公私伙伴关系部门负责公私伙伴关系项目的促进、推动和监督。

五、电力行业

电力是另一种基础设施行业。巴基斯坦政府自 1994 年以来一直给予国内和国际投资者巨大的财政激励。最新出台的 2015 年《电力总方针》以早期的电力政策为基础,为投资发电项目提供了有吸引力的回报。它涵盖了水电和火电项目,并优先考虑水电项目,因为其可操作性强、成本低且清洁。政府为这些项目设想了国际竞争性招标。

(一)水电项目

水电项目的获取是基于评价最低的平准关税,以及招标所规定的任何其他参数。项目建议书的取得要有可行性研究,但详细的工程设计还有待实施。该项目将授予排名最高的申请人。对于未开发的项目,政府将征求项目建议书并且授予最高排名的申请人。为实施可行性研究,主管当局将发布意向征求书(LOI)。小型水电项目可根据国家电力管理局(NEPRA)公布的前期关税制度进行审核。水电项目的实施应当基于 BOOT 或任何其他的模式,私人部门的特许经营期限为 30 年,之后该项目将以名义金额(卢比)计算转交给省政府。

企业用水收费是 0.425 卢比/千瓦时,由经营水电项目的私人部门向项目所在省支付。这个费率每五年审查一次。电力采购方(政府)将承担水电项目的可用性风险,按照月平均水文,每月固定向项目公司支付费用。

(二)火电项目

火电项目的获取是基于评价最低的平准关税,或者 NEPRA 确认的前期成本或按基础关税的折扣征收。

(三)关税结构与激励机制

关税将分为两部分:能源购买价格和容量购买价格。能源购买价格包括燃料成本和水的使用费,由 NEPRA 规定的可变的 O&M 和任何多变要素决定。能源购买价格将根据千瓦时(Rs./kWh)的量在交货点支付。容量购买价格包括固定的 O&M、股本回报率、债务、保险、营运资本的成本,以及任何由 NEPRA 确定的固定成本。

为减轻汇率变动风险,允许对美元、英镑、欧元、日元的汇率变动进行专门调整。允许对上述货币的相关债务服务进行调整。也可允许调整地方通货膨胀、对外通货膨胀和利率变动。

项目的融资将以股权和债权的形式,由资助方进行安排。最低股本为 20%,最高为 30%。但是如果股权大于资本成本 30%,超过 30%的股权将被视为负债。

对于私人和公共合作的电力项目而言,为消除旷日持久的谈判,政府必须制定《标准化实施协议》(IA)和《购电协议》(PPA)。

政府将确保电力购买者的支付义务,如果购买者是一个联邦实体。政府还应根据《标准化实施协议》确保省级政府的支付义务。政府还应当对《标准化实施协议》中所包含的不可抗力事件提供保护，以及对税收及关税的变化进行保护。

项目公司有权按照《购电协议》以 3 个月 KIBOR 利率附加 200 基点延迟支付利息。

关税中具有吸引力的股权和内部收益率应得到 NEPRA 的允许。

免征个人所得税可以适用于新的独立发电厂和公私伙伴关系项目，以及已经营运中的独立发电厂的扩建项目。电力项目的赞助商不允许以 5%的优惠关税率进口非本地制造的工厂和设备。对进口货物不征收营业税或所得税。

允许 100%外资所有权的公司进驻。

第六章　巴基斯坦劳动法

一、简介

巴基斯坦劳动法体系非常完整，联邦和各省都有劳动法规。1973 年《宪法》规定了劳动者的权利。第 11 条禁止一切形式的奴役、强迫劳动，禁止雇用 14 岁以下的儿童从事矿井及其他危险的行业。《宪法》第 17 条规定了公民的自由结社权。第 25 条规定了法律面前人人平等权，禁止性别歧视。2010 年第 18 号宪法修正案赋予四个省份劳动法立法权。目前该四省份均有各自的劳动法规：2010 年《旁遮普劳资关系法》、2013 年《信德劳资关系法》、2010 年《开伯尔-普什图劳资关系法》和 2012 年《俾路支省劳资关系法》。

应当指出的是，2012 年《劳资关系法》仍属于联邦级别立法，适用于首都伊斯兰堡和跨省机构和行业。巴基斯坦的劳动法有效地防止了企业对劳动者不公正的剥削，也促进了工厂和商业机构内公平的劳动关系。

二、巴基斯坦与劳动相关的法律

（一）2012 年《劳资关系法》

该法规定了在首都伊斯兰堡和跨省机构（跨省机构是指在两个省以上的地方设有分支）组建工会、改善雇主和工人之间关系的相关规定。该法所称的劳动者是指从事具有重复性特点的非技术行业、半技术行业或技术行业的手工劳动者或者非手工劳动者。本法不包括从事管理、行政或管理行业的工作人员。2012 年《劳资关系法》允许劳动者建立和加入协会。规定了注册工会的条件和最低要求。

如果一个机构内有不止一个工会，该法规定可以设立集体谈判代理机构进行协调。该机构内设立的集体谈判代理机构有权就就业问题与雇主商谈，可以代表全体劳动者，也可以作为任何劳动者的代表商谈任何事情，或者进行司法程序。依据《劳资关系法》的规定，代理机构有权发布罢工通知并宣布罢工。根据《劳资关系法》规定设立全国劳资关系委员会(NIRC)，该委员会由包括主席在内的10位成员组成。全国劳资关系委员会可以裁决在伊斯兰堡发生的工业争议，要么争议事项的当事一方是工会或多个工会，并且争议事项不能是纯本地性质，要么争议事项是政府机构认为关乎国家利益且涉及该政府机构。全国劳资关系委员会有权注册成立机构或联合机构的工会，或全行业工会。

(二)各省劳资关系法

如上所述，四个省份都有各自的劳资关系法。2010年《旁遮普劳资关系法》规定劳动者有设立工会的权利，规定雇工不少于50人的机构的员工可以在无须获得授权的情况下设立或者遵照组织规则加入工会。规定了省内工会注册登记的条件。规定了集体谈判代理机构的任命以及其权利和义务。还规定设立劳动法庭裁判劳资纠纷。2010年《开伯尔-普什图劳资关系法》参照了《旁遮普劳资关系法》，两部法律非常相似。与开伯尔-普什图省和旁遮普省劳资法不同，俾路支省和信德省的劳资关系法规定设立国家劳资关系委员会。由于这些法规是2010年宪法修正案后制定，这些省级法规的内容存在相当大的缺陷、歧义和重叠。

(三)1923年《工人赔偿法》

本法规定了雇佣关系存续期间发生意外或死亡的赔偿方式。附表2明确了哪些人员属于可以适用本法的受雇者范畴。所有类型的工业或商业企业、铁路、矿山和其他类似的陆路运输服务业都适用本法。在雇佣关系存续期间，雇员在从事职业活动过程中致人损害的，雇主应承担伤害赔偿责任，但在事故发生时雇员处于醉酒状态，或者雇员故意不听从安全指令、不遵守安全须知，甚至故意拆掉或不使用安全装置或其他为雇员提供的安全防护装备的，雇主免除责任。如因该事故致死或造成雇员永久性完全丧失行为能力的，雇主须一次性支付该雇员家属20万卢比。

附表3对在雇佣期间发生的应由雇主对雇员承担责任的职业病给出了详细清单，但须在雇佣合同中列出职业病责任条款。

如果受害雇员已经就该损害提起民事诉讼，那么该法将不再适用。同样地，如果受害雇员根据本法提起损害赔偿，或者雇员与雇主之间已经就损害赔偿达成协议，则不能再提起民事诉讼。

(四)1968 年《工商就业条例》(常规条例)

本常规条例制定的目的在于提高巴基斯坦工商业雇员的最低保障标准。本条款适用于雇用员工 20 人以上，或者在过去 12 个月内曾经有超过 20 名员工的企业。本条例不适用于由联邦政府或者省级政府主导开设的工商企业，该类工商企业由特定法规规定其运营、服务和操作。

本常规条例的第 2A 条要求在每个雇员受雇、调动及升迁时，都须给该雇员出具书面材料列明受雇的条件和条款。同样地，所有级别员工的工作时间和合同期限都须用员工的主要语言乌尔都语详细载明，并张贴在企业正门的告示板上。本条例也明确规定假期和发放薪酬的日期需张贴在企业的显眼位置。本条例对雇主须将支付给不同级别工人和不同等级工作的工资等级制度进行说明也有规定。

50 人以上的工厂，必须设置组织激励机制，用以激励员工生产的积极性。这套机制必须制定评估方法用以评估不同组别工人的表现。激励方式可以采取发放额外工资或者带薪假期的方式，或者两者兼具的方式进行。[①]

本常规条例对离退薪金也进行了规定。离退薪金是对工人离职(通过辞职、退休、死亡或终止服务)以及服务周期的“一次性给付”。离退薪金是对于工人过去提供服务的补偿。这是对于一定时间段内优良、高效及诚信服务的奖励。根据本常规条例第 12(6)条，离退薪金的支付基于“服务满一年，或超过六个月的实际工作时间”。因此，假如一位工人本年度工作时间不到六个月，那么本年度他将无权获得离退薪金。为期六个月的规定同样适用于工作首年度。例如，如果七个月后工人辞职或终止服务，那么他将有资格获得一年的离退薪金。但如果终止服务是由于不当行为，则无权获得离退薪金。离退薪金的计算方式是“每满一年或超过六个月的实际工作时间支付 30 天薪金”。

《雇佣赔偿法》对于自然死亡与残疾，以及由于意外事件导致的死亡和伤害的赔偿办法未进行规定，雇主须为长期雇员就此类事项进行投保。就该类投保事务，雇主应责无旁贷地支付保险费以及与该类投保有关的管理费用。保险金额不得少于 1924 年《工伤赔偿法》附表 4 所规定的赔偿金额。

---

① 《工商就业条例》(常规条例)第 10A 条。

除不当行为外的其他原因，雇主有意终止雇佣合同，须提前一个月告知雇员。终止合同时须出示书面材料并说明终止原因。如果雇员行为不当，雇主可以不用支付赔偿金而解雇此人。不当行为包括故意不听从或者有意违抗指令、盗窃、欺诈或不诚实、故意损坏或丢弃雇主的物品或财产、收受贿赂、行贿、进行非法金钱交易、习惯性违反工商业适用法规、无故旷工、非法罢工、怠工等等。当然，每一个雇员都应该有申诉的机会。

（五）1965 年各省《雇员社会保障条例》

本条例规定了社会保障制度，在疾病、生育、受伤或死亡事件发生时，社保基金对特定员工或其家属进行补偿。本条例规定巴基斯坦的每个省建立雇员社会保障机构。雇主须每月向社保基金缴纳雇员工资的 6%。社保基金由社保机构管理，社保基金用于支付疾病津贴、生育津贴、丧葬费、工伤残疾补助及抚恤金等。本法规定了申诉程序，雇主和雇员可以向社保法庭对社保机构的决定提出申诉。而对于社保法庭的判决或决定的申诉，可以向高等法院提出。

（六）1934 年《工厂法》

该法的立法目的是保护工厂的劳动者。对于工人的健康、安全以及福利，该法都制定了详细的条款进行规制。其中有关健康和安全的条款涉及清洁、废物处理和污水、通风和温度、粉尘和烟雾、居住环境、照明权、饮用洁水以及盥洗权等。《工厂法》对于下列事项也有详细的规定：预防和防范传染性和感染性疾病、强制接种疫苗、火灾预防措施、机械装置的安全防护、近距离接触运作中的机械、停止机械运作、自动机械以及新机器装箱等。《工厂法》是管理雇佣关系的核心法规，通常是被严格执行的。为了监督《工厂法》的实施，政府委任监督员到工厂实地检查，视察经营场所，包括厂房和机械设备。

根据本法，不能要求或允许企业成年工人一周工作时间超过 56 个小时。而每周一次的假期规定是强制性的。任何工人都不能被要求在一家工厂一天工作超过 9 小时，但在季节性工厂成年男性工人可以一天工作 10 小时。

在一家工厂已经连续工作 12 个月的工人，在随后的 12 个月里可以连续放假 14 天。

（七）1936 年《工资支付法》

本法对特定企业雇员的工资发放机制进行了规定。每一个工人的工资发放必须在一定期限内且不得超过一个月。本法禁止从雇员的工资中扣减费用，除非扣减的费用是本法允许的下列情况：罚款、失职、损害或丢失明确委托给雇员保管的货物；或为金钱上的损失等。本法的实施是由《工厂法》第10条委任的监督员监督执行。

（八）1961年《最低工资条例》

该条例对特定工业组织工人的最低工资进行了规定。该条例规定在省内创设一个最低工资委员会。该委员会的职责是就受雇于工业组织中的成年非技术工人以及未成年工人的最低工资水平向政府提出建议。该委员会也可以根据工作的性质和其他因素对于不同行业提出不同工资的建议。只有省政府有权利宣布特定行业的最低工资。在旁遮普省、俾路支省和信德省，非技术型工人的最低工资标准是1.3万卢比，而开伯尔-普什图省是1.2万卢比。

（九）1973年《雇员救济法》

该法规定为了帮助雇员缓解通货膨胀带来的压力，可以给雇员发放救济金。自该条例于1973年8月颁布以来，针对通货膨胀带来的生活成本的增长，根据本法规定，政府已多次不定期地给雇员发放了救济金。

（十）1968年《公司利润法》

本法的目的是保障工人参与公司利润分配。本法设立了职工参与基金，适用本法的公司须每年向该基金缴付公司利润的5%。该基金由公司与工人各自代表组成的信托管理委员会负责管理。本法适用于有50名及以上员工的公司，且该公司会计年度最后一天的已缴资本达到200万卢比及以上①，或公司的固定资产在会计年度最后一天的价值达到400万卢比及以上。② 根据本法设立的基金应当为雇员利益所用，且该基金为工人的支出应符合本法列表1的程序性规定。

（十一）1976年《雇员养老福利法》

本法对工业、商业和其他组织雇员的老年退休福利进行了规定。本法规定建立一个由信托管理委员会负责管理的雇员养老福利机构。雇主在雇员可投保的雇佣时间内应向该机构缴付相当于该雇员工资6%的薪酬。当该适格

---

① 2006年7月后注册的公司应达到500万卢比。

② 2006年7月后注册的公司应达到2000万卢比。

投保雇员领取退休金或者年龄达到60岁时,则无须再继续缴付。本法还就联邦政府的酌情补助进行了规定。本法对于被投保人的福利在于:养老金、老年补助金(当雇员无领取退休金资格时)、伤残抚恤金和被投保人死亡时的抚恤金。

(十二)1971年《职工福利基金条例》

根据本条例规定,政府设立职工福利基金。该条例要求总收入不低于50万卢比的工业组织向该基金缴付总收入的2%作为基金的资金。基金的管理机构负责分配根据本条例收集到的资金。该管理机构负责基金的行政和管理方面的开支,以及经联邦政府批准将基金的资金投资于证券。该基金的资金用途须与下列项目的融资有关:建设职工住房,其他福利措施的融资,包括教育培训、职工再培训、投资政府担保事项和非政府证券等。

(十三)1959年《巴基斯坦西部工厂餐厅条例》

这项法律的规定适用于雇佣超过250名工人的工厂。法律规定,雇主必须在工厂里或者附近开设一间非营利餐厅。该法规定餐厅需配备各类设施和设备。餐厅食物价格由集体谈判代表和用人单位代表组成的食堂管理委员会进行审批,如果委员会对食物价格不能达成一致,那么则需由工厂首席监督员进行审批。该管理委员会的职责是确保食堂提供的食品的质量和数量,以及对菜单进行管理。

(十四)1981年《残疾人就业和康复条例》

该条例就残疾人的就业康复和福利进行了规定。法律单独规定,无论何时,残疾人总数不得少于公司雇佣人员的1%。不论出于何种原因,公司雇佣的残疾人数达不到法律规定的雇佣总人数的1%,则需每月向联邦政府基金支付相当于该部分残疾人工资的金额。

(十五)1972年《雇员子女教育条例》

该条例要求征收教育税的企业的员工须在10名以上。税率是每个工作者每年100卢比。它还规定,省级政府应给企业里有两个孩子的受雇人员提供不受教育年限限制的免费教育。

(十六)1958 年《生育津贴条例》

该法适用于所有雇佣女性的工商企业,企业对于女性雇员应提供总共 3 个月的生育津贴,即产前 6 个星期,产后 6 个星期。3 个月的生育津贴金额应该等同于产妇 3 个月内的工资。法律禁止开除产假期间的女性雇员。1941 年《矿区女性哺乳福利法》对于在矿区工作的巴基斯坦女性也提供了类似的保障措施。

(十七)2010 年《工作场所女性防骚扰法》

该法规定国有与私人组织都必须建立工作场所女性防骚扰制度和程序来保护女性雇员。该法要求每个组织都须组建一个调查委员会,负责有关性骚扰的投诉。根据该法案,性骚扰指任何不受欢迎的性挑逗、性要求,口头的、书面的、肢体的性接触或性意向,并导致员工工作受到干扰、恐吓、敌意或冒犯的威胁,以及以性要求为雇佣条件或惩罚拒绝此类要求的投诉人。该法也对被告的定罪量刑进行了最高与最低标准规定,但在定罪量刑前须先进行质询,以便被告有机会替自己辩护。

(十八)1923 年《矿山法》

该法除了对矿山作业提出要求之外,还根据矿山工人的利益规定了有关的健康和安全要求。规定每个矿山都要有厕所和小便池系统。规定企业给矿井雇佣的工人们供应适合饮用的水、餐厅设施和医疗设施。规定一个工人每周在矿井中最多工作 6 天,每天在井下最多工作 8 小时。该法禁止童工在矿井中工作。根据本法任命的监督人员有广泛的执行权。

(十九)1934 年《码头劳工法》

该法的颁布主要是为了实施关于受雇于装卸船舶的劳工意外事件防护的公约。该法授予联邦政府立法权,可以制定在下列工作场所工作人员的安全防护法规:岸上工作场所,船坞、码头或埠头工作场所,或其他类似连接工作场所。该法也授予政府立法权,以制定与保护码头劳工有关的各项法规,例如在连接船只的设备上安装高效照明设施。

(二十)1991 年《童工防护法》

该法禁止雇佣儿童(未满 14 周岁)从事明确禁止的任何工作,如在铁路食堂、毛毯编织厂、水泥生产厂、建筑工地或其他建筑行业工作。

(二十一)1925年《公积金法》

公积金是由雇员与雇主出资成立的投资基金，在每位雇员退休时都可以从公积金中提取一笔钱。公积金的定义可见《公积金法》："公积金包括任何行业雇员存入该基金自有账户上的认购、存款或缴费，以及因该认购、存款或缴费依法所得的任何利息或孳息。"私营企业是否设立雇员受益的公积金采取自愿原则，然而实践中，巴基斯坦的大多数大型私人企业都为自己的雇员设立了公积金。

第七章 巴基斯坦环境法

一、简介

巴基斯坦的环境法体系完整而详细，联邦政府和省级政府都有环境立法。

2010 年，第 18 号宪法修正案赋予省级政府环境立法权，不久四个省级立法机关都通过了各自的环境法规，这四部省级环境法规与现有的联邦环境法规共同具有效力。环保法由联邦和省级环保机构监督实施。巴基斯坦的法院对环保问题积极审慎，即使是在环保法规缺失的情形下，对《宪法》第 9 条（基本人权条款）也进行了宽泛的解释，认为人权应包括免受污染的侵害，以及免受其他任何会影响生命的环境问题侵害。①

二、巴基斯坦环境保护法

（一）1997 年《巴基斯坦环境保护法》(PEPA)

1997 年《巴基斯坦环境保护法》的立法目的是保护、维护、复原和改善环境，同时也防止和控制环境污染并促进可持续发展。

巴基斯坦环境保护委员会依《巴基斯坦环境保护法》建立，并负责协调和监督《巴基斯坦环境保护法》的实施，以及负责全面的环境政策和国家环境质量标准的制定。同时，《巴基斯坦环境保护法》也创设了环境保护机构，其职责如下②：

---

① 参见 Ms. Shehla Zia and others v. WAPDA(PLD 1994Supreme Court 693)。

② 《巴基斯坦环境保护法》第 5 条。

1. 监管和实施《巴基斯坦环境保护法》及其设立的法条和法规；

2. 制定国家环保政策并征求巴基斯坦环境保护委员会的审批；

3. 采取必要措施保障巴基斯坦环境保护委员会审批通过的国家环境政策的实施；

4. 编制并出版发行年度国家环境报告；

5. 确立空气、水和土地的合格质量标准，并发布公报；

6. 建立服务、监视、监控、管理、检查、调查、研究和检查体系与程序，对预防和控制环境污染，以及处理污染的成本进行审计；

7. 颁发证书给经审批进行测试和分析的实验室，以及进行调查与研究的环境科研机构；

8. 自发或经个人、组织投诉，对环保问题进行问卷调查。

《巴基斯坦环境保护法》第 11 条规定：“任何人不得释放、泄漏或允许释放、泄漏任何总量及浓度水平超过国家环境质量标准的废水、废弃物、空气污染物以及噪声。”根据第 12 条，当开展的工程有可能会引起或造成环境影响时，工程于动工建设前须报备受巴基斯坦环境保护机构监管的政府部门，或者由省级环保机构进行环境影响评估。环境首次监测一旦提交，政府环保机构必须要么依据《巴基斯坦环境保护法》的标准进行审核和批准，要么要求工程负责人提交环境影响评估。当环境影响评估提交后，政府保护机构须无条件或在一定条件限定下审查，如果其认为工程与环保法相抵触，则可否决。

环境影响评估须有公众的参与，便于公众知悉项目完整信息。政府机构必须在初步环境检查或环境影响评估之日起 4 个月内告知审查结果，否则初步环境检查或视情况而定的环境影响评估在不违反 1997 年《巴基斯坦环境保护法》的规定以及根据该法制定的规则和条例的范围内，可以获得批准。①

法律禁止将危险废物进口到巴基斯坦。② 任何人不得在没有取得环境保护机构颁发的许可证的情况下生产、收集、交付、运输、处理和处置任何有害物质。③ 同样地，任何人不得驾驶尾气排放水平超过国家环境质量标准的机动车辆。④

根据第 16 条，如果《巴基斯坦环境保护法》或省级环境保护机构确信，任

---

① 1997 年《巴基斯坦环境保护法》第 12 条。

② 同上，第 13 条。

③ 同上，第 14 条。

④ 同上，第 15 条。

何废水、废物、空气污染或噪声的释放，废物和危险物质的处置，任何其他作为或不作为行为可能发生或正在发生，并且可能造成对环境不利的影响，环保局或省级机构可在给予负责排放、处置、处理、作为或不作为的人陈述意见的机会之后，指示该当事人采取以下措施。

1. 立即停止作业，防止、减少和控制排放、泄露、处置、处理的作为或不作为行为，尽量减少和补救不利的环境影响；

2. 安装、更换可供选择的任何设备设施，永久或暂时消除、控制和减轻排放、泄露、处置、处理、作为或不作为行为；

3. 采取行动处理废水、废物、空气污染物、噪声及其他有害物质；

4. 采取行动恢复环境至排放、处置、处理、作为或不作为行为之前的状况，或者尽量接近可接受的合理状况，或者符合联邦机构或省级机构的环保标准。

《巴基斯坦环境保护法》第 17 条规定了违反本法以及国家环保机构和省级环保机构制定的法规的处罚措施。处罚范围从罚款到监禁，关闭工厂，没收机器设备、交通工具、材料、原料及文件。环保机构也有可能下发企业自费恢复环境的命令。凡有公司违反《巴基斯坦环境保护法》，如经证实是经该公司的董事、合伙人、经理、秘书或任何其他职员的同意、默许或者疏忽大意，该董事、合伙人、经理、秘书或其他职员应与公司承担连带责任并受处罚。

《巴基斯坦环境保护法》设立了环保法庭审判违反《巴基斯坦环境保护法》第 17(1)条的违法行为。环保法庭拥有与根据 1898 年《刑事诉讼法》设立的审理法庭一样的权利。环保法庭能够审查环境保护机构或者省级环保机构的上述决定。① 而对于环保法庭判决的上诉审理权归属于省级高等法院。

联邦政府有权制定法规实施《巴基斯坦环境保护法》，环境保护机构经联邦政府同意后有权制定规章实施《巴基斯坦环境保护法》。

(二)2000 年《环境保护评估条例》(IEE)和《环境影响评估条例》(EIA)

这两个法规规定对于需要提交环境保护评估的项目，当事人须向联邦环保机构提交环境保护评估。需要提交环保评估的项目如下：

A. 农业、畜牧业和渔业等

i 总成本超过 1000 万卢比的家禽、家畜、马场和养鱼场；

---

① 1997 年《巴基斯坦环境保护法》第 20 条和第 22 条。

ii 项目涉及改装、配制或农产品仓储。

B. 能源

i 水力发电不足 50 兆瓦；

ii 火力发电不足 200 兆瓦；

iii 传输线小于 10 千伏的大型配送项目；

iv 石油和天然气传输系统；

v 石油和天然气开采项目，包括勘探、生产、采集系统、分离和储存。

C. 生产和加工

i 陶瓷和玻璃，总成本超过 5000 万卢比；

ii. 总成本小于 1 亿卢比的食品加工行业，包括糖厂、饮料、牛奶及乳制品；

iii 总成本不到 1 亿卢比的人造纤维和树脂项目；

iv 总成本超过 2500 万卢比的服装生产，包括染色和印花；

v 总成本超过 2500 万卢比的木制品。

D. 采矿和矿物加工

i 不在附表 2 中且总成本小于 1 亿卢比，进行商业开采的砂石、石灰石、黏土、硫等矿物质；

ii 粉碎、研磨和分离过程；

iii 总成本不到 5000 万卢比的冶炼厂。

E. 运输

i 总成本不到 5000 万卢比的联邦或省公路（除维修建筑或改造现有碎石道路）；

ii 不足 500 吨的船舶货装和港口发展。

F. 用水管理、水坝、灌溉和防洪

i 水坝和水库储存容积小于 5000 万立方米或表面积小于 8 平方千米；

ii 15000 公顷以下土地的灌溉和排水项目；

iii 成本不到 5000 万卢比的小型灌溉系统。

G. 水的供应和处理

供水厂与处理厂的总成本小于 2500 万卢比。

H. 废物处理

国内生活或工业废物的废物处理设施，年生产能力低于 10000 立方米。

I. 城市的发展和旅游

i 住房计划；

ii 有显著的外部影响的公共设施，例如医院废弃物；

iii 城市发展项目。

J. 其他项目

任何其他在环境保护工程师协会备案的项目都要按照联邦机构第 5 条准则里的第 2 条代替准则的要求来处理。

同样，这两个法规也在附件 2 中详细列出了需要提交环境影响评估的项目，主要如下：

A. 能源

i 水力发电超过 50 兆瓦；

ii 火力发电超过 200 兆瓦；

iii 传输线（此处为 10 千伏及以上）和输电网站；

iv 核电厂；

v 石油炼油厂；

B. 生产和加工

i 水泥厂；

ii 化工厂；

iii 化肥厂；

iv 总成本超过 1 亿卢比的食品加工行业，包括糖厂、饮料、牛奶及乳制品；

v 工业区（含出口加工区）；

vi 总成本超过 1 亿卢比的人造纤维和树脂项目；

vii 农药（制造或配方）；

viii 石油化工合成；

ix 总造价超过 1000 万卢比的合成树脂、塑料和人造纤维、纸和纸板、纸张纸浆、塑料制品、纺织品（服装除外）、印刷和出版、涂料、染料、油脂和蔬菜等项目；

x 制革和皮革精加工工程。

C. 采矿和矿物加工

i 开采和加工煤、金、铜、硫和宝石；

ii 开采和加工主要有色金属，以及钢铁冶炼；

iii 总成本在 5000 万卢比以上的冶炼厂。

D. 运输

i 空运；

ii 总成本在 5000 万卢比以上的联邦或省高速公路、主要道路（除维修、改造现有道路）；

iii 船舶的货装和港口规模的总吨数超过 500 吨。

iv 铁路工程。

E. 水资源管理、水坝、灌溉和防洪

i 水坝和水库的存储在 5000 万立方米以上或表面积在 8 平方千米以上；

ii 排灌工程项目在 15000 公顷以上。

F. 供水和水处理

供水方案和处理厂的总成本在 2500 万卢比以上。

G. 废物处理

i 废物处理、危险或有毒废物的存储，包括填埋场和医院有毒废物的焚烧；

ii 国内或工业的废物处理设施年生产量超过 10000 立方米。

H. 城市发展与旅游

i 土地利用的研究和大城市的城市规划；

ii 总成本超过 5000 万卢比的大型旅游开发项目。

I. 环境污染易发区

所有项目都位于环境污染易发地区。

J. 其他项目

i 依据法规第 5 条第 2 款，需要向联邦环保机构提交环境影响评估的其他项目；

ii 任何其他可能导致不利环境影响的项目。

除上述规定的范畴，有可能给环境造成不利影响，或者环境保护机构在颁布的建设和操作指南中指出需要评估的项目，都需要企业提交环境影响评估。环境保护机构会在指南中要求企业准备环境保护评估和环境影响评估报告，在指南中对不同特殊项目用不同章节进行具体规定。

环境影响评估中公众参与是强制性的，巴基斯坦环境保护机构需要在报纸上刊登公告，内容涉及项目的类型、确切位置、名称和发起者的地址，以及取得环评结果的方式。公告内容还应当说明听证会的日期和时间。环境保护机构审查环境保护评估或环境影响评估，须基于对该项目发起者提供的数据和文件进行定量和定性分析。通过审批的环境保护评估或环境影响评估，除了需要满足环境保护机构的要求外，也必须是能够指导项目设计和建设的。任何时候，如果收集到的信息显示项目不能达到审核标准，或者已通过审批的环境保护评估或环境影响评估的发起者提供的信息有误，在听取发起者的解释后，环保机构可以决定是否撤销通过的审批。

(三)2001年《环境样品法规》

当出现违反《巴基斯坦环境保护法》的行为时，环境保护机构即可根据《环境样品法规》的规定开展样品检验程序。如果经授权的人士基于合理理由认为存在违反《巴基斯坦环境保护法》的行为，则可以开展调查程序并强制采取措施。获授权人有权进入和视察经营场所，检查机械及设备，带走文件和档案。获授权人可以带走任何基于合理理由涉及或证明违法行为的文件。当然，如果会影响该场所的生产和经营，他不能带走该文件，除非事先获得了具有管辖权的环保法庭或环境检察机关的书面许可。带走样品的获授权人须当着样品所有人的面将样品分为三份。第一份妥善包装和密封交予样品所有人。第二份须妥善包装和密封并于48小时内送到环境实验室进行检测和分析。第三份须由该获授权人保存以便日后检测和分析。一旦收到的环境实验室的报告显示所有人违法或者犯有环境污染罪，获授权人须向环保法庭或者环境检察机关提出申诉。只有环保法庭能够审理违反《巴基斯坦环境保护法》第11条规定的释放废水、废物、空气污染及噪声污染的犯罪行为。

(四)2000年《国家环境质量标准法》(环境实验室检测合格证书)

本法相关法条规定了颁发环境实验室检测合格证书的标准。如果达到《国家环境质量标准法》第5条和第9条的要求，环境保护机构作为权威机构可以向环境实验室颁发此项证书。

(五)2001年《国家环境质量标准法》(工业自我监测报告)

本法相关法条规定，所有工业单位有责任向环境保护机构提交准确及时的环境监测报告。根据工业单位所属的是A类、B类还是C类的不同，提交此项环境监测报告的时间略有不同。

(六)2001年《工业污染处理法》(收费规定)

本法规定了个人违反《巴基斯坦环境保护法》第11条第2款的排放和泄漏禁止性规定的排污收费机制。根据本法第6条，排污费用须按照本法附表3所示的比例和升级表，将污染水平与实际支付期间的产量相乘，并按照每年污染单位的适用费率计算。

(七)2005年《国家环境环保政策》

2005年《国家环境环保政策》提出了解决巴基斯坦面临的环境问题的总体框架。目的是保护、保存和恢复巴基斯坦的良好环境，通过可持续发展提高公民的生活质量。该规则规定了水供应和管理，空气质量和噪声，废物管理，林业，生物多样性和保护区，气候变化和臭氧消耗，能源效率和可再生能源，以及农业和畜牧业等部门的指导方针。为了实现《国家环境环保政策》的目的，本法还规定了相应的政策。这些政策的目的是妥善处理下列问题：在政策制定和实施过程中整合环保问题，促进各级不同环境保护机构的发展，加快环境财政预算改革，如减少清洁能源和技术的贸易壁垒，为私人和公共部门遵守环境法律和标准提供激励措施，通过环保教育提升公众环保意识，以及鼓励全民参与环保事业。

(八)2005年《巴基斯坦生物安全法》

本法规定设立国家生物安全委员会，负责对活性改良有机体、物质、细胞以及由此出现的产物的风险评估和贴标设定标准和操作程序。它还负责审批进口、出口或商业使用活性改良有机体的申请。本法还规定了设立技术咨询委员会，就生物安全问题为国家生物安全委员会提供咨询。任何人如果未取得巴基斯坦环境保护机构颁发的许可证而进口、出口、销售、购买或交易活性改良有机体、物质、细胞及产品，则属犯罪。

(九)1860年《巴基斯坦刑法》下位法——《环境保护规定》

根据《巴基斯坦刑法》第277条，故意污染公用水源或水库使其不能正常使用的，即属犯罪。对于这项罪行的惩罚可以是3个月监禁，可以是1500卢比的罚款，也可以是两者并罚。根据第278条，任何人在任何地方对大气造成污染，并使得居住于周边的或在周边工作的健康人群，或者使得通过公共高速路段的健康人群的健康受损，亦属于犯罪。对于此项犯罪的惩罚是处以1500

卢比的罚款。

(十)2000年《化学武器公约执行条例》

《化学武器公约执行条例》引入了公约的禁止条款,禁止发展、生产、储存和使用化学武器及化学武器的销毁物。根据《化学武器公约执行条例》第3条的规定,任何人不得开发、生产或以其他方式命令、储存、保有化学武器,以及直接或间接转让化学武器。

(十一)各省环境保护机制

2010年宪法修正案规定环境保护由各省负责,巴基斯坦四个省份都已制定各自的环境保护法规:2012年修订的《旁遮普环境保护法》,2014年《开伯尔-普什图环境保护法》,2012年《俾路支环境保护法》,2014年《信德环境保护法》。

《旁遮普环境保护法》具有以下显著特点:

1. 规定设立旁遮普环境保护委员会,负责协调监督省级法案的实施;

2. 规定设立省环保机构,负责省立法的实施和执行;

3. 和联邦环境机构一样,省环境保护机构可以质询和调查有关环境保护的问题;在取得环保法庭或环境监管机关发出的特许状后可以进入项目场所检查;带走任何材料、产品、物品的样本;在认证的实验室安排测试和样品的分析;在不知道谁是犯罪人或找不到犯罪人时,没收犯罪工具;

4. 规定设立省级可持续发展基金;

5. 规定禁止释放任何超过《旁遮普环境质量标准》(PEQS)规定浓度水平的废水、废物、空气污染物或噪声;

6. 与《巴基斯坦环境保护法》一样,规定了环境保护评估和环境影响评估;

7. 规定省环保机构有权颁发环保规章以防止排放、释放、处置、处理、作为或不作为的行为造成的任何不利的环境影响;

8. 规定设立环境法庭及其处罚标准等。

《信德环境保护法》(2014年)、《开伯尔-普什图环境保护法》(2014年)和《俾路支环境保护法》(2012年)在概念和体制框架上都很相似。《俾路支环境保护法》(2012年)已就电子废弃物的处理作出规定。

三、巴基斯坦法院关于环境法的重要判决

Shehla Zia 案是涉及环境法基本权利最著名的，同时也许是最重要的案例[①]，在本案中，巴基斯坦最高法院认为《宪法》第 9 条中规定的生命保障权应包括生存权的所有方面。上诉人认为在居民区附近设立输电站会影响居民的健康，最高法院判决认为保持生活质量的权利应是免受电磁场的危害或任何其他来自发电厂、输电站及诸如此类设施的危害。最重要的是，最高法院认为当居民生活质量下降时，生活质量受到不良影响时，以及出现影响大多数人民健康的危害时，最高法院可以直接进行干预并采取救济措施。

在 General Secretary, West Pakistan Salt Miners Labor Union (CBA) Khewra, Jehlum v. The Director, Industries and Mineral Development Punjab, Lahore 案件中[②]，上诉方试图寻求最高法院的直接干预来实现居民享有干净和不受污染水源的权利。上诉方忧虑的是矿工们被允许在集水区、河道和水库附近作业，这样一来管道将会受到污染。最高法院认为水是生存的必需品，如果污染将严重威胁到人类的生存，暴露在这种危险情况下的人都有权要求生存的基本权利。

在 2005 年第 10 号案件 Suo Moto 案中[③]，巴基斯坦最高法院一位法官发布了一项禁止令以阻止大规模的林木采伐运动，该运动是为了配合建造穆里新城项目，需要在 1886 年就已被宣布为森林保护区的帕塔瑞塔森林中建造一个旅游景区。政府终止了此项目并承认此项目会造成环境灾害。最高法院 2016 年又要求旁遮普环保官员提供合规报告，因为最高法院收到投诉称该项目相关工作并未完全停止。[④]

在 Syed Mansoor Ali Shah v. Government of Punjab[⑤] 案例中，拉合尔高等法院在处理机动车排放导致空气污染问题的同时，指示政府采取法庭任命

---

① PLD 1994SC693.

② 1994 SCMR 2063.

③ Suo Moto 案是由一位法官自发发起的司法调查，该法官并未向法院提出司法协助的申请。巴基斯坦的司法系统大量引用了该案。

④ 参见"Ban on New Murree City Project: Supreme Court Seeks Compliance Report from Punjab Environment Officers", The Express Tribune, 12 April 2016。http://tribune.com.pk/story/989727/ban-on-new-murree-city-project-supreme-court-seeks-compliance-report-from-punjab-environment-officials.

⑤ 2007 PLD Lahore 403.

的委员会的建议。法院就委员会的建议下发令状，指示省政府和联邦环境保护机构严格执行。这些建议涉及引进符合国家环境质量标准或欧II标准的公交车作为公共交通工具，并在两年内逐步淘汰现有的公交车，车龄10年的公交车严格禁止再次注册。此外又制定了《周边环境空气质量标准》《机动车排放标准》《燃油标准》等。

除了Suo Moto案(直到2011年9月15日结案)①，另一著名的环保案例为"拉合尔拓宽运河砍树案"，本案法院认为拉合尔运河周边的绿化带是公共信托资源，除非为了公共利益，不能为私人使用或者用于其他用途。法院允许在受限的范围内拓宽河岸路面宽度，并须遵照专门为了该运河拓宽项目而成立的调解委员会的建议。法院引用了国外的一些先例和学者文章，特别是大卫·塔卡克斯教授关于美国司法就公共信托理论的学说，包括三个重要因素：(1)作为公共利益服务的资源由国家信托管理；(2)公众有权保护这些国家信托管理的资源；(3)而当法院否决民选官员的行为时，看似可能颠覆民主，实际上这样的司法行为是通过保护全体人民享有的权利而服务于民主。

---

① 参见 http://www.supremecourt.gov.pk/web/page.asp?id=798。

第八章　巴基斯坦仲裁法

一、简介

司法独立由《宪法》明文规定，司法活动不受政府行政部门的干预和管控。巴基斯坦的法律体系结合了伊斯兰法律体系和英国普通法的西方法律体系的特点。[①] 无论是国内还是国外的实体在巴基斯坦均不受歧视，在各级法院亦会受到平等的对待。巴基斯坦的仲裁法详细地规定了国内仲裁程序。巴基斯坦最近公布的国内法承认并执行《联合国承认与执行外国仲裁裁决公约》，即1958年《纽约公约》和《国际投资争端解决公约》(ICSID)。除了个别例外，巴基斯坦的法院承认国际仲裁条约中的普遍条款的有效性，包括当事双方自由选择外国仲裁庭的条款。

二、巴基斯坦的法院系统

(一)巴基斯坦最高法院

巴基斯坦最高法院是国家最高法院，其对省级政府间的争议具有一审判决权，这是其他任何各级法院所不具有的管辖权。根据《宪法》第184(3)条，对于行使《宪法》第二部分第一章规定的基本权利而引起的公共利益问题，最高法院具有管辖权。对于高等法院的判定、裁定、终审判决或决定的上诉，最高法院可以进行听证并裁决。最高法院管辖权范围也包括对服务法庭决议的

---

① Herber M. Kritzer, Legal Systems of the World, A Political, Social and Cultural Encyclopedia, Vol. Ⅲ, ABC-CLIO, 2002.

上诉(服务法庭排他管辖涉及公务员、政府、国家机构及依法存在的实体雇佣人员的责任条款事项)和对选举法庭决议的上诉。最高法院常设地在伊斯兰堡,其余四个分部设在省会拉合尔、卡拉奇、白沙瓦和奎达。最高法院的裁定对所有法院具有约束力。

最高法院由 1 位首席法官和 16 位高级法官组成,根据《宪法》第 175A 条规定,最高法院法官须经司法委员会推荐,由总统指定,并得到议会委员会的审核批准。法官一旦被任命,则直到 65 岁才会退休,当然由于身体、精神原因,或行为不当导致不能够胜任职责时,法官会被司法委员会免职。

(二)巴基斯坦省级高等法院

巴基斯坦的每个省都有一个省级高等法院,具有一审判决权与上诉受理权。与其他各省不同的是,伊斯兰堡首都设有一个单独的高等法院。每个高等法院都有 1 位首席大法官主持,且每个高等法院的法官数量各有不同。高等法院在其管辖的省内各个城市均设有法院部门以便更好地保障公平正义。虽然法院的管辖权没有按可受理案件的性质进行明确划分,但是法院部门按照民事、刑事、公司法以及税法进行了专业划分。根据《宪法》第 199 条,省高等法院对于行政行为拥有广泛的司法审查权利;可以发出责令状、训令状、禁令状、调卷令和人身保护令状;还负责《宪法》第一章规定的基本权利的保障。

(三)联邦伊斯兰法院

巴基斯坦的联邦伊斯兰法院有权决定法律条文是否与《古兰经》及圣训中阐明的伊斯兰教义相抵触,并有权对巴基斯坦刑事法院做出的相关伊斯兰判决进行修正。巴基斯坦最高法院有权受理针对联邦伊斯兰教法院判决的上诉。

(四)巴基斯坦司法委员会

巴基斯坦司法委员会是根据《宪法》第 175A 条设立的宪法机构,其成员为巴基斯坦首席大法官,4 名最高法院的高级法官,1 名巴基斯坦法院前首席大法官或最高法院前法官,法律与联邦司法部长,巴基斯坦司法部长、巴基斯坦最高法院资深人员。下列法官的任命须由相关执委会提名:高等法院法官、司法委员会成员中的高等法院首席大法官、高等法院高级法官、省级法律部部长和在高等法院工作不少于 15 年的资深人员。联邦伊斯兰法院的法官、司法委员会成员中的联邦伊斯兰法院首席大法官,以及联邦伊斯兰法院高级法官的任命须经巴基斯坦司法委员会的提名，并提请巴基斯坦参议院议员和国会成员组成的议会委员会审批。

（五）地方法院

各地方（行政区划）设有司法部门，由民事法官和地区庭审法官组成。所有民事案件均由民事法官组成一审审判庭进行审理。民事案件事项包括租赁、遗嘱认证、特殊救济、合同纠纷、家庭纠纷、监护责任。对于刑事案件，由裁判法院和独立的审理法院受理。

区法院的法官是由他们所属地的省高等法院的首席大法官任命。省内每一个区都设有一名区法官。候补区法官也须受高等法院首席法官任命，当现任区法官离退后，候补区法官继续现任的工作。巴基斯坦的民事诉讼程序受1908年的《民事诉讼法》规制。该法适用于民事法院。依据1962年的《民事法院条例》，每省可设立民事法院。

（六）刑事法院

1898年的《刑事诉讼法》对巴基斯坦的刑事诉讼制度进行了规定，而对于罪与刑罚的实体法规可见于1860年的《巴基斯坦刑法》。巴基斯坦主要刑事法院包括高等法院、审理法院、裁判法院。

任何人由审理法院判处死刑的，不得立即执行，直到该审理法院所在省级高等法院确认同意其审判结果才能执行。审理法院依地域划分设立，专门受理重大犯罪如谋杀、强奸、伤害案件。裁判法院分为三类：一级裁判法院、二级裁判法院和三级裁判法院。所有的裁判法院隶属于各自区划的审理法院。

（七）特别法院和法庭

特定的事项有专门的法院和法庭受理。金融法院专门处理银行与客户间的纠纷；类似地，也有专门的法庭受理营业税、关税、销售税和消费税案件。毒品和麻醉剂案件由独立的法院受理。同样地，也有专门处理与恐怖主义有关案件的法院。每个区还设有独立的反腐败和问责法院，专门审理腐败和滥用职权罪。这些法院和法庭都受专门的法律规制。如果有专门的程序法可以适用则适用，若无，则适用1908年的《民事诉讼法》和1898年的《刑事诉讼法》。雇主与雇员之间的纠纷由专门的劳动法院受理。

三、巴基斯坦仲裁法

(一)1940年《巴基斯坦仲裁法》

1940年的《巴基斯坦仲裁法》是规制巴基斯坦仲裁程序的最主要法规。当事方在仲裁协议条款中明确表示受巴基斯坦仲裁程序规制的，或者仲裁协议未明确规定适用的仲裁程序的而本地当事方在巴基斯坦启动了仲裁程序，以上两种情形均受《巴基斯坦仲裁法》规制。《巴基斯坦仲裁法》明确规定仲裁协议必须是可以随时提交的书面协议。换言之，仲裁协议须当事方签署才具有可强制执行力。任何对于仲裁协议或仲裁裁定的存在或者有效性的质疑都将由法院来进行裁判。[①] 仲裁协议当事方不能就仲裁员的任命达成一致意见的，任何一方均有权提请法院委任一名仲裁员。[②] 因当事方同意提交仲裁的任何事项发生的争议，一方诉诸法院的，法院有权立案受理。[③]

总体而言，因当事方事先同意提交仲裁的事项发生的争议，一方诉诸法院的，法院会受理并依据仲裁协议裁判。同样地，法院也认可选择适用外国管辖地的，或者选择适用外国仲裁法的仲裁协议。该普适原则的例外是当争议可能涉及犯罪时(腐败、欺诈，以及违反强制性法规)。当仲裁协议本身的有效性受到质疑时，巴基斯坦的法院将不会受理诉讼，尽管仲裁协议选择适用的是外国仲裁法。[④]

根据《巴基斯坦仲裁法》第11条，基于一方的申请，法院可以撤销那些失职的仲裁员，如其没能立即开展仲裁，或者仲裁出现失误。当法院撤销一名仲裁员，同时一方当事人又以书面形式提出申请时，需根据情况重新任命一名仲裁员接替。

仲裁员的权责(除非明确表达了相悖意思)：

1.管理当事方的约定和提呈的证据；

2.就案件的法律问题给出陈述；

3.出具临时裁决或终局裁决；

---

① 《巴基斯坦仲裁法》第33条。

② 同上，第8条和第20条。

③ 同上，第34条。

④ Maulana Abdul Haque Baloch v. Government of Balochistan(PLD 2013 Supreme Court 641)and HUBCO Power Company v. WAPD PLD (2000 SC 841).

4.纠正由任何工作疏忽大意或遗漏而造成的裁决文书的错误或误差；

5.当仲裁员认为有必要时，提交书面质询仲裁任一方；

6.作出临时裁决。

裁决一旦作出，仲裁员必须签署裁决，并书面通知相关当事方。仲裁裁决、任何处理情况和文件需按要求提交法院予以备案。之后法庭会给当事人发送报备的通知。[①] 当裁决内容涉及的事项不属于仲裁条款问题时，如仲裁裁决格式问题或包含明显错误但经修改并不影响裁决效力，或者仲裁裁决中出现了由于工作疏忽大意或遗漏而造成的错误或误差，法院有权修正或修改仲裁裁决。当仲裁裁决中有应当裁决而未裁决的事项时，或者仲裁裁决中对不应裁决的事项进行了裁决时，或仲裁裁决不清导致无法执行时，或对下发的仲裁裁决的合法性有明确的怀疑时，法院可以将仲裁裁决发回仲裁员。[②] 当法院无理由发回裁决或拒绝撤销裁决的申请时，须根据仲裁裁决作出宣判，并同时下发判决书，且不允许就此判决提起上诉。

仲裁裁决备案后，如果法院认为当事一方可能会采取或将要采取措施拖延或阻碍依据仲裁裁决作出的判决，或快速执行仲裁裁决是立即且必需的，或法院认为有必要时则有权下发临时裁定。[③] 根据《巴基斯坦仲裁法》第30条，基于以下一个或多个理由仲裁裁决可以被撤销：仲裁员行为不当或仲裁程序不当；根据《巴基斯坦仲裁法》第35条，裁决是在法院发布取代仲裁的命令之后作出的，或在仲裁程序已无效之后作出的；或者仲裁裁决是有瑕疵的，或因其他原因无效。

就仲裁而言，根据1908年的《民事诉讼法》，法院拥有民事法院具有的一切权利，如执行临时措施，下发临时禁止令。

（二）2011年《承认与执行仲裁协议和外国仲裁裁决法》

该法将《纽约公约》纳入到巴基斯坦法律中，同时废除了早先适用的1937年的《仲裁议定书和公约》。承认与执行外国仲裁裁决的只能是高等法院。这是一个值得欢迎的变化，因为在高等法院启动执行程序会减少一级法院程序，使执行比根据1940年《巴基斯坦仲裁法》进行的国内仲裁快得多。这个变化使得外国仲裁裁决在巴基斯坦境内具有与国内法院的判决或命令同等的效力

---

① 《巴基斯坦仲裁法》第14条。

② 同上，第16条。

③ 同上，第18条。

与执行力，对于外国仲裁裁决承认与执行的例外情况规定在《纽约公约》第5条中。

(三)2011年《国际投资争端仲裁法》

该法规定了引入实施《国际投资争端解决公约》。根据该法，承认与执行依据《国际投资争端解决公约》做出的仲裁裁决时必须报备高等法院。

四、调解

1908年《民事诉讼法》第89A条与第X号规则一并解读，其中规定了解决纠纷的替代机制。该条规定，法院认为在审查案件的事实和情节时，有必要确保案件得到迅速处理，经当事人同意，可以采用替代的纠纷解决方法，包括调解与和解。这里需说明的是，在巴基斯坦调解是最常被当事方采用的方式，也通常是当事方协议条款中的内容。

译者：贺小丽
西北政法大学外国语学院讲师

斯里兰卡

Austin Pullé教授

作者介绍

Austin Pullé是新加坡管理大学商学院法律系的法学副教授。于科伦坡大学获得法学学士学位，并于哈佛大学法学院获得法学硕士和法律科学博士学位。具有美国哥伦比亚特区和马萨诸塞州的律师执业资格，且是澳大利亚新南威尔士最高法院的律师。澳大利亚昆士兰大学外国和比较法研究所高级研究员，美国律师协会国际法部门的成员，奥地利萨尔茨堡国际法律研究中心的成员。

在开始教学生涯前，他曾是一名律师，从事跨境商业交易的法律工作，包括外国直接投资、石油和天然气交易、离岸贷款和安全及基础设施项目。他是雅加达一家业内领先的律师事务所的第一位外籍法律顾问，在波士顿、华盛顿特区和悉尼的律师事务所担任律师，是一项由亚洲开发银行资助的巴基斯坦商业法改革项目的国际顾问。

他在新加坡南洋商学院全职授课，并在菲律宾马尼拉La Salle商学院兼职教学，主要研究跨境商业纠纷解决和东盟、南亚商业法的改革。

概　述

一、地理环境及历史

“斯里兰卡”语意为光明富饶的乐土。这一词组的由来可在蚁垤的《罗摩衍那》中的海伦与特洛伊式的故事中找到线索。这个海伦与特洛伊式的故事讲述的是一场为救回被绑架到了 Lanka 的印度公主 Sita 而进行的战争。有人认为现斯里兰卡的所在地即为《创世记》中所提到的伊甸园的位置，也就是亚当和夏娃被驱逐的地方。如今，在该区域的地图上，斯里兰卡的西北方向仍有一个岛屿链被称为亚当桥。斯里兰卡旧时被希腊人称为 Taprobane，阿拉伯人称之为 Serendib，荷兰语叫作 Zeiland，而英语称之为 Ceylon。直至 1972 年国家颁布了新《宪法》将国名改回为斯里兰卡。斯里兰卡的全称为斯里兰卡民主社会主义共和国。

斯里兰卡位于东经 79°42′到 81°52′，北纬 5°55′到 9°50′，赤道以北 650 千米。以 32 千米宽的保克海峡为界与南印度隔海相望。岛屿面积 65610 平方千米(陆地面积为 62705 平方千米)，南北长为 430 千米，东西宽为 225 千米。斯里兰卡与任何国家不存在领土纠纷，但其与印度泰米尔纳德邦关于印度渔民在保克海峡的 Katchatheev 岛西北海域内非法捕鱼的问题仍待解决。斯里兰卡曾要求印度泰米尔纳德邦“归还”被印度渔民非法侵占的海域，但印度中央政府及最高法院并没有支持这项诉求。

科伦坡市是一个位于斯里兰卡西海岸的港口城市，是斯里兰卡的经济中心，也曾经是斯里兰卡的政治中心。现在的政治中心已转移至位于科伦坡郊区的斯里贾亚瓦德纳普拉科特(Sri jayawardenapura-kotte)，这里也是国会的所在地。

斯里兰卡是一个人口达2000万的多民族、多宗教的国家。僧伽罗人是斯里兰卡的主体民族,占人口总数的73.8%。僧伽罗人仍保有种姓制度,但这种制度在现今主要表现在制度内部的家庭包办婚姻方面。基于种姓制度的歧视已不存在。相较于僧伽罗人,泰米尔人关于种姓制度的规定更加严格。除僧伽罗人,斯里兰卡的民族构成还包括主要生活在中央高地的各个少数民族。斯里兰卡的少数民族有泰米尔人、摩尔人、马来人、伯格人等。摩尔人是阿拉伯商人的后裔,伯格人是荷兰殖民者的后裔。那些在殖民时期被英国人买来从事种茶工作的泰米尔劳工的后代也被视为泰米尔人。大部分斯里兰卡人的宗教信仰为小乘佛教。许多泰米尔人信仰印度教,摩尔人则信仰伊斯兰教的居多,也有部分僧伽罗人、泰米尔人和伯格人信仰基督教。

斯里兰卡是一个有着2500多年悠久历史的国家。早在葡萄牙人、荷兰人和英国人进入斯里兰卡之前,这个国家的大部分领土是处于僧伽罗王统治之下的,也曾短暂地受南印度的泰米尔王统治。公元1505年,葡萄牙人踏入这片领土,他们利用当地居民的内部冲突和矛盾确立了其在这片海域的地位。基督教也是这一时期被传播到斯里兰卡的。葡萄牙人将这座岛屿命名为Ceilao。1658年,荷兰人在当地酋长们的帮助下驱逐了葡萄牙人并重新将岛屿命名为Ceilan。荷兰人在岛上建设了教堂、运河、堡垒以及法庭,并将他们的罗马一荷兰法体系引进到斯里兰卡。直至今日,斯里兰卡的法律体系中仍完整地保留这一部分。在1796年,荷兰依据《亚眠条约》将其在这一海域所占领的全部区域割让给英国。后英国将Ceilan更名为Ceylon。1815年3月2日,英国和康提酋长们签订的《康提条约》(Kandyan Convention)使斯里兰卡彻底沦为英国的殖民地。英国抓捕并流放了拥有南印度血统的康提国王。英殖民者与康提贵族的关系也并不友好。

南亚各国的独立运动在20世纪上半叶达到顶峰,英国在1948年2月4日同意了斯里兰卡的独立。

二、政治和宪法

几十年来,斯里兰卡一直是一个认为选举可以使权力得到有规则的、和平交接的亚洲国家。即使是在2015年,在前总统马欣达·拉贾帕克萨选举惨败的情况下权力也实现了和平的交接,尽管许多人担心可能出现大规模暴乱。斯里兰卡的主要政党是统一国民党和斯里兰卡自由党。统一国民党是一个略偏右翼的政党,重视市场的价值。斯里兰卡自由党相对而言不大重视市场的价值,同时它标榜自己是代表国民利益的政党。除了这两个政党之外也存在其他一些根据种族或宗教信仰建立的政党。但是自斯里兰卡独立以来，政权的更迭一直建立在两个主要政党分别同各个小政党联合并相互竞争的基础上。

直至1972年，斯里兰卡仍处于英国的统治之下。英国女王仍是名义上的最高元首，由总督代表。在1972年，立宪议会宣布国家为共和政体并正式将国名由Ceylon变更为现在的Sri Lanka。代表英女王的总督被国家元首取代。总统作为国家元首行使权力的范围与威斯敏斯特议会不成文宪法中所规定的权力一致。立法机关不再是两院制，而是一院制。

1978年，斯里兰卡的宪法体制经历了两个重大变革。在1978年，统一国民党在竞选中取得了压倒性的胜利，统一国民党击败了班达瑞耐克夫人(Mrs. Bandaranaike)的政府成立了新政府。新总统贾亚瓦德纳先生提议制定一部新的《宪法》。他的提案有以下几个特征。第一，将首相由原来威斯敏斯特模式下的代表发言人变更为戴高乐模式下的执行总统。新法授予了总统几乎不受限制的权力。贾亚瓦德纳先生成为斯里兰卡第一位执行总统。第二，选举方式由简单多数票获胜制变为比例代表制。这一提案的目的是避免投票中的小波动导致在议会中出现一边倒的胜利从而产生政治剧变。

1978年《宪法》至今已被修改了19次。全票通过的第17次修改草案中削弱了总统的权力，但出于各种原因这一修正案并未被实践。第18次修正案更具争议。它取消了当时《宪法》中对总统的任期最多为两任的限制。最高法院裁定选民不需要通过全民投票的方式赞成这一重大的改变。理由是这种改变使得在职的总统能够进行第三次竞选从而实际上扩大了人民的特权，因为人民又多了一个候选人。根据第18次修正案当时的总统拉贾帕克萨在他已经担任过两任总统的情况下又一次参加了总统选举，但2015年他失败了。2015年通过的第19次修正案，恢复了总统最长任期为两任的限制，同时规定持有双重国籍的公民不享有成为议会议员的被选举权。在拟议的修正案中提到，当需要将行政权力转移至首相和内阁时需要获得最高法院的同意并举行公投，但这一条修改意见最后未通过。政府在2017年提出一个全新的宪法草案，而议会也已转型为一个立宪会议以实现这一目标。

三、法律体系

斯里兰卡的法律体系是由大陆法系、普通法系及属人法共同组成的。在Campbell v. Hall一案中英国确立的原则是殖民地在被占领前所适用的法律如没有被英国统治者更改或废除，则该法律继续适用。因此，英国法院判定罗马一荷兰法继续在斯里兰卡适用，即使斯里兰卡已经成为英国的殖民地。通常在裁定书中英国法官们会解释说罗马一荷兰法和英国的法律对同一问题的法律规定是一样的，但事实并非如此。然而，对商务领域的法律规定例如货物买卖、代理和合伙经营，英国法则取代了罗马一荷兰法。主要的属人法是Thesawalamai、伊斯兰法和康提法（Kandyan Law）。Thesawalamai适用于贾夫纳省的马拉巴尔居民，而伊斯兰法适用于斯里兰卡所有的穆斯林。这些属人法基本没有商业属性，这是因为这些法律处理的是关于家庭、继承和夫妻财产分配方面的问题。

斯里兰卡混合型的法律体系呈现出的特征与南非、津巴布韦和美国路易斯安那州的法律体系是相似的。

四、《合同法》与《物权法》

斯里兰卡现行的《物权法》《合同法》《个人法》和《继承法》是在对罗马一荷兰法的原则进行修订和修改的基础上制定的。

现《合同法》除商事领域外的规定完全继承了罗马一荷兰法。商事领域的法律则适用的是英国法或基于英国法律而制定的法律。关于合同当事人的民事行为能力的规定则出现在特别法律中，如康提法、Thesawalamai和伊斯兰法中也有类似的规定。合同可被定义为“一个或一系列的承诺，如违反承诺则法律会给予补偿，履行承诺被法律认定为一项义务”。合同义务需要同侵权义务、准合同义务、信托义务等其他种类的义务区分开。一个有效的合同需要具备以下条件：合同双方——允诺人和受诺人；双方协商一致；有事实上或可推定的意向来形成法律义务关系；形式要件符合约定；如适用英国法则需考虑对价；如适用罗马一荷兰法则需考虑正当原因；合同双方的民事行为能力；真实的意思表示（合同不是在欺诈、恐吓、误解、不正当压力或其他类似的原因下订立的）。

《防止欺诈条例》的第二章规定，下列合同无效，除非其是由斯里兰卡委托有执照的公证人或两个以上的证人在场时书面签订且已经证实：任何买卖、转让或抵押土地或其他不动产；任何对土地或不动产设立担保利益或影响到其利益的承诺交易合同；任何关于未来将买卖土地或不动产的合同。

外国人不得购买地产但可以长期租赁和购买公寓。预计这一限制将在不久的将来被废除。

《合同法》由适用于非商务合同的罗马一荷兰法构成，但是商品销售适用于英国法律原则。合伙企业和代理适用英国法。信托条例借鉴了英国法中关于明示信托的设立以及推定信托和归复信托的概念的规定。允许世世代代控制地产的遗嘱信托法已在20世纪70年代被废除。罗马一荷兰合同法与英国法的主要不同是:(1)对价不是合同成立的要件;(2)罗马一荷兰合同法可以为使第三人获利而签订合同并且第三人可依据该合同起诉,而英国法则遵循普通法系中的合同相对性原则,即只有在法律规定的情况下第三方才可履行其不是当事人的合同的规定;(3)与英国法违约救济的方式即损害赔偿不同,强制履行也是违约救济的一种方式,这意味着提起违约之诉的一方可以要求对方强制履行合同,即使他没有满足英国法所要求的特殊情况。

斯里兰卡的《物权法》源自罗马一荷兰法。斯里兰卡没有产权登记制度,但是正试图建设这一制度。斯里兰卡现行的文件登记制度带来了两个后果:第一,律师需要查询一系列的产权以保证出让人享有出让物的所有权。第二,一旦土地出让完成,最先在土地登记部门登记的受让人获得优先权。这一制度增加了不必要的交易成本。独自占有土地满10年且不是被许可人的人有权主张对这一土地的所有权。

五、商业组织法

斯里兰卡的法律承认三种类型的商业形态:独资企业、合伙企业,以及公司。

根据《企业名称条例》的规定,自然人可以用自己的名字或企业的名称注册。尽管立法机关于1988年颁布了名为《1988年第58号令企业名称法》的新法,以取代上文提到的条例,但实际上它并没有被执行。随着省议会的建立,各省内所有的企业都应在各省的登记部门登记。各省议会已颁布相应的法律,这些法律大部分采用了《企业命名条例》的规定。

根据条例的规定,两个或两个以上的自然人以合伙的方式经营企业可用企业名称进行登记。如果一个或几个合伙人以企业名称进行商业活动但并未按条例的规定将企业名称进行注册登记或未满足条例的其他要求,则以该企业名称签订的合同不能被执行。

斯里兰卡的合伙企业受英国法管辖,但必须遵守《合伙企业条例》中的一些规定。《合伙企业条例》中列举了合伙不成立的几种情况。在英国法的定义中,合伙是两个或两个以上的自然人为盈利而共同经营业务的关系。合伙企业通常签订明示合同,但这不是必需的,如果几个自然人为盈利而共同经营业务,则他们之间的关系即为合伙关系。在《防止欺诈条例》中规定,当设立的合伙企业的注册资本高于1000卢比时,合伙人间应签订书面合同。合伙人中的一位去世，合伙企业即解散，除非书面合同中另有规定。当由于合伙企业的事务使得一个或几个合伙人成为原告或被告时，所有合伙人都应以自己的名义参加到诉讼中成为共同原告或共同被告。所有合伙人在侵权中承担共同连带责任，但在合同案件中不需要承担连带责任，另有规定的除外。一个合伙人在大部分情况下被视为其他合伙人的代理人。

1975—1978年，根据当时适用的《司法行政法》的规定，合伙企业可以以企业的名义起诉。但依据现行的《民事诉讼法》，合伙企业是不能以企业的名义进行诉讼的。

公司受2007年《公司法》管理。可设立三种类型的公司：有限责任公司，无限责任公司，以及担保责任有限公司。

越权原则已不再是斯里兰卡《公司法》所适用的原则。公司备忘录也不再是强制性要求。公司可选择将备忘录中需要记载的内容在公司章程中制定更详细的规定，以确保交易委员会、证券交易所和投资协定委员会所要求的必须记录的信息已进行记录。然而新的法律对主要的交易进行了限制。

1.以公司名义签订的合同：新《公司法》作出的一个重要的改变，公章不再是强制性要求。《公司法》第19条和第20条规定，获得公司授权的人可订立合同或做出其他可能使公司产生义务的行为。

2.对合同进行授权：《公司法》第19(1)条规定了签订有效合同所必须遵守的规定。由两名董事代表签订的合同对公司有约束力。得到公司明示或暗示授权的自然人可代表公司订立书面协定。得到公司明示或暗示授权的自然人也可代表公司订立口头协定，只要法律没有规定该类协定必须以书面形式订立。

普通法系中代理的原则尤其是表见代理的原则适用于判定当事人是否有权代表公司。

第21条的规定包含了普通法系中的内部管理规则。公司或公司的担保人不可为不遵守公司章程规定的行为进行抗辩。公司或公司担保人不可抗辩称，被认定为公司代理人的人没有权利代理习惯上被认为只有公司、董事或经理才可从事的商业行为。

《公司法》规定了公司董事的法定责任：以诚信为本谋求公司利益最大化；遵守本法和公司章程；不得以鲁莽或严重过失的方式行事，达到对拥有这样知识和经验之人的合理期待；个人的建议和信息可被听从和使用，当其合理建议或其在充分调查利润披露后未被警告；不使用公司信息；披露股权交易；根据法律规定给予董事报酬和其他福利；除法律允许的情况外，不向董事提供贷款，不为董事作担保；依据本法第 219 条进行破产；当资本可能出现严重流失时，可依据本法第 220 条规定召开临时股东大会。

法律中并未将董事的责任全部列出。第 190 条“本法中规定的内容是对其他法律中所规定的董事及公司人员的责任的补充，同时不减损相关法律中所规定的责任”。事实上，律师们所熟悉的关于董事的忠实义务以及目的正当性的规则也是适用的，用来补充法律的规定。

每一个公司都应有权益登记。私人公司可豁免。公司的董事应公开和登记其权益。董事们的报酬和其他福利也应被登记。

只有依据《公司法》第 218 条的规定，公司才可以赔偿直接或间接影响公司，或有关联的公司的董事、雇员的保险。

新法规定公司不需要注册资本或股权面值。新法中引进了设定资本的概念。法律中规定了对小股东的权益保护。法律也承认了小股东的股份收购请求权。

《公司法》第 18 条规定，在斯里兰卡境外设立的公司可在境内设立营业场所并依法登记其分公司。尽管 1974 年第 19 号令的《公司法》(特殊条款)和 1975 年第 9 号令的《外资公司法》(特殊条款)已经被新《公司法》第 533(2)条所取代。新《公司法》第 489(7)条规定，若在斯里兰卡境外设立的公司从事不符合外汇管控部门规定的业务，则其不可以在境内设立经营场所或登记为外国公司。

第一章　海关法和电信法

一、海关法

斯里兰卡的海关是一个非部级的政府部门，履行的职责是收取关税及其他相关税费。它是财政部的下属部门。财政部通过财政部长对海关实行行政监管。海关被分为几个部门，行政部、进口部、出口部、估价部、行李部、航空货运部、自动化数据处理部、政策规划和研究部、人力资源开发部。

海关法以及海关的实践是十分重要的，原因有两个。第一，海关法涉及的内容非常多。通过低估价格和欺诈的方式的逃税十分常见，对此类行为的处罚是严厉的。第二，报告显示海关工作人员索贿的情况变得越来越普遍，在处理这些人员时需要特别小心。

海关的权力源自《海关条例》(第 235 条)。除此之外还有其他一些相关的法律。海关的主要功能包括通过关税实现政府收入的积累，以及保护国家安全。海关享有有限的政治权力，例如逮捕嫌疑人和没收走私物品。

《海关条例》的第 10(1)条规定所有从斯里兰卡进口或出口的货物都要缴纳征附表 A 中所列的关税，附表 A 是随时间的变动而改变的。海关的关税表提供了两种形式的关税，一是从价税，即物品的价值。大多数物品的关税及其他税金是“从价”征收的，《海关条例》附表 E 规定如何确定交易价格。二是比例税，特殊比率参照单位数量。“从价”和特殊比率都涉及两类关税税率，即普通税率和优惠税率。

《海关条例》第 52 条规定，“海关人员需要清楚，任何根据第 51 条所宣称的货物的价值都是错误的申报，依此申报的货物应连同它的包裹一起被没收”。在 Perera v. Hatton National Bank 案中，最高院对软件关税的分析参考了《海关条例》附表E第一段中的规定。这一段是整个附表的保护伞条款，它规定："任何进口商品的价格应是正常价格，也就是说在进口时可达到的价格是在公开市场中理性的买家和卖家会进行交易的价格。"上诉法院错误地认为征收关税的前提条件是必须先有销售，由于软件是许可使用的，因此不应被征收关税。最高法院做出了相反的判决，无形资产的价值是可被计算在货物价值中的。案件中涉及的软件是为银行定制的软件。法院发现"没有法律规定进口缴纳了许可费的定制软件，海关应仅按照载体来计算应缴纳的关税，商品是全部销售给用户的，应按完全价值征收关税"。

（一）出口程序

为了促进出口，斯里兰卡的海关在近年已将出口程序做了较大程度的简化。规章制度被放松了，关税豁免和关税优惠被用来鼓励出口商出口。在其他国家机构的协作下实行出口促销方案，尽力将斯里兰卡发展为出口导向型国家。同时斯里兰卡的海关要通过执行相关法律的规定来监管涉及国家财产安全的出口活动，例如文物宝藏、动物和植物的出口。

（二）货物原产地规则

为了落实最惠国待遇、国民待遇、关税和各种普惠制下的法律适用，关于货物原产地判定的规则是十分重要的。除了确定资格，还需提供可预测的、稳定的判定货物原产地的规则，这一规则在国际贸易法中是十分重要的。在全球化的环境中，供应链在全球范围内运行导致生产和制造发生在不止一个国家，全面的原产地规则是必需的，以避免最小的加工、贸易转移和其他类似的阻挠贸易安排的方法。

有两类原产地规则：非优惠原产地规则和优惠原产地规则。

非优惠原产地规则是默认的规则，对于判断国民待遇下货物的销售、关税、配额、倾销和补贴都是至关重要的。

优惠原产地规则被用来判定可能以更好的待遇进入一国的货物。这一规则用来判断某一货物是否有资格得到双边或多边贸易协定中所给予的特殊待遇。优惠的（减让的）关税适用于由被定义为优惠国家所生产或制造的商品。优惠原产地规则的主要目的是确保利益被限制在那些在特定优惠领域内生产和交易的商品。斯里兰卡与巴基斯坦、印度签订的条约中涉及优惠原产地规则。在与巴基斯坦签定的条约中有两套判定原产地规则的标准。

第7条涉及由以下列举的方式"全部获得或生产"的商品。在规则6(a)的范围内，下列产品应被认定为全部在出口方一国境内生产或获得的商品：

(a)从土壤、水源或海床中提取的原料或矿物制品，包括矿物燃料、润滑油和相关材料、矿物或金属矿石；

(b)在该国收获的蔬菜产品，包括农业产品和林业产品；

(c)在该国出生和长大的动物；

(d)从(c)规定中的动物身上获得的产品；

(e)在该国通过打猎或捕鱼获得的产品；

(f)其船舶在海上捕捞的鱼类产品和其他公海产品(国家机构经营的船舶或工厂船不需要悬挂缔约方国旗)；

(g)除了(f)涉及的产品外的在工厂船上处理或加工的产品(国家机构经营的船舶或工厂船不需要悬挂缔约方国旗)；

(h)二手物品回收，只适用于原材料的回收；

(i)生产经营产生的废物和废料；

(j)在专属经济区的海床或海底提取的产品，只要其享有专属开发权；

(k)除(a)到(j)以外的在该国生产的产品。

当货物不符合以上规定，不是全部由出口方生产的，如满足下列要求也可适用优惠原产地规则：“不是全部在该国生产或获得：(a)在规则 6 (b)的范围内：如源自非缔约方的或不确定来源的原料、零部件或产品的价值没有超过经过处理或加工的产品的离岸价的 65%，并且生产的最终过程是在缔约方的领土内进行的，则根据规则第 8 条中的(b)(c)(d)(e)款，以及第 9 条的规定该商品可适用优惠原产地规则。”

与巴基斯坦签订的自由贸易协定的第 8(d)条规定，以下行为在任何情况下都被认为是对产品不充足的加工或处理，该产品不能被认定是缔约国为原产地产品，无论是否改变了标签：

(a)确保产品在运输和储存过程中情况良好的行为（通风，扩散，干燥，冷却，放置在盐、二氧化硫或其他水溶液中，去除损坏的部件，以及类似的行为)；

(b)简单操作，包括除尘、过滤或筛选、排序、分类、匹配(包括成套或单独物品)、清洗油漆、切割；

(c)改变包装、分装或打包；简单的切断，切割和再包装或放置在瓶、烧瓶、袋、盒中，固定在卡片上或板上等和其他简单的包装作业；

(d)粘贴标志、标签或其他类似的改变产品识别标志的行为；

(e)简单的产品混合，无论是否为不同种类，当一个或多个组成部分不符合可认定为缔约国为原产地产品的相关法律规定；

(f)简单将零部件进行装配以得到一个完整的新产品的行为；

(g)将两个或两个以上(a)到(g)中的行为混合而成的行为；

(h)屠宰动物。

(三)反倾销法和反补贴法

2006年2月，《反倾销税和反补贴税法》提交至议会，旨在落实1994年《关税贸易总协定》第6条的执行协议和《补贴和反补贴措施协议》，但该法案并未颁布。这一法案旨在对进口到斯里兰卡的产品进行调查以及征收反倾销税和反补贴税。商务部长在部际委员会的监管下负责调查相关事务并确保法律得到落实。然而该法案在当时并没有被采纳。最近美国针对来自斯里兰卡和印度的轮胎展开了反倾销调查。斯里兰卡陶瓷行业已呼吁政府加快通过反倾销立法，以保护国内陶瓷行业免受倾销产品的影响。

二、斯里兰卡《电信法》(1991年第25号令)

该法的第四章规定了管理局的任务和职能：为了确保提供可靠、高效的国内的和国际的电信服务(至今还没有实现)，例如将满足在需要紧急服务的情况下的合理要求，公共电话亭服务、信息服务、海事服务和乡村服务等可被视为国家福祉的必要部分；在不违反总则(a)款的情况下，确保每位经营者应获得必要的、技术上的、财政上的和管理上的资源来确保提供其许可证上允许提供的服务；保护消费者、购买者和其他用户的利益，保护涉及电信服务收费、质量和种类的公共利益以及电信设备供应；保持和促进从事电信服务的经营者间的有效竞争；促进国内外电信设施快速、持续发展；确保运营商能够履行其义务，提供可靠和有效的服务，避免出现不适当的拖延、妨碍或阻碍；促进电信和相关领域新技术的研究、开发和使用；鼓励那些业务场所在斯里兰卡以外的使用电信服务的用户在斯里兰卡境内建立营业场所；以及促进斯里兰卡国际通信服务。

该法的第五部分列举了管理局的多项权力和责任：确保该国的电信服务以一种最有助于其整体经济、社会发展和进步的方式经营；在本条例下，向部长就授予经营许可的相关问题提供意见；就有关电信的事宜向政府提供意见，包括关于提供公共电信服务所需的关税、价格、补贴政策及立法措施；关注经营者提供的电信服务与公共利益、大众的便利和愿望间的关系;遵守部长指示的随着时间变化而变化的关于履行职能和行使权力的一般政策指导,向部长提供其依据第67条规定进行询问的信息;采取符合斯里兰卡政府颁布的随着时间的变化而变化的、一般的或特殊的指示的管制措施,以维护国家安全、公共秩序和国防方面的利益;指导任何经营者遵守国际电信联盟及其他有关国际组织对设备和技术标准的要求;确保经营者遵守国际义务或其他斯里兰卡政府需要遵守的电信方面的义务;在建立电信系统的标准和程序帮助相关部门与国际电信组织、其他国际组织和外国电信运营商订立条约而进行协商;在部长或任何其他有关部门的要求下,在国际会议或有关电信的国际或外国机构中代表国家;在询问部长和财政部长后结合政府的政策和经营者的要求以规则的方式提供关税表或计算关税的方法,在规则生效后发生的交易适用该规则直至规则被修订或修正;在互联的通信系统的经营者同意的前提下,批准在获得许可的互联的通信系统间收取联网费用(但经营者不同意时,要确定这些费用);要求电信系统的经营者采用局长批准的会计制度;要求任何运营商向其提交传输计划、信号计划、交换和编号计划,并批准或修改这些计划,以及发布和确保这些计划按要求执行;明确提供电信服务的技术标准和程序;明确电信技术人员教育培训标准;批准可连接电信系统的电信设备类型;采取管制措施,包括为监察运营商提供的服务和为确保服务质量达到法律规定的标准而颁布必要的指令;促进经营者间的合作或斯里兰卡大学、研究机构对电信的研究和发展;为其建立在本法下行使权力、职能和职责的相关问题提供建议的咨询机构;用无线电或其他通信设备预防各种障碍、干扰,清除此类障碍或干扰,与任何公共企业或其他个人进行谈判;确保需要使用无线电频率的运营商和其他组织、个人合理使用无线电频率;制定和执行规则,以将电气设备及所有未经授权的无线电频率释放出的电磁干扰最小化;以及其他附带的或有利于履行局长职能或行使权力或职责的行为。

该法的第17条规定在斯里兰卡经营电信系统需要许可证。部长可以在管理局的推荐下颁发许可证,但他也可以拒绝管理局的推荐或自主决定颁发许可证。

许可证的条款和条件可以包括:呈报给部长的条件(无论是否与经营电信系统的许可证有关)是必备的或有利于本法的第四部分的规定;要求获得许可证需要向管理局缴纳费用,在办理许可证过程中需要缴纳的费用可由管理局决定,这笔费用是为了支付其颁发许可证过程中的花费,且经营者每年需按照成交量的比例缴纳费用;要求经营者按照管理局要求的时间和方式向其提供所需的文件、账户、报价、利润，以及管理局依本法规定为了履行其职能可能需要的其他信息；禁止经营者在提供服务、联系或给予承诺中倾向于或歧视某一个人、某一阶层或某一类人；要求经营者以何种方式公开、何时公开的规定，以及关于提供服务、联系和给予承诺的收费，其他条款和条件在许可证中都有说明；要求经营者确保足够的和令人满意的信息系统，应包括账单信息、关税信息、目录服务和目录查询服务，以便用户使用；要求经营者遵从管理局发布的与国家传输方案、信号计划、交换计划、编号计划和收费计划有关的指南，经营者需要按照指南设计和维护其电信网络，并且遇到与以上计划不相符的状况需要获得管理局批准；管理局所关注的国家和国际交通线路的实践需通知经营者；确保受地下电缆或架空线路影响的人得到补偿；要求经营者遵从管理局关于特许证中列明的内容所作出的指南；除非管理局作出许可或限制，经营者需按照许可证上的规定做出特定行为；许可证中涉及的内容或许可证适用的问题可参考部长的决定；经营者可以与何种电信系统和装备联系，或可与何种电信系统和装备建立联系的相关说明在许可证中有载明；要求运营商在紧急情况下，制定并发布恢复服务的计划；当经营者详细指定可接受的经济标准时，管理者应批准经营者提出的对关税表进行的修改。

第二章　国际投资法

一、介绍

1815—1948 年，英国人统治了整个斯里兰卡，把茶叶和橡胶作为商业性的农作物引进到斯里兰卡。在独立后，茶叶、椰子和橡胶成为斯里兰卡主要的出口农产品。班达拉奈克晚期的左翼政府将重点放在进口替代和对关键行业的国有化上。政府将外国石油分销商的财产国有化，受到了美国的制裁，因为根据《希肯路伯修正案》(Hickenlooper Amendment)，美国政府停止了对那些将美国的财产进行国有化但又没有进行补偿的国家的援助。接任的 UNP 政府通过补偿石油分销商的方式解决了这一问题。但是以前由外国人所拥有的茶园划归国家所有。在 1978 年，政府进行了改革，贾亚瓦德纳政府开始了若干市场自由化的措施。他欢迎国外投资者的到来，并表示“让那些巨头们来吧”。然而，民族矛盾导致大量内部冲突。一家在斯里兰卡东海岸的公司的投资在一场冲突中被毁坏，这是斯里兰卡在国际投资争端解决中心(ICSID)的第一起案件。在 Asian Agricultural Products Limited v. Republic of Sri Lanka 案中，争端解决中心考察了东道国在双边投资协定中规定的充分保护和安全原则下义务的范围和适用。在 2009 年，国内冲突结束。拉贾帕克萨总统领导下的斯里兰卡政府积极吸引来自中国的投资建设有争议的港口城市项目。在 2015 年的选举中，拉贾帕克萨被由西里塞纳代表的由两个主要政党组成的联盟击败，西里塞纳所代表的左翼政党获胜，西里塞纳被选举为总统。代表市场友好型政党的维克勒马辛哈先生被任命为总理。由于政府官员态度摇摆不定，港口城市项目未来的走向并不明确。不过斯里兰卡与中国已经达成继续进行该项目的共识。

美国的国际信息公司 IHS 将斯里兰卡排进亚太地区前 10 的外商直接投资的热点地区。该公司表示，亚太地区据预测将会成为全球经济增长最快的地区并会向投资者回报最大的潜在收益。公司观察发现斯里兰卡在未来 10 年里经济会快速增长。斯里兰卡能否将这些预测变为现实是由政府能否实现简化投资流程、减少（如果不能消除的话）资本控制、改革法律制度（以使法律制度变得更透明，法院更高效）以及减少腐败所决定的。

二、经批准的外商投资在斯里兰卡的法律地位

斯里兰卡《宪法》第 157 条规定，斯里兰卡政府与外国政府之间签订的国际条约或协定对其国民经济发展至关重要，若经议会 2/3 多数票批准，这些条约和协定则在斯里兰卡具有法律效力。除了国家安全的需要外，任何立法和行政行为不得与此类条约相抵触。这些规定符合了国际惯例法：财产征收必须合法，且进行了及时和充分的补偿；将最惠国待遇扩展到核准投资；实现了收益、资本和业务费用的自由汇款；并通过国际仲裁（包括国际投资争端解决中心）来解决赔偿问题。

斯里兰克已与 28 个国家签订双边投资协定，还有其他种类的投资条约。

与斯里兰卡签订双边投资协定的国家包括：澳大利亚、比利时一卢森堡、中国、捷克、丹麦、埃及、法国、芬兰、德国、印度、印度尼西亚、意大利、荷兰、挪威、巴基斯坦、韩国、罗马尼亚、科威特、马来西亚、瑞典、泰国、英国和越南等等。

三、斯里兰卡投资委员会

投资委员会依据 1978 年第 4 号法令《投资委员会法》成立，是批准和规范外商投资和当地投资的监管机构。委员会源自在 1978 年成立的大科伦坡经济委员会。在 1992 年大科伦坡经济委员会被重组为投资委员会。外国人可对《投资委员会法》第 16 条和第 17 条规定所允许的商业活动进行投资。现在，外商可向斯里兰卡的大部分经济领域进行直接投资。

委员会是投资者的服务中心或准一站式机构。它是一个自治的法定机构，直接对斯里兰卡的总统负责。委员会的董事会成员来自促进投资有关的私人部门、公共部门和其他部门。委员会条约的显著特点是给予适格公司特定的激励，例如免税期、优惠税率、免除关税的同时，仍对企业进行外汇管制。条约的规定和目的不能被继任的政府改变。

委员会的前身大科伦坡经济委员会的设立目的是鼓励外商在出口导向型

经济活动中投资。为了实现这个目的,设立了配套设施齐全的出口加工区。这些出口加工区归大科伦坡经济委员会管理。第一个出口加工区是1978年建立的卡图纳耶克区。它位于国际机场附近。它的建设可分为三个阶段,占地约200公顷。第二个出口加工区在比耶加默,科伦坡港和国际机场之间,离科伦坡港24千米,占地180公顷。第三个出口加工区是考旮旯区,占地80公顷,于1991年年中建设完成,在加勒的南部海港附近,距科伦坡南部115千米处。

四、适用于外商投资的法律

主要负责管理外商投资的法律是1978年第4号令,其在1980年、1983年、1992年和2002年经数次修改,以及依据1978年第4号令制定的规章。《投资委员会法》的修改历史是:1980年第43号令,《大科伦坡经济委员会(修正)法案》;1983年第21号令,《大科伦坡经济委员会(修正)法案》;1992年第49号令,《大科伦坡经济委员会(修正)法案》,法律的名称也被更名为《投资委员会法》;2002年第10号令,《投资委员会(修正)法》。

最重要的投资委员会的规章是:1 1978 8/2 31.10.1978;1 1978(修订)111/4 24.10.1980;1 1978(修订)127/9 11.02.1981;1 1978(修订)171/16 18.12.1981;1 1978(修订)329/7 27.12.1984;1 1978(修订)522/18 08.09.1998;1 1978(修订)685/14 25.10.1991;1 1991 690/9 28.11.1991;1 1978(修订)697/4 13.01.1992;1 1978(修订)780/12 16.08.1993;1 1994 813/21 08.04.1994;2 1994 813/21 08.04.1994;1 1978(修订)813/21 08.04.1994;1 1995 896/17 10.11.1995;1;1994(修订)941/13 19.09.1996;1 1995(修订)941/13 19.09.1996;1 1995(修订)969/10 01.04.1997;1 2002 1242/29 28.06.2002;1 2006 1447/15 31.05.2006;1 2006 1469/35 02.11.2006。

《外汇管理法》和《国内税务法》是两部对国外投资者很重要的法律。

五、保留(负面清单)和受管制活动

斯里兰卡全面保留的业务范围或负面清单的内容是:借贷;典当经纪;投资额不到100万美元的零售贸易;除出口和旅游外的个人服务;沿海捕鱼;向14岁以下的斯里兰卡的公民提供教育服务;授予地方教育学位。

国外投资者进入以下领域需要得到相关部门的逐一审批。由投资委员会告知国外投资者对应的相关部门,并评估外商投资方案。受管制的领域是:航空运输;沿海运输;1990 年第 46 号令附表 2 中列明的行业;任何制造武器、弹药、炸药、军用的车辆、装备和飞机以及其他军事硬件的行业;任何制造毒药、毒品、酒精、危险品和有毒、有害或致癌物质;生产货币、硬币或安全文件的行业;博彩业以及大型机械化宝石开采。

六、投资申请批准

投资委员会在大多数情况下对投资申请的批准是自动的,除非该投资的 40%以上涉及被列在不可自动批准的清单中或者涉及财政奖励。投资委员会的非自动批准清单包含:需按国际配额出口的商品;茶叶、橡胶、椰子、大米、可可、糖、香料的种植和初级加工;使用当地木材的木材工业;渔业;深海捕捞;大众传播;教育;货运代理;旅行社;船务代理。

当投资项目的外资比例超过 40%时,投资委员会需要进行逐一审核并在咨询相关部门后给予批准。非自动批准清单审查是为了进一步简化清单。

七、激励方案

为了促进发展,发展委员会提供了一系列的激励和让步措施。这些激励和让步措施依据提出项目类型的不同而不同。这些激励可被分为两类或"两种制度",公司可能得到其中一种或两种激励。以下是投资委员会的投资激励的内容。

(一)一般激励措施:《投资委员会法》第 16 条规定

本条所授予的激励同时适用于本地投资者和国外投资者。不满足本法第 17 条规定的公司可获得《财政法》《营业税法》《消费税(特别规定)法》《海关条例》等一般法给予的激励措施。本条规定受一般法管理的外商投资可将公司的红利和利润给予外国股东。

(二)在《投资委员会法》第 17 条下的激励措施

根据《投资委员会法》第 17 条的规定,获得投资委员会批准的公司可享受特殊激励和适用外国法律,如果公司达到了规定的标准。《投资委员会法》第 17(1)条规定:"委员会有权与境内外的任何公司订立条约,并不受到附表 B 所列法律的限制或变更、更改这些法律的适用,这些公司应遵守的规定可能是由部长决定的。"附表 B 中包含的法律是:1963 年第 4 号令《国内税务法》;1979 年第 28 号令《国内税务法》;2000 年第 38 号令《国内税务法》;《海关条例》;《外汇管理法》;《公司法》;《商业航运法》;1961 年第 65 号令《财政法》第一、二、五、六、七和八部分;《空中航行法》。

《投资委员会法》第 35 条将公司定义为在投资委员会的批准下设立,从事其获准业务的公司。

第 17(2)条的规定:"每一个条约都应以书面形式表达并在委员会登记,成为在委员会和公司间有效和有约束力的合同。"符合具体资格标准的公司适用《投资委员会法》第 17 条规定的激励条件。激励措施在 1995 年 11 月被扩大。新的激励措施体现了双管齐下的政策:先进技术的出口多样化,以及包含基础设施在内的大型项目的投资和附加值多样化。为了扩大激励范围,财政部对"先进技术"进行了定义,即新的设计技术、制造过程或服务的技术,产生了以下一个或几个后果的:提高生产效率,降低生产成本;产品或服务质量提高;对原材料的更好的利用;技术技能提升;最大限度地减少、控制环境污染和浪费;使用一种迄今未在斯里兰卡使用过的技术制造产品(不包括只涉及简单处理的技术);在当地处理原材料的技术,这一技术迄今未在斯里兰卡使用,不包括简单的处理技术;利用当地资源提供公共设施和基础设施服务的迄今未在斯里兰卡使用的技术。

在非传统出口导向型制造业、先进电子信息技术、信息服务、区域经营总部、直接或间接出口的投资是主要的投资形式,可在满足条件的情况下适用《投资委员会法》第 17 条的激励措施。

八、投资者移居:居留签证

投资委员会负责批准所有外商直接投资。根据《投资委员会法》第 16 条和第 17 条的规定,国外投资者需要投资至少 5 万美元才有资格获取居留签证。

九、依投资委员会的规定设立一个公司

选择 1:第 17 条的项目

本地和外国的投资者可按照《投资委员会法》第 17 条的规定设立公司,只要申请人满足投资委员会设定的在相应领域的条件。第 17 条规定的投资项目可得到一些特许权,包括斯里兰卡国内税法给予的企业所得税优惠;进口生产资料和原材料时免关税(《投资委员会法》授予的);不受《外汇管理法》第一部分至第五部分的管控。

第 17 条下的项目可以额外被批准为战略发展计划。战略发展计划是具

有战略意义的，并可能为国家的经济和社会发展带来实质利益。战略发展计划可以获得免税期最长为25年，需要得到议会决议和内阁部长的批准。更详细的内容，请参考之后详述的战略发展计划。

选择2：第16条的项目（投资人只能为外商投资或合资企业）

国外投资者可获得投资委员会的批准，设立第16条规定的项目（只适用于外商投资）：如果项目不满足第17条的规定；或者申请人转让不受投资委员会管理的公司的股份给国外投资者。斯里兰卡的一般法律适用于根据《投资委员会法》第16条设立的项目，这些项目不能得到第17条所授予的特许权。投资人可根据第16条的项目与当地的合伙人一起设立合资企业。

十、外资对股票的投资

国外投资者可投资本地的国家基金和区域基金，这需要得到财政部的批准，但也仅是形式要求。外国公民（无论是否定居在斯里兰卡）和定居在境外的斯里兰卡公民可在本地股票市场投资。国外投资者获得相关机构关于投资未上市公司的批准后，可最多投资该公司发行的100%的股本。在获得相关部门批准的情况下，可向非上市股份公司投资。外商投资在各经济领域都是被允许的，除了以下这些为斯里兰卡公民保留的行业：借贷；典当业；投资额不到100万美元的零售业；个人服务，除了出口或旅游；沿海渔业；对不满14岁的斯里兰卡公民的教育；当地教育学位的授予。

投资委员会在一些领域允许100%的外资控股。在满足政府公报1992年6月29日第721/4期，第2000年3月7日第1122/12期和2002年4月19日第1232/14期的外汇管控通知的条件下，外国人可以获得公开报价公司的100%的股权。这类投资需要设立境外卢比证券投资账户（Share Investment External Rupee Account）。在1992年之前，1963年第11号令《财政法》规定当投资人将股份转给非斯里兰卡公民时，需缴纳100%的税，但这一税种在1992年被废除。

国外投资者可向在科伦坡证券交易所挂牌上市的公司和未上市的公司投资，且外商投资已获得斯里兰卡投资委员会、斯里兰卡政府、任何有批准权的法律或行政当局的批准。

为了便利国外投资者的投资，授权交易商可以开设和维持境外卢比证券投资账户用于投资随时可为财政部批准的国家基金和区域基金，授权交易商包括在斯里兰卡境外注册的公司、机构，以及外国公民和居住在境外的斯里兰卡公民。

境外卢比证券投资账户只能向内汇款，经由非居民外币账户、离岸银行根据当时的汇率转换为斯里兰卡卢比。这个账户的存款将包括向内汇款、出售股份、股息及佣金。账户的资金可以用于与股票交易有关的所有款项，例如经纪费、银行费用等，斯里兰卡的账户持有人的费用是受到限制的。向国外汇股利时需要先交税，确保已支付预扣税。上市公司的股份转让收益可无延迟地汇出。这些汇款由银行操作，不需事先获得外汇管控的批准。尽管汇款前需要完税证明，但开具证明的程序已被简化。

十一、中国一斯里兰卡“投资互惠促进和保护投资条约”

本条约没有为国外投资者提供设立公司的权利。本条约第 2 条规定仅对“（外国的）自然人和公司以书面形式获得（东道国）相关机关批准的投资”适用。根据《维也纳公约》(Vienna Convention of the Law of Treaties)的解释规则，投资当局具有“在其认为适当的条件下”批准投资的特权，不能被理解为会侵蚀到本条约给予投资者的实质性保护。

本条约第 3 条要求根据第 2 条被承认的投资应得到双方“公平公正的待遇和保护”。这一标准是参考国际习惯法中的最低待遇标准，还是投资争端解决中发展出的较为广泛的标准，是不清晰的。向国外投资者提供最惠国待遇是一项义务，向国外投资者提供国民待遇并不是义务。

本条约第 6 条规定了征收的主体。第 6.2 条允许投资者就征收的合法性向东道国的任何适格法院提出质疑。然而，第 13.2 条规定，如果投资者选择了这么做，则不可就征收的赔偿问题向国际仲裁庭提起诉讼。很明显，只有关于赔偿金额的争议可被提交到国际仲裁庭，并且前提是投资者还没有寻求当地救济。其他违反本条约的诉讼包括违反最惠国待遇义务和公平公正待遇义务的行为，都仅可向东道国法院起诉。当地法院是否可以与拥有国际投资法专业知识的仲裁员的国际投资仲裁庭一样评估投资争议还是一个悬而未决的问题。

十二、国际投资机构的会员资格

斯里兰卡是国际投资争端解决中心(ICSID)的成员，并根据《国际投资争端解决公约》第 25(2)条作出必须先穷尽当地救济，才能将争议提交国际仲裁的保留。

斯里兰卡还是世界银行多边投资担保机构 (MIGA)的成员，MIGA 提供了对非商业性风险的担保，例如政治变革所产生的，或政治不稳定和不安全所产生的风险。MIGA 向非商业性风险(例如征收、违约、战争和内乱)提供包括共同保险和投资再保险在内的担保。

十三、避免双重征税条约

斯里兰卡已与以下国家和地区签订了避免双重征税的条约:澳大利亚、孟加拉国、比利时、加拿大、中国、丹麦、芬兰、法国、德国、意大利、日本、韩国、科威特、马来西亚、尼泊尔、荷兰、挪威、卡塔尔、罗马尼亚、俄罗斯、沙特阿拉伯、新加坡、瑞典、瑞士、泰国、阿联酋、中国香港、印度、印度尼西亚、伊朗、阿曼、巴基斯坦、菲律宾、波兰、英国、美国、越南。

第三章　货币与银行法

一、银行业立法

1988 年第 30 号《银行法》第 2 条规定有许可证的机构可在斯里兰卡从事银行业务。第 2(1)条规定，“在没有获得财政部长批准及货币委员会颁发许可证的情况下，任何公司不得从事银行业务”。一家“被许可的商业银行”是一家根据《银行法》第 2 条和第 2.5 条的规定被批准的银行，任何没有获得许可的实体从事银行业务都是一种犯罪。然而，斯里兰卡也被庞氏骗局的丑闻所折磨，最著名的就是“金钥匙丑闻”。中央银行定期公布关于“获得许可证的商业银行”的通知，同时声明中央银行监管着这些银行的运营，也暗示那些没有被列出的机构是有风险的。然而，很多斯里兰卡公民对快速回报的诱惑无法抵抗。

二、资产证券化及执行

斯里兰卡的《财产法》是基于罗马—荷兰法。不同于英国法，在罗马—荷兰法中当财产被抵押时，抵押人依然是财产的所有人。在英国法中，财产的所有权被转移给了抵押权人。这一因素同斯里兰卡法院诉讼效率低下一起导致银行效率低下。银行面临的一个主要问题是当出现违约银行试图强制执行时，受法庭拖延的影响。案件在初审法院中可以耽误几年的时间，上诉法院在做出有效判决前再拖延几年。当局通过立法使银行对违约借款人的执行变得更有效的尝试并没有取得明显的效果。

直到 1990 年《银行贷款回收法》(特别规定)的颁布，斯里兰卡《民事诉讼法》规定了债权人对债务人的贷款回收行为，同时规定了一个加速的程序叫作

“简易程序”,适用于支票款项、本票和类似欠款的回收。1946 年第 6 号令《抵押贷款法》规定了按揭抵押的还款。银行和其他债权人表达了对债务回收问题的不满。一个功能紊乱的银行体系对经济发展而言是一个巨大的障碍。在捐赠机构、重要利益相关者和法律职业者的建议下,1990 年颁布的法律允许单独的快速执行(Parate Execution)。“Parate” 的意思是立即或即时的允许债权人绕过法院冗长的审判程序,对债务人提供的抵押物进行执行。

《银行贷款回收法》中规定的快速执行是一个程序,只允许银行适用该程序,债务人可以将抵押物转售给银行,其他债权人例如非银行金融机构、放债人则不可适用该程序。抵押贷款的强制执行不必通过法院程序。银行有权力指定拍卖人拍卖抵押物,程序比较快。债务人有义务在临时期限内付清贷款。

快速执行起源于国家抵押贷款银行,然后被斯里兰卡银行和人民银行采纳,现已扩展到私人商业银行。1990 年第 4 号令《银行贷款的回收法》(特别规定)使所有商业银行包括斯里兰卡银行和人民银行可以制定它们自己的规定。有证据表明,这种执行方式使得贷款回收率达到 90%。该法主要条款如下。

第 3 条:无论何时拖欠款项,无论是对本金、利息还是本金加利息的不履行,都会被认为是对未偿还部分本金和利息的不履行;委员会可根据第 4 条和第 5 条的规定酌情采取行动;一旦委员会采取了行动,根据第 5 条,没有任何情况可阻止委员会的行动,如果委员会认为这是可行或有必要的。

第 4 条:根据第 7 条的规定,委员会可通过纸质的意见书,指定权威人士拍卖抵押物。以此来偿还欠款和第 13 条规定的其他款项。

第 15 条:(1)如果抵押财产已被出售,董事会应当出具销售证明,将原由债务人享有的所有权利和利益全部转让给购买人;至此之后,任何人没有资格向被拍卖的抵押物主张权利,包括所有权或借款人在该财产上的利益,法院不可改变交易,使交易无效或支持任何权利或利益的诉求。

(2)委员会可根据第(1)款签发证明书,应被视为财产买卖的决定性证明,本法所涉及的所有的关于财产买卖的要求都已满足。

(3)如果购买人不是银行,证明书应充分按照规定的形式,如果购买者是银行,证明书应是其他规定的形式。

(4)每一个销售证明都应对购买者要缴纳的所有的费用负责,包括印花税、交易金额、财产转让、登记和其他法律规定的要缴纳的费用。

(5)当被拍卖的财产涉及与国家签订租赁合同的承租人的利益时,当购买人不是银行时,委员会不能签发销售证明书,除非土地专员在行使自由裁量权后批准了交易。

虽然不能说快速执行程序比起其解决了的麻烦制造了更多的麻烦,但是它的实施面临一些实际问题。事实证明法律的漏洞已经很难弥补。例如,开发商可能会将已经销售出去的公寓抵押,在这种情形下,快速执行程序可能引起实质上的不公平。

第二个更迫切的问题是担保利益的救济。通常情况下,非公有制企业资本金不足,没有重大资产,由公司拥有资产的股东提供担保。当出现不履行时,银行可以对担保人的财产进行快速执行吗?如果答案是否定的,这将不利于实现收回贷款。然而,就这一问题司法实践的答案是否定的,司法实践并没有为了让股东承担责任而选择揭开公司的面纱。

显然,银行的最优选择是向公司和股东连带提供贷款,或向股东提供贷款但规定钱转给公司做股权。第二种方法存在的问题是该贷款的大部分资金可能被捆绑为企业资产,执行时依然会面临相同的问题。

在 Ramachandran and others v. Hatton National Bank 案中,最高法院判定只有当财产为借款人所有且提供给银行作担保,才可适用快速执行程序。这意味着不能对债务的担保人财产执行快速程序。主审法官席尔瓦代表多数意见,解释说银行的董事会只能向借款人提出拍卖抵押财产用以偿还欠款和本法第 13 条规定的费用的请求。主审法官席尔瓦指出能适用快速执行的对象是在本法第 2 条中清楚列明了的。第 2(1)(a)条规定"向银行提供了抵押财产的贷款人"需在银行登记其能收到通知的通信地址。银行根据第 4 条的规定决定拍卖财产时,应根据第 8 条的规定通知贷款人银行的权力范围。同时应根据第 9 条的规定将拍卖通知送达登记的地址。法官解释说贷款和抵押间的关系是很清晰的。当贷款人提供抵押时适用该法。《银行贷款的回收法》第 7 条、第 14 条、第 15 条、第 16 条和第 17 条定义了"借款人"。借款人是获得借款的人,也是按照第 2 条的规定需要向银行登记其地址的人。当抵押财产依据第 14 条的规定拍卖后,偿还银行的全部款项后仍有剩余时,银行应将多余款项归还借款人。这一规定表明银行只能拍卖借款人提供的抵押财产。主审法官席尔瓦解释说如果条款被解释为担保人提供的担保财产也适用单独的执行,第 14 条将会带来一个荒谬的结果,即担保人的财产被拍卖但银行却将多出来的拍卖款还给借款人。本案的大多数法官支持对法条作出严格解释,席尔瓦法官解释说是为了与法治和现有的法律的目的保持一致。综上所述,快速执行仅仅适用于那些以自己的财产做抵押的借款人。仅仅是担保人的话,则并不能算作是银行借款合同的当事人。

然而,Shirani Bandaranayake 法官并不同意这种观点,她倾向于一种更广泛的解释,应包含“第三方抵押者”。持不同意见的法官解释说,借款是连带借给借款人和抵押人的。有争议的是,有人认为这是银行的错误,因为借款人不能同时是贷款的担保人。Bandaranayake 法官的观点表达了一种对法律更好的理解。如果多数观点考虑到了罗马—荷兰法中关于保证的规则,即偿还了债务的人有追索权和不当得利请求权、恢复信托和推定信托的权利,则“荒谬”的结局将会得以避免。在 People's Bank v. Yashoda Holdings Ltd 案中,英国法的揭开公司面纱的原则被援引,用以证明快速执行是合理的。

三、反洗钱法

巴拿马已经使全世界关注富人的洗钱和逃税策略。跟一些国家一样,斯里兰卡在 2006 年颁布了《财务交易报告法》(FTRA),要求金融机构对可疑资金来源作出解释。以下是《财务交易报告法》的重点。(1)《财务交易报告法》要求建立金融情报机构(FIU)作为中央机构收集、分析和传播涉及洗钱和资助恐怖分子的消息。金融情报机构是斯里兰卡中央银行内部的一个机构。(2)《财务交易报告法》要求各机构向金融情报机构汇报超过特定限额(100 万卢比)的现金交易。“机构”所包含的内容是广泛的,包含了很多人和实体。(3)《财务交易报告法》要求机构向金融情报机构汇报所有的超过法律规定的特定限额的电子转账。(4)所有可疑的交易需要向金融情报机构汇报,无论交易额是多少。(5)《财务交易报告法》要求本法涉及的机构需要选出一位监察主任负责机构的合规性。(6)《财务交易报告法》规定以虚假的名字开设和经营账户是违法的。(7)《财务交易报告法》规定“通风报信”是违法的,例如警告被调查的嫌疑人。(8)《财务交易报告法》为举报人提供保护,根据该法作出举报的人免受民事或刑事责任处罚,银行的保密义务不适用于这种情况。

四、关于外汇的法律法规

像南亚的其他国家一样,斯里兰卡自独立以来一直对货币外流实行管控。现在实施自由市场政策的政府被寄予厚望,能实质上使独立以来一直实施的外汇管制系统自由化,并用《外汇管控法》代替现在的法律。

《外汇管控法》限制黄金、外汇和其他财产的交易,除非这些交易提前获得了外汇管控部门的允许。斯里兰卡的居民和在斯里兰卡境内的人,在没有获得允许的情况下不能在国外开设银行账户或获取任何外国资产。同样,在斯里兰卡境内或境外，向在斯里兰卡境外的人及其账户付款，需要得到外汇管控部门的允许。《外汇管控法》包含关于证券、进出口、收取债务的义务、旅游服务、航运机构、航空公司机构、其他机构和封锁账户的内容。据此审慎要求当交易、付款和进款涉及非居民和外国货币时，需要检查该行为是否符合《外汇管控法》的要求。满足外汇管控法律法规要求的可开设非居民外汇账户和居民外汇账户。现政府希望在未来取消外汇管控。然而在外汇管控未取消前，中央银行的有关部门应使法律清晰，人们也应继续期望《外汇管控法》得到严格的执行。

《外汇管控法》规定下列人员被视为非居民：

i 永久居住在斯里兰卡境外的人，包括永久居住在国外的斯里兰卡公民。

ii 已经从斯里兰卡移民的、在境外就职、在境外经商或提供服务的斯里兰卡公民。

iii(a)在斯里兰卡境内的外国政府的外交代表、领事或贸易专员（无论何种名称或职称）。

(b)任何涉及(a)中的人员与外交代表、领事或贸易专员为同一国的公民，且不在斯里兰卡境内就业，没有贸易或商业行为，也没有其他的职业。

(c)任何薪水或主要的报酬不是由斯里兰卡政府支付的且是通过联合国或其他由部长批准的组织的特别机构派驻斯里兰卡的专家、顾问、技术人员和官员。

(d)任何联合国、国际货币基金组织、世界银行、国际复兴开发银行、亚洲开发银行和其他类似组织的官员，不包括在本地受雇的斯里兰卡的公民。

iv 第 ii 和 iii 款视为居住在斯里兰卡境外人员的家庭成员。

v 被联合国的技术合作项目及其特别机构或科伦坡计划组织或其他经部长批准的组织派驻斯里兰卡进行培训的外籍人员。

vi 个人代表，包括代表出于货币管控的目的，死亡时居住在斯里兰卡境外的逝者的律师、管理人员。

vii 遗嘱信托或生前信托委托的斯里兰卡的受托人，当逝者在去世时或财产赠与人在做出财产处分时是居住在国外的，且是因为外汇管控的原因而居住在国外的。

下列人员应被视为居住在斯里兰卡：

i 斯里兰卡的公民或与斯里兰卡公民结婚的外国公民，其永久居住地在斯里兰卡。

ii 第 i 款中提到的斯里兰卡公民，由于假期、商务行为、就医或其他相似的原因暂住在斯里兰卡境外的人。

iii(a)斯里兰卡的外交代表、领事或贸易专员（以任何的名称或职称）居住在斯里兰卡境外的；

(b)任何斯里兰卡的公民，如果他是(a)中所涉之人的员工或斯里兰卡境内的国有企业、机构或法定委员会的员工，但在境外工作，除非他们是在境外受雇的；

(c)第 iii 款中认定的在斯里兰卡的居民的家庭成员。

iv 在斯里兰卡的外国公民，除了去往别国的旅客或在斯里兰卡境内因公、因私的游客。

v 在斯里兰卡的公司、银行和其他组织的工作人员或分支机构，不论其所有人是斯里兰卡公民还是外国人。

五、银行账户

（一）非居民的外汇账户

可开设非居民外汇账户的是：(1)在斯里兰卡境外的或在斯里兰卡境外受雇的斯里兰卡公民；(2)外国国民在获得现有国籍前为斯里兰卡的公民；(3)获得外汇管控批准的有斯里兰卡外交局许可证的外国就业机构。(1)和(2)中涉及的人居住在斯里兰卡境外或返回斯里兰卡后 90 天内可开设非居民外汇账户。

非居民外汇账户中的款项可被用来从事以下活动：(1)向在斯里兰卡境外的人以外币支付；(2)从一个非居民外汇账户向另一个非居民外汇账户转款；(3)以当下的汇率转换成卢比后在斯里兰卡境内支付；(4)向以下人员开具旅行支票和用于旅行的外币票据，即账户的持有人是《外汇管控法》第 6.2.1 条(a)和(b)款中所涉及的人，账户持有人的业主、合作伙伴或主管人，当持有人是外国就业机构，且有未使用的机票作证明时；(5)向投资委员会管理的公司投资；(6)受到 1988 年第 30 号令《银行法》的限制，例如对于第三方卢比贷款给予担保。

(二)居民外汇账户

以下人员可开设居民外汇账户：(1)居住在斯里兰卡的个人，不论其是否为斯里兰卡的公民，只要其满足授权经销商的要求，在汇入汇款中或随身携带不少于500美元或相当于500美元的其他货币外汇的人；(2)居住在斯里兰卡的本国公民，且持有不少于500美元或相当于500美元的其他货币的外汇储备。

居民外汇储备账户中的资金可被用于：(1)以外汇的方式向在斯里兰卡境外的人支付；(2)从一个居民外汇储备账户转向另一个居民外汇储备账户；(3)根据当下的汇率转换成卢比在斯里兰卡境内支付。

上述付款的任何文件应批注为在斯里兰卡境内签发的对居民外汇储备账户中的资金作出的处置。

六、在斯里兰卡境内买卖黄金

2002年11月22日《非凡公报》(Extraordinary Gazette)第1263/10期规定了交易的目的是：(1)在斯里兰卡买进黄金；(2)在斯里兰卡居住的人在斯里兰卡境内卖出黄金；(3)按照第(1)和(2)项规定的条件向斯里兰卡进口黄金或从斯里兰卡出口黄金。

然而，只允许以下人员进口黄金：有许可证的商业银行；外汇管控部门批准的有限责任公司；从事黄金贸易、制造金饰品或黄金产品用以出口的公司；实收资本不少于1000万卢比的公司；三年以上财政记录良好的公司；有三年以上黄金贸易经验的公司。

七、出售股份：向非居民发行和转让公司股份

《外汇管控法》禁止在没有外汇管控部门允许的前提下向非居民发行或转让股份。在一定的例外和限制下，外汇管控部门现在允许向非居民发行或转让公司的股份，最多可达发行资本的100%。在股份的发行或交易中的支付应从境外卢比证券投资账户支出或进账，该账户需根据外汇管控部门的规定在商业银行开设。所有的转让、红利的汇款、证券销售收益应通过前述账户，且可由授权经销商准许，但须遵守下列规定：申请当日证券投资境外卢比账户的余额证明；销售价格及销售股份数量的证明；所得税完税覆盖被遣返的数额。

参考文献

1. Weerasooria, W. S. ,The Financial System, Banking and Cheque Law in SriLanka, The Institute of Bankers of Sri Lanka, 1998.

2. Weerasooria, W. S. , The Law Relating to Banking and Inter-Related Services, The Institute of Bankers of Sri Lanka, 1997.

3. Weerasooria, W. S. ,Is Sri Lanka's legal System Secure Enough for the Successful Operation of Banks and Banking Business? Annual Convention-Association of Professional Bankers-Sri Lanka, 2001.

4. Karunaratne, P. , How to Recover Large State Bank Default Loans? The Daily Mirror, 21 July 2006.

5. Presidential Commission on Finance and Banking—First Interim Report, 31 March 1991.

6. Presidential Commission on Finance and Banking—Second Interim Report, 31 July 1991.

7. Presidential Commission on Finance and Banking—Third Interim Report, 21 July 1992.

第四章　基础设施建设的法律法规

一、BOO，BOT 和 BOOT 模式

私人部门参与到基础设施建设计划中最开始是在东亚流行，现在已经常见于发展中国家。这些计划根据私人部门参与的时间长短和性质的不同产生了一些固定模式，常见的有建设—持有—运营（BOO），建设—持有—移交（BOT）或建设—持有—运营—移交（BOOT）。斯里兰卡投资委员会设立了基础设施投资局（以下简称 BII），目的是对参与基础设施项目的私人部门进行监管。BII 直接负责斯里兰卡境内的与 BOO 模式和 BOT 基础设施模式相关的所有工程。BII 的作用是在财政部的监督下促进、协助和服务于直属部委和直属机构。然而，选择和批准的最终责任和权力则在相关的直属部委和内阁部长身上。

这些计划采取由私人所有并管理的企业或公私合作制的形式，企业的资源、风险和利润是共享的。计划通常是在 BOO/BOT/BOOT 的基础上进行建设的。斯里兰卡政府已寻求本地的和外地的私人部门在互惠互利的条件下进行合作。

在决定 BOO/BOT/BOOT 计划时，政府的任务是以合理的价格向大众提供令人满意的服务，同时向私人部门的所有人或经营者提供风险调整收益。当政府发起计划时，需要通过投标来确保价格是合理的，通过鼓励潜在的私人部门的参与者间的竞争确保得到合理的服务价格。同时，确保私人部门参与者的投资回报是合理的而不是过度的。

私人投资者已参与到电信服务中，例如蜂窝服务、无线本地环路系统和付费电话网络。对电力行业的投资，从小型水电系统到大型发电厂以及港口行

业的投资正在实施中。基础设施的投资还包括高速公路、公共交通和环境等。这些企业的外资控股比例最高可达100%。

在1996年，政府颁布了一些关于政府投标程序的新指引。这些指引规定了私人部门融资计划。这些指引要求当一个政府机构决定某一基础建设计划将由私人部门完成或由私人部门参与时，它需要按照这些指引中规定的程序进行。根据这些指引，BII是与这些计划有关的所有活动的协调机构。根据政府制定的准则，与基础设施项目有关的采购过程开始于政府发布一项对提案的要求。该提案将由项目委员会进行评估，该委员会在内阁任命的谈判委员会的监管下运作。

另一方面，根据指引的规定，投资者也可以选择提交非招标提案。当这样的提案上交时，相关的政府机构将会分析基础设施建设计划的需求，如果该计划被认可，政府机构将会把非招标提案公开。通过这种方法，政府希望获得最好的条款，即使项目是从非招标提案中获得的。

未得到综合基金资助的基础设施项目可能从私人部门得到资助或发展。得到私人部门资助的基础设施项目会以BOO/BOT/BOOT模式和其他多样的由投资者建设—持有—运营或移交或在特许期限后租赁给公共部门的方式进行建设。

二、协调

初步筛选：所有的被各直属部委认定的重点项目将会在BII进行非正式的讨论，提议的机构和BII共同准备一个关于该计划的财政和技术可行性的报告，报告交给财政和规划部审核。一旦计划获得批准，直属部委将提交一份内阁备忘录，包括正式项目建议书，以便于内阁对项目进行核准。全部或部分由私人部门参与的，以BOO/BOT或其他方式进行的基础设施项目、基础设施发展项目，包括但不限于：电厂、公路、港口、机场、电信、铁路、运输系统、工业园区、固体废物管理、供水和排水、仓库、住房、市场、土地复垦和其他基础设施。

督导项目建议书：所有与BOO/BOT计划有关的事务将会通过内阁任命的谈判委员会(CANC)提交，由项目委员会(PC)协助，进行引导。审核BOO/BOT计划的审核机关是内阁。CANC的最终建议和各种重要阶段的建议也都需要内阁的批准。

处理建议的程序：项目的正式批准，即经斯里兰卡政府审议通过私人部门发展的优先项目，一旦相关的直属部委在BII的帮助下确定和筛选后，将会被提交给财政和规划部进行初步审核。当财政和规划部决定某一计划应被执行时,相关的直属部委需要一个包含项目建议书的内阁备忘录,寻求:(1)原则上项目的正式批准;(2)由内阁任命一个谈判委员会,委员会享有发展计划的权力。相关的直属部委应要求财政和规划部指定一个项目委员会。

内阁任命的谈判委员会(CANC):内阁将任命一个谈判委员会来处理所有关于BOO/BOT计划相关的事情,并对提案者的选择进行建议。内阁决定CANC的组成。通常情况下,CANC的主席是财政部的部长或副部长。相关直属部委的部长和主席是其他成员。

项目委员会(PC):原则上内阁批准项目后,PC将会建立。财政部长在直属部委部长和BII的要求下,将会任命PC的成员。它的成员将包括以下部门的代表:直属部委、财政和规划部、BOI/BII、相关政府机构、律政司的成员、中央环境管理局和其他可能涉及的部门或机构。PC可以随着时间的改变来选择顾问或专家,以获得专家意见。BII的代表担任项目委员会的秘书或召集人。委员会为项目发展服务的同时,通过各个阶段的实施来负责项目的指引。

项目委员会的职责范围(TOR of PC):PC主要负责指导征求建议书(RFP)文件的编制工作,并将这些文件上交给CANC审批。RFP应包含以下内容:项目技术和财务可行性的评估标准;详细的规格;根据案件的情况确定相关协议的模型;环境数据和信息;其他相关的信息。PC的其他责任包括安排投标,评估CANC考虑的内容;在计划发展阶段监控进程并定期向CANC汇报;协调与计划相关的所有活动,包括安排会议、通信等;关于法律责任,因为计划提案的协商可能产生政府的法律义务、合同承诺和政府担保的建议,所以相关直属部委或BII在作出任何正式的合同承诺前,都需要与财政部和总检察长协商并经内阁批准。

时间框架:从邀请到结论的时期。从发布建议书的要求到签署执行协议期限应为一年(12个月)。然而,时间框架可能在内阁的批准下根据计划的复杂性被延长。

非招标提案:直属部委、机构和BOI/BII在收到了非招标提案后,应按照招标提案的程序处理;非招标提案可能包括所有的斯里兰卡政府、直属部委和BII要求的用以确定项目的经济和财务可行性的基本信息,包括项目技术细节的大纲;财务细节,以证明总成本和溢价要求的合理;金融机构和财团成员同意承诺资金的信件,如果项目被斯里兰卡政府同意并开始建设。一旦确定要求,有关直属部委应通过公告,呼吁使用同一格式的建议,并结合实际目标寻求实现。提出原始要约的一方有机会在投标和要约的邀请中为满足有关机构的需求和目的而对建议做出重大修改。所有出售的公共资产或对任何国家资助的企业的专有权的授予以及BOO/BOT建议都适用这一规则。没有收到通过公告发布的建议或投标邀请的非招标提案将不被采纳。当紧急的和例外的情况发生时,偏离以上规定的程序是可能的,但需要内阁的特别批准。

发行征求意见书(RFP)的程序和帮助投标人:一旦内阁部长批准进行计划,直属部委将会以国际竞争投标(ICB)为基础向私人部门征求建议,通过RFP授予计划。

征求建议的方式:CANC必须确保RFP提供足够的信息,以征集潜在投标人的完整建议。发布RFP的方法是广告,以ICB为基础收到感兴趣的投标人的答复。

提案者的资格预审:CANC可以决定是否对提案者进行资格预审。所有大规模的项目(预估价格在1亿美元以上,包括1亿美元)或技术复杂的项目,在招标前需要对提案者进行资格预审。

招标邀请意向书(EOI):如果CANC决定按照资格预审的程序进行资格审核,CANC需要通过发行EOI的方式开始审核程序,且EOI将在国际媒体上进行广泛的宣传。

招标邀请意向书的评估:EOI将由项目委员会进行评估,并向CANC提出提案以供批准。只有通过资格预审的公司才有资格发行RFP。

发布RFP:RFP将会通过国外和本地的新闻报纸、电子媒体和斯里兰卡的驻外使团进行广泛的宣传。

RFP的内容:RFP将包括该项目的所有资料;需要投标人提供的可帮助评估建议的具体信息;一个确定的格式,投标人遵循该格式提交他们的建议。RFP由以下部分组成。首先是介绍,这一部分将列出政府对私人部门在基础设施项目投资的政策大纲。其次是项目概要,这一部分将概述项目投标人在建设和运营阶段的主要责任。

技术和财务建议:这一部分提供投标人需要准备的技术和财务方面的信息。

评估与筛选:这一部分将说明投标人需要提供的主要信息,包括项目技术参数、筛选的基础和提案评价方案和后续步骤。本部分所提供的资料需详细说明,以便政府做出明确的选择,使潜在的投资者或投标者清楚地了解过程。

合同、财务和法律框架:这一部分将描述私人部门和公共机构将要订立的合同和协议的草稿;财务的要求;财政和监管问题和相关的法律;需要支付的投标和履约保证金。

私人部门基础设施发展公司(PSIDC):重大项目可以从PSIDC获得资金。这个组织是在世界银行(WB)和其他多边机构的帮助下建立的,目的是满足私人部门基础设施项目的要求对次级债务进行支付。如果资金用于计划,则需要遵守采购条例中关于采购可获得资助的比例的规定。

附表及附件:除以上内容外,RFP还将支持"附表和附件",其中包含与项目有关的补充描述性信息以及提交建议的程序和格式如下。

附表1,投标人的进一步信息:本附表将详细说明在RFP中没有涉及的该项目的有关情况。

附表2,建议的内容:本附表将提供详细的格式及结构,以供投标者提交投标书。该结构将满足各种参与筛选和评价的建议的具体需要。投标人所提供的信息将包括关于提案的缔约方的一般资料;技术和环境信息;执行计划;成本和定价结构;项目的融资及相关问题。

RFP准备工作的责任:相关部门或机构的代表组成的项目委员会在技术顾问的帮助下(如果需要技术顾问的话)负责准备RFP文件。

澄清:RFP以指令邀请投标人以书面的形式澄清或补充信息,该澄清或补充信息的期限为自发行RFP之日起,在规定的时间内完成,但不能超过2个月。项目委员会在咨询相关部门后,将对问题提供纸质版的答复,并向所有购买了RFP的当事人提供复印件,前提是这些答复并没有对RFP进行任何改变或添加。如果答复对RFP产生了重大影响,项目委员会应取得CANC的批准。CANC可自己主动召集投标人会议或依投标人的要求召开会议,或如有请求,由两个以上投标人在特定的时间且自RFP公开之日起2个月内,要求召开会议。

对RFP的修正:如有必要,且在提交建议书前最多30天,项目委员会可以通过向已购买RFP副本的所有人发布正式附录,且在CANC批准下修改或添加RFP。如果做出了重要的改变,提交建议的时间应被延长。

公告建议:财政和规划部秘书将在国际和国内的新闻媒体、通过当地的外交代表公布的方式、斯里兰卡驻外使团和电子媒体的方式邀请建议。新闻公告也可能被发送给所有潜在感兴趣的与直属部委、机构、BOI/BII联系的公司或以其他方式表示兴趣的公司。该公告将提供一个项目的简要说明,并指出本公司的简介和投标人的经验;可收到RFP的地址;任何购买文件所需支付的款项;文件收集的截止日期。

发布RFP:执行机构或直属部委在收到不可退还款项后将发行RFP。

建议担保:建议必须有担保,担保额度在RFP中有规定。以下机构签发的担保是可接受的:(1)得到斯里兰卡中央银行的批准在斯里兰卡运营的银行;(2)另一个国家的银行,但其保证或担保应被一家在斯里兰卡运营的银行承认;(3)被财政部认可的在斯里兰卡运营的名誉好的担保公司;(4)外国银行出具的信用证,但需得到在斯里兰卡运营的银行的“确认”;(5)在斯里兰卡运营的银行的定期存款或银行通行证,以执行机构名义所作的存款;(6)财政部批准的其他机构,随着时间的改变而改变。

提交建议的时间:提交建议的期限通常为3个月。根据计划属性的不同,可能会增加到6个月。在截止时间后收到的建议或不符合RFP要求的建议(例如没有提供建议担保),CANC应拒绝接收。

开启建议:收到的包括技术和财务的建议将由CANC或建议开启委员会(POC)在CANC授权下在投标截止后立即开启。所有的计划提案者都有资格在开启建议时出席。POC的成员包括以下部委、部门、机构提名的代表,即直属部委、财政与规划部、BOI/BII、相关国家机构。

在提案开始时公告:以下细节应被记录在案并在提案开始后立即公告,包括提案者的名字,提案担保的价值及发证机构的名称,技术和财务建议是否都已提交。

复兴项目:如果以前发出RFP的提案在提案截止日期起一年后恢复,则RFP应做出相应修改,并应在提交之前获得内阁新的批准。

三、建议的初步评估

PC在建议评估中的责任:在RFP规定的截止日期之前收到的建议将由PC分以下三个阶段进行评估。第一,评估建议的充分性,即是否关键要求,如投标保证金等,都已达到标准;第二,评估回应了RFP要求的文件,对不符合RFP要求的文件判定为不合格;第三,评估提案,在一个明确的、客观的、可核查的标准上对投标进行排序,在任何情况下,根据关税结构调整后的任何花费由政府承担。PC成员必须在充分的时间基础上承担评估责任。PC将为经验丰富的成员分配部门职责,以通过参考可行性研究来评估提案的各个组成部分。评估过程中,应保持极端机密性。

筛选提案:所有在截止日期前收到的提案将会被包括在筛选程序中,最终的评估将仅限于那些通过了筛选的提案。PC将确保所有被选择的提案从技术上讲,在满足项目的功能要求的必要时间范围内;在环保方面,符合环境影响评估(EIA)要求;财务上可行。提案将严格遵守招标书中规定的标准进行评估。评估将在收到建议书之日起3个月内完成。

信息筛选：当提案的复印件提交给 PC，PC 将评估所提供的信息是否足以使他们完成评估。PC 应在指定期限内通知投标人所有不充分、不清楚或不一致的信息。提案结束后，投标人应以书面形式澄清。

反应报告：PC 将评估被提名投标人、承包商和供应商的一般资格和经验。如果他们没有被提名，应要求成功的投标人将联合公司的名字提交给 PC，再由 PC 提交给 CANC。

无响应的提案将被 CANC 拒绝：收到来自投标人的所有附加信息，PC 将为每一份提案准备一份信息已提交的报告。这份报告将包括建议拒绝不完整的或无响应的报告。因为无响应而拒绝提案的决定应由 CANC 作出。

技术筛选：只有当提案被判定为是上述响应的提案后才可以通过技术筛选来检验其是否能够符合 RFP 中要求的关键技术性能标准；投标人将在 RFP 中列明的环境标准的范围内履行；与斯里兰卡强制执行的健康和安全标准一致。

财务筛选：财务筛选要求确认提案是在财务上可接受的；投标人及其金融合作伙伴具有较好的财务状况和声誉，并能够筹集所需的财政资源；为响应 RFP 而编制的融资计划纲要应从根本上合理，符合项目投资的要求，可以弥补任何期间的负现金流。由 PC 进行的财务筛选将评估融资计划是否真实，重点关注投标人的信用和财务实力，以及他们的银行家和财务管理者的经验。

成本筛选：PC 进行成本筛选，以确保投标人已将所有相关资金和运营成本计入项目估算中；确保成本估算已根据设备和其他投入品的现行物价明确列出；确保为关税提供基础的成本估算是合理的。

成本筛选的基础：为了准备成本筛选，项目委员会应发展自己的资本和运营项目的成本估算模型，借鉴其他政府项目的经验，吸引可能来自世界银行和亚洲开发银行的投资。这些估算应该在投标人最终确定建议前已经准备好了，以便在提案开启时使用。评估应在与 RFP 中规定的成本评估结构相当的基础上提出。PC 将确定忽略的相关资本或运营成本，或明显不符合委员会确定的对合理成本的评估。

澄清和修改成本结构：成本结构的所有明显的差异，将在澄清过程中向投标人指出并获得解释。然而在这一过程中，不能改变评估总额，从而对评估结果产生重大影响。已经完成并清楚阐明的成本评估，应按其合理性进行筛选，并根据 PC 规定的成本估算进行判断。为了进行这种比较，PC 将作出适当的调整，使所有的成本评估基于一个统一基础。所有的评估都应排除融资成本。当所有的投标人在其澄清过程中都采取了十分相似的且偏离 PC 评估模式的模式,PC 的原始评估可以适当调整。

对竞争性提案的财务评估:包括财务模板或“关键因素测试”(100 或大于 100),项目提案人应达到其自我评估的基础需要。提案人通过回答“是”或“否”来进行自我评估。他至少需要回答 80%的“是”才有资格进入最后一轮。在这一阶段,每单位的价格将被确定。在所有的提案已经被充分筛选后,其将按照 RFP 规定的积分系统进行排序。积分权重会主要考虑项目的主要因素。

四、评估标准

评估不同提案的关键因素:第一是报价,例如每千瓦时的电力成本、收费公路的收费标准、设施的租金、每单位的销售价格等。“基准价格”包括固定价格和单位成本的可变部分,在 RFP 的假定中公共部门实体购买产品的价格与通货膨胀、汇率、电力燃料价格等有关。在预计项目可能有政府参与时,这种政府参与的相对成本将计入评估。第二是运营期限。第三是关税结构,最优惠的关税结构因政府承担的费用而调整。PC 需要准备项目的财务模型,这将使必要的比较和分析可以落实。评估还应考虑到提案中设备的类型和规模、施工期和项目经营期限的差异。计算开始时应根据招标书的一般假设。这是价格评估的基本价格组成部分。

指数化风险:指数化风险应该得到评估,用 RFP 中的标准按照敏感性假设对每个提案进行测试。投标人的价格敏感性对基本假设的变化,鉴于个人成本资料和成本指数化安排的不同,应该得到分析。指数化的风险会有所不同,这是由不同的融资计划、成本结构和不同时期的价格计划导致的。

价格上涨的评估(上涨准则):RFP 将有一个项目成本价格协商的指示,涨价可能被认为是合理的,但是投标人会有一些额外的成本负担,这些成本需要得到承认。在评估报告中需指出投标人在评估价格风险和分配时应考虑的因素。如果可能的话,风险的评估将会与比较基础价格相结合,在价格谈判结束后,产生预期的基础价格。

技术方面的评估标准是:(1)发起人的技术能力和组织能力,和他们在类似的项目和情况下的经验;(2)关于发电厂的操作灵活性及其可靠性评估;(3)发起人的实施计划,包括建设期的长度和计划的投产日期;(4)提案对项目的环境影响程度;(5)进行质量保证、测试、调试和人员培训等事宜的程序。这些因素的相对重要性应当在准备材料时确定。

融资方案评估:这是金融专家的主要责任。主要的标准是项目发起人及其银行家在项目规模方面的财务状况及资源;融资计划的可靠性和灵活性,项目公司在整个生命周期内资金的流动性，以及其在现金流减少和损失的不利事件中生存的能力；财务模型的质量和清晰度。

一般的反应：PC应指出任何主要的背离RFP的情况、政府在支持项目建设中的全部义务和任何法律的、财务的和财政的影响。

五、项目委员会的最后报告

项目委员会的最终报告：PC将向CANC发布最终报告，报告将包括在评估期间发布的中期结论（定价、技术和融资计划等）。准备一个全面的执行概要，包括以下内容。(1)介绍。从RFP发行到筛选最终名单和公布名单的过程总结。(2)技术。与RFP要求相比较，总结技术审查并比较每个提案。(3)商业。总结投标保证金和参与计划的公司所在协会提交的信件。(4)财务。对每个提案列明的产品成本和产品价格概述（电力、水和通行费等）的详细情况进行比较。(5)价格谈判。对每个提案人的价格谈判进行总结，并对每个价格谈判对产品成本的影响进行评估。(6)总结。总结PC的总体排名和建议。

六、谈判与签订合同

谈判：CANC将与选出的投标人进行最终协商。如果必要的话，双方可以在协商时获得PC的帮助。在BOO/BOT模式中，价格谈判和风险分摊是十分关键的。

意向书(LOI)：当协商完成后，PC和相关直属部委将准备一个LOI的草稿，等待CANC的批准并最终交给内阁批准。在获得CANC和内阁的批准前，应先获得总检察长对LOI草稿的认可。

LOI的目的是给发起人一段时间，使他能够完成签订最终合同和协议前需要完成的行动和准备。LOI由直属部委秘书和直属机构的负责人同接收LOI的投标人签署。

意向书通常是一个有必要附件的信，包含以下信息：(1)计划授予给发起人的排他性项目及期限的声明；(2)在接受LOI时，发起人银行担保的总结；(3)按照与PC/CANC达成的协议完成所有的修改；(4)一份陈述商定的所有价格谈判的声明；(5)排他性项目期间发起人义务的声明；(6)LOI中规定的技术性能标准的总结；(7)环境影响评估的要求；(8)任何对LOI的延期，只有在获得CANC的批准后才能准许。

发起人的义务：发起人将进行详细的调查以确保RFP信息的准确性，并进行其他的与 LOI 中列出的价格谈判有关的研究;同意与 PC、其他直属部门对价格谈判中允许的关税调整进行协商;建立项目公司;申请并获得所有需要的许可与同意;完成所有相关的合同和协议的谈判,包括融资。

履行担保:在收到 LOI 后 2 周内,发起人应完成履行担保义务,有效期是约定期限,发起人以不可撤销的银行担保的形式冻结项目成本的 5%。如果没有在 6 周内完成担保,LOI 将自动失效,发起人和项目公司不能以任何理由向斯里兰卡政府或相关部门主张赔偿或补偿。在特殊情况下,CANC 可将有效期延长 6 周,但最长只能延长 8 周。

排他期间:LOI 授予的排他期间应是足够长的,发起人能够完成 LOI 要求的任务。排他期间通常不能长于 6 个月,但 CANC 在 PC 的推荐下可以对复杂的计划给予延长。

排他期间的延长:CANC 可以同意不超过 1 年的延长期。超过 1 年的延长期,在绝对必要时,需要内阁的批准。

价格谈判最终确定价格:最后谈判的主题应该是价格。价格谈判应考虑到斯里兰卡政府和投标人间的风险分配;数量和成本上都被限制到最低;给出特定成本的理由;明确了进一步调查的结果和由此产生的价格变化之间的关系;确定价格变动的限制。

七、完成项目(邀约和非邀约)

所涵盖的时期:在终结阶段的一般程序是采用邀约投标书和非邀约投标书。这将包括从 LOI(邀约投标书和获得了可行性研究批准的非邀约投标书)发行、接受,到协议和合同的签署。非邀约投标书同邀约投标书一样要遵循可行性研究审批阶段。

主要活动:最终阶段的主要活动包括建立一个项目公司;项目投标者(或斯里兰卡政府指定的顾问)准备执行计划和 PC 的评估;价格谈判的终结;如果适用,获得项目发起人的同意和批准;谈判和完成所有其他协议和合同;完成融资计划。

协议:典型的协议列表包括政府与项目公司之间的执行协议;服务或产品购买协议授权发起人收取合理的费用和使用项目设备的租金,这些不超过有关合同中的根据预先确定的公式,使用官方价格指数且合同约定的非要约投标书同意的价格;火电厂或类似项目、燃料供应、销售和采购协议的价格;可适用的承包合同;操作和维修合同;项目投标者之间的股东协议或合资协议;贷款协议及项目公司的财务所必需的其他文件;托管协议;土地租赁或购买协议;保险政策;信托契据;所有批准和许可证。

产品购买协议(PPA):RFP 和 LOI 将包括一个 PPA 草稿,其内容包括:PPA 的开始时间和持续时间;项目公司的设计、建设、运营和维护义务;完成项目的调试和测试工作;项目生命周期中的目标绩效水平及实现该目标的程序;政府对项目公司或其他机构购买产品的支付义务,包括所有收费和费用安排的细节;政府实体和项目公司有义务安装投产项目所需的设施,例如电力互联设施和高速公路补给道路等;项目公司要使项目满足国际最低标准的义务;项目公司的维护义务和进一步计划检修的安排;设立经营委员会处理技术和业务问题;处理纠纷、仲裁和不可抗力事件的安排;奖金和罚款条款。

燃料供应协议(FSA):在燃气、燃油发电等项目中,项目公司通常会与斯里兰卡石油公司等公共部门签订 FSA。这是一个简单的协议,阐述了燃料供应商的供应义务和项目公司在项目期间或特定阶段承担燃料的义务。

执行协议(IA):IA 的内容将由 BII、直属部委、机构和项目公司进行协商,可由法律顾问协助,且会将其提交给 CANC 进行内阁批准。

内阁批准:在签署 IA 前,最后的提案与议定的协议草案将提交内阁批准。直属部委提交内阁备忘录、CANC 建议与 BII 的报告,应包括的内容有 BII 及其顾问、相关国家机构总结的 PC 鉴定结果;最终价格和其他主要商谈的内容;谈判的 IA 的主要特点。

签署协议:在获得内阁部长的批准且所有的协议和合同都完成后,财政和规划部、区域部门和项目公司将签署 IA。所有的协议都应在同一时间签署。

第五章　斯里兰卡劳动法

一、介绍

斯里兰卡人受雇于社会各个行业，包括：资源开采部门；茶叶、橡胶和椰子种植园；渔业和矿业部门；政府和国有企业也有成千上万的就业机会。成千上万的斯里兰卡人构成了移民劳工劳动力，并在斯里兰卡的硬通货收入中占相当一部分比例。斯里兰卡劳工法几乎涉及了雇佣关系的所有方面。

斯里兰卡侵权法承认替代责任原则，受雇佣期间雇员的过错由雇主承担责任是斯里兰卡法律的一部分。一部十分有名的侵权法专著对这一原则的论述如下："雇主不仅对其授权雇员从事的违法行为负责，也要对雇主授权的违法行为和未授权的行为负责。但是雇主（与独立承包商的雇主相对）对他没有授权的行为负责，前提是这些行为与雇主授权的行为紧密相关，从事这些行为可能被认为是在从事授权行为。"斯里兰卡法院裁定罗马一荷兰法的原则（在斯里兰卡适用）和英国法的原则是相同的。

二、斯里兰卡劳工立法概述

斯里兰卡有关工业、就业和劳资关系的立法可分为以下七类：

社会保障法：《职工公积金法》《职工公积金（特别规定）法》《员工信托基金法》《职工信托基金（特别规定）法》《酬金支付法》。

员工福利待遇的法律：《雇佣妇女、青年和儿童法》《生育保险条例》《矿业中的女性雇工法》。

职业安全卫生与工人赔偿：《工厂条例》《工人赔偿条例》。

有关雇佣条款和条件的法律：《工资委员会条例》《车间和办公室职员（就

业和报酬的规定)法》《学员(私人部门)就业法》。

劳动关系:《工会条例》《员工事务委员会法》《工业纠纷法》《劳动者就业(特别规定)终止法》。

种植园和地产劳动法:《房地产(印度)条例》《医学需求条例》《印度移民劳工条例》《最低工资(印度劳工)条例》《工会代表(不动产)法》《房地产小区(特别规定)法》《种植园工人津贴法》《服务合同条例》。

国外就业:《斯里兰卡外国就业局法》。

三、主要劳动法规的概要

(一)有关社会保障的法律

三个主要机制解决了员工的社会保障问题,即职工公积金、雇员信托基金和酬金基金。雇员在完成法定服务期限、更换就业或达到退休年龄后,可获得就业福利。

职工公积金(EPF):1958 年第 15 号令建立了 EPF。自那时以来,EPF 规则经历了九次修订。雇主每月都要给中央银行汇款,向基金汇入相当于 20% 的员工总收入。雇员的缴款是收入的 8%,雇主则必须缴纳雇员收入的 12%。"收入"包括工资、生活津贴和类似津贴、节假日和休假的福利、雇主所提供的食物的现金价值,但不包括加班费。在每周假日工作的报酬也应被计算到 EPF 缴款中。企业不主动向 EPF 缴款,会产生 5%到 50%的附加费用。

WTHZ **雇员信托基金(ETF)**:1980 年第 46 号令《雇员信托基金法》(修正)要求雇主向其名下的信托基金缴纳员工每月总工资的 3%。

酬金:雇员的报酬由 1983 年第 12 号令《酬金支付法》管理。酬金是一次性付款,是对一段时期的服务的认可。法律规定在任何工业领域雇用 15 名以上员工的雇主在终止雇佣前的 12 个月内需要向被解雇的工人支付酬金,如果该员工已为雇主服务满 5 年。按月付酬的雇员酬金以每服务一年支付半个月酬金的方式结算。酬金也支付给按周或按天计酬的员工,以每服务一年支付 14 天酬金的方式结算。解雇员工应当支付酬金,除非解雇的原因是员工欺诈、挪用雇主的钱财或故意损坏雇主的财产,员工对雇主造成的损失应在法律规定的应支付酬金中扣除。如果员工在受雇佣期间死亡,雇主应将他应得的酬金支付给他的合法继承人。

(二)有关雇员福利的法律

《矿业中的女性雇工法》:任何年龄的女性任何时候都不能在矿山的地下工作或进入矿井从事工作。

《生育保险条例》:这部法律最早在1939年颁布。随后,从1952年到1985年共经过了7次修订。雇主不得在明知妇女分娩后4周内的情况下雇佣她。"产妇福利"是指根据本条例的条文应向女性工作者支付的金额。没有孩子或只有一个孩子的女性工作者有权获得雇主支付的12周的生育津贴,有两个或两个以上的孩子的女性工作者可获得6周的生育津贴。

《雇佣妇女、青年和儿童法》:包括三项立法,它们与雇佣妇女、青年和儿童有关,即在工业企业中和海上作业、夜间作业外的工作。

夜间雇佣妇女和青年:法律禁止在夜间雇佣任何未满18周岁的人,无论是公共还是私营企业或其分支机构。在满足一定的条件下,妇女可在夜晚上班,但必须是自愿的,且在晚上10点以后工作的,必须获得劳工当局的自愿书面授权。在夜间工作的女性应获得正常工资1.5倍的报酬。女协管员必须保证能获得工人福利。企业必须有可用来休息的房间和茶点供应。每月的夜间工作天数不能超过10天。女性的管理人员和技术人员、提供卫生和福利服务的人和只雇佣家庭成员的工业企业的女性可得到豁免。

在工业企业和海上的就业:雇主不得雇佣15周岁或不满15周岁的儿童,除非企业或船舶是以家庭方式进行作业的,或获得了技术学校的批准并在技术学校的监督下工作的技术学校的学生。

工业企业和海上工作之外的就业:这一部分适用于工业企业和海上工作之外的就业。14岁以下的儿童不能在上课时间和晚上(晚上8点到早上6点)工作,且不能从事搬运或移动可能对其造成伤害的重物的劳动;亦不能从事对其健康、教育和法律规定的其他福利造成伤害的劳动。重要的是,14岁以下儿童不能从事被称为"街道工作"的工作。

职业安全与健康,工厂条例及工人的赔偿:1942年的《工厂条例》规定了职业健康和所有经营工厂的人应熟悉本法的规定。该法已经有7个修正案。其中,3个主要的方面是健康、安全和福利。

健康:每个工厂都必须保持清洁、有利于工作的环境。它不应该过分拥挤;必须有适当的温度,新鲜的空气和通风。地板应保持干燥,必须有足够和充分认识到性别不同的卫生设施。

安全:英国立法在安全领域影响了斯里兰卡的法律。工厂必须有适当的机械围栏,对危险物质的防护,通向建筑物的楼梯和过道是有围栏的,员工在上机器工作之前要进行适当的培训以及在操作诸如吊起、升降机、起重机、锅炉和炸药等时有预防措施。劳工法对火灾事故也进行了规定。

福利:雇主必须提供安全的饮用水、工作服、洗涤设备、适当的休息室和座椅设施。

工人赔偿:1934 年第一次颁布了《工人赔偿条例》,规定了对在受雇期间受到伤害的雇员进行赔偿。条例自颁布以来进行了几次修改,特别是 1995 年第 15 号令。条例规定雇主应赔偿的责任并对应进行赔偿的情况进行了列举。赔偿必须支付给在受雇期间因意外受伤的工人;雇员的职业病,其服务不少于 6 个月,而这一疾病直接归因于其工作的性质。赔偿数额由劳工处处长或其授权的工作人员依据工人受伤害的性质决定。大多数雇员都购买了保险来覆盖风险。通常情况下产生的问题是事故是否是"在工作过程中"出现的。工人在自己家里发生的事故或在工作以外发生的事故不包含在内。当工人在酒或毒品的影响下,或是故意无视安全设备和工作场所规定的程序所导致的事故,雇主是没有赔偿义务的。对雇主的赔偿要求必须在事故发生后 2 年内进行。如果雇主不支付工资,工人或其家属可以在一年内向劳工处处长申请。在 30 天内不支付的雇主要承担附加费,而不当拒绝支付则可导致罚款。《工人赔偿条例》下的索赔不影响工人或其家属在事故发生地的地区法院提起关于损害赔偿诉讼的权利。然而,在这样的情况下,他将受到侵权责任的一般原则的约束,通常要求提供过失证明,除非雇主违反了法律规定的某些职责。法院对损害赔偿的判定,一般都会考虑到已支付给工人的赔偿款项。

工资委员会:工资委员会是根据 1941 年《工资委员会条例》(修正)成立的机构,以确保最低工资和其他一些条件,如特定行业的加班费、休假和假期。截至 2013 年,斯里兰卡已成立了 55 个行业的工资委员会,如银行、比迪烟生产、砖和瓦的贸易、电影院、椰子、橡胶、服装、酒店餐饮、清洁服务、金属开采、安全服务、纺织、烟草等。工资委员会委员是行业中的雇主和雇员相同数量的代表,以及三个劳工部长任命的人。其主要功能是确定一个行业内的最低工资标准。许多员工工资超过最低工资。最低工资标准是基本生活费加上基于生活成本或综合费用的特殊生活津贴。支付低于最低标准的工资是违法的。但员工可以通过与雇主达成协议来获得更高的工资。通常情况下也是如此。

车间及办公室职员:在斯里兰卡劳工法中一个重要的法律是 1954 年第 19 号令《车间和办公室职员(就业和报酬的规定)法》。这项立法是由 20 世纪 40 年代任命的一个委员会,考察本国商业雇员的就业情况的调查报告所引起的。

本法适用于所有“车间”和“办公室”定义范围内的雇员，分如下5个部分：第一部分车间和办公室的工作时间的规定，雇员的健康和舒适；第二部分支付报酬；第三部分薪酬规定；第四部分车间关门令；第五部分一般事项。

工作时间：正常的工作时间一天只限于8小时，一周仅限于45小时，不包括1小时的用餐时间。在不同类别的车间和办公室受雇的人，可能有不同的工作时间。超过正常工作时间应被视为加班，雇员可获得不少于每小时1.5倍的报酬。国有企业的管理人员不享有加班费。加班的最高额度是每周12小时。

每周的假期：一周内完成28个小时的工作后，法律规定给予1.5天的带薪休假。“周”的定义是任何一个星期六的午夜到下一个星期六的午夜这段时间。

每年的假期：总的年休假权利为14天，法律规定当雇佣在某些特定的时期开始，应在下一年给予相对应的休假天数。公众假期应给予报酬。满月波亚节应被视为假期。在这样的日子里工作应严格按加班计算。

事假：每年有7天事假，可以用来处理私人事务或身体状况不佳的情况。在就业当年，每2个月有1天的假。

产假：法律规定女性雇员有休产假的权利。这些权利现在是众所周知的，产假是在其他休假之外的假期。

支付薪金和扣除：法律规定了支付员工薪金的时间，及从薪金中进行扣减的限制。雇主必须严格遵守这些条件。

任命书：雇主应向雇员签发详细说明雇佣条件的任命书，此为法律规定的基本要求。这确保了员工依法享有某些不可剥夺的权利。签署的任命书成为双方的合同。劳动法规定了对任命书的最低要求。然而，大多数雇主都制定了高于法律要求的条款和条件。如果任命书是英文的，应向雇员以其使用的语言进行解释，使雇员明白任命书的条款和条件。雇员有权获得任命书的复印件。

员工记录：雇主有义务根据法律维护雇员的某些特定记录。这通常包括维护工作人员登记册和记录每个雇员自入职起所有情况的个人档案。

四、学徒、试用期和培训

许多员工从学徒、见习生或学员开始他们的职业生涯。学徒合同是指雇主同意在其职业中教导学徒的合同，在此期间雇主给予学徒津贴。学徒同意为雇主服务，并向他学习。

实习生的情况是不同的,实习期间的评估与他的全面适应性有关,包括他的工作能力和行为。对于学徒,重点在于学习技巧,因此,一个人仅在需要一定技能的工作上从事一段学徒训练,而且必须获得这种技能才能从事该工作。实习生也需要一些培训,但是没有必要要求他熟练地掌握技术。

普通法对雇主和雇员的规定中,学徒或学员没有服务合同,因此不是雇员。斯里兰卡的许多法律,如《工业纠纷法》《职工公积金法》《劳动者就业(特别规定)终止法》和《酬金支付法》都将学徒和学员包含在雇员的定义中。雇主需要注意这一点。

试用期是雇主对雇员的行为及是否适合继续雇佣进行评估的一段时期,雇员同样从他的角度评估服务条件的适用性。试用期是服务合同中的一种雇主和试用员工之间的交流,员工在试用期间证明他能满足雇主的要求,是一个合适的、可以履行他所从事的工作的人。实习生有权在实习结束时受到雇佣,如果没有得到聘用,他的服务可以被终止,且不附通知。

应当指出的是,如果实习生是按照月合同工作的并且实习期只因为其不符合实习要求而被终止,那么从这个意义上来说该实习生也是永久雇员。

关于学员,法律的相关规定是 1978 年第 8 号令《学员(私人部门)就业法》。颁布这部法律是为了加强对失业人员的培训。本法规定那些在雇佣关系中的“学员”可以获得特别的货币奖励,大多数雇主支付的比法律规定的要多。

不与任何培训学徒的就业计划相关的法律相抵触,用人单位可以签订不超过一年时间的培训合同,目的是向本法所规定的职业的学员提供特定的培训,同时要提供特别的津贴。规定的职业是:文员、速记员、簿记员、打字员、主管、销售员、店员、店主、电话接线员、收银员、领班或任何其他类似的职业;观察者、管理员、自行车看护人、苦工、搬运工、办公室和车间工人、送信者、服务生或其他类似的职业。

本法规定以下法律不适用于学员:《车间和办公室职员(就业和报酬的规定)法》《工业纠纷法》《薪金委员会条例》《工会条例》《劳动者就业(特别规定)终止法》,以及任何集体协议。

该法还规定雇主可以纪律理由终止这种培训。当培训结束时,雇主应向学员提供与他接受的培训相关的工作。疏忽或拒绝提供工作是违法行为,雇员可向劳动部提起诉讼。

由于以上法律的特殊规定,应将基于以上法律签订的培训合同和不受以上法律管辖的固定期限培训合同区分开。对于后者,1978 年《学员法》将不适用。因此，该类合同无须取得劳工处的处长批准，它受合同自身的特殊条款的限制。

五、性骚扰

根据《宪法》第12(2)条，基于性别的歧视违反个人基本的平等权。性骚扰将受到1995年第22号令《刑法》第345条规定的刑事处罚。性骚扰是指“基于性别属性的骚扰，使用攻击、刑事强制、语言、行为使受到骚扰的人感到厌烦的行为”。它包括：当权的人通过语言或行为的性骚扰（例如：警察、武装服务人员、学校官员、医疗官员和其他）；在工作地点性骚扰。

《刑法》中的性骚扰包括滥用淫秽的网络和邮件或做出性属性的言论，目的是骚扰、恐吓和使人尴尬。鼓励或纵容性骚扰也是违法的。

第六章　斯里兰卡环境法

一、介绍

尽管领土面积仅有65610平方千米，斯里兰卡的自然环境却有着惊人的多样性。它的海滩、海洋生物和珊瑚礁是世界著名的。一些最好的蓝宝石、红宝石和其他宝石、半宝石都可在斯里兰卡开采到。斯里兰卡既有气候清爽的丘陵地带，又有适合茶叶种植的高海拔地区。斯里兰卡也有不同的动物群和植物群，同时也是候鸟迁徙中的一站。在众多野生动物保护区内，常见大象漫步，猎豹狩猎。这一文化三角地有着逾千年的城市和庙宇遗迹。根据罗马法的公共财产原则，这些设施是对外开放的，不像在美国，这里私人海滩并不常见。根据《宪法》第27(14)条："国家保护和改善环境，造福社会。"然而，这一承诺正遭受威胁。尽管有许多解决环境问题的法律存在，执法不公和政治庇护导致了直接的环境破坏。这种失衡的执法和混乱也对贸易和投资造成不利影响，因为它产生了不确定性。

《环境法》第33条定义环境为"人类周围环境的物理因素，包括土地、土壤、水、大气、气候、声音、气味、味道和每一个对动物和植物的生物因素的描述"。如同环境本身一样，适用于环境的法律既有国内法又有国际法，效力渊源既来自本国立法又有国际惯例，不确定法律效力的原则（如预防原则）和从1941年的经典判决 Trail Smelter Arbitration 案中得出的仲裁原则。该判决认为国际环境法不仅适用于特定国家的活动，而且适用于超越其领土管辖权的领域。因此，尽管每一个国家都对自己的自然资源拥有主权，但每个国家也有不造成跨界环境损害的责任。有时，这一责任可能会受到影响，例如考虑到与邻国的友好关系，可能对邻国森林火灾造成的损害不采取行动。斯里兰卡是《濒危物种国际贸易公约》(CITES)的成员方，并根据其在《濒危物种公约》下的义务，查处了大量的非法象牙交易。

二、地理因素和环境

斯里兰卡有103个河流盆地，其中马哈威利盆地占地最大(占全国总面积的16%)。17个河流盆地面积大于1000平方千米，45个面积小于100平方千米。大部分小盆地已被限制在省范围内，位于海岸带附近。全年平均降水量为2000毫米以上，但季风气候和国家地理环境造成了地区和季节性水量的实质性的变化。

经济的发展，人口的压力，对食品生产、电力、饮用水、工业和商业用水，卫生服务日益增长的需求都增加了水资源的压力。另外，目前水资源还包括维护家庭和工业污染排放污水的承载能力。水作为一种介质，用于维护水生生物和与湿地相关联的水生生物物种的繁殖。预测显示，预期的需求远超过供给，特别是在需要实施灌溉方案的国家干旱区。估计未来每年的用水赤字是25亿立方米。

即使不考虑用户之间的公平分配，可利用的水资源已受到竞争性使用。虽然许多人被剥夺了用水的基本需求，但社会层面并没有鼓励节约用水的激励机制。由于气候变化和低效的用水系统，加之经济、社会和环境的需求不断上升，水资源短缺日益严重。

三、政策和监管框架

相关的法律包括：1981年第57号令，《斯里兰卡基础设施、海岸保护和海岸资源管理法》，1988年第64号令和2011年第49号令对其进行了修订；《野生动物和植物保护条例》，1993年第49号令和2005年第12号令对其进行了修订；《国有土地条例》(1980年修订)；《斯里兰卡土地复垦与发展法》，1982年第52号令和2006年第35号令对其进行了修改；1992年第33号令《矿山和矿产法》；1996年第2号令《渔业和水产资源法》；1980年第44号令《环境法》，1988年第56号令和2000年第53号令对其进行了修改。

法院已经援引了《环境法》的公众信任原则，以对抗国家机关和私人机构对环境的侵害。根据这一原则，公共权力不可用于为个人谋求利益，而应被用来优化人民的利益。否则，法院将判定其行为违背了根据《宪法》的规定，人民寄托给国家主权的信任。

四、法院和法官的作用

治安法院执行法律,并审理刑事案件(Karunaratne v. Boteju 7 NLR 127);上诉法院对行政部门的行政决策有监督管辖权(Amarasinghe and others v. The Attorney General and others[1993]1 Sri LR 376,Public Interest Law Foundation v. Central Environmental Authority and Another [2001]3 Sri LR 230);斯里兰卡的最高法院处理对上诉法院的上诉和根据第126条对违反或即将侵犯基本权利的行为提出纠正申请(Bulankulame v. Secretary, Ministry of Industrial Development, Eppawela Case [2000] 3 SLR 243, Environmental Foundation Guarantee Ltd and others Mahaweli Authority of Sri Lanka [2010] 1 SLR 1, Environmental Foundation Guarantee Ltd and others v. The Director General of Wild Life Conservation and others SC FR Application No. 224/10)。

附　录

1980 年第 47 号令《环境法》(经 1988 年第 56 号令和 2000 年第 53 号令修订),以及根据该法制定的规章。建立中央环境管理局(CEA),并确定其权力、职能和责任。该法提供全面的环境保护立法,包括颁发许可证的程序、环境标准和项目批准程序。

1937 年第 2 号令《野生动物和植物保护条例》(经 1993 年第 49 号令和 2005 年第 12 号令修订),以及根据该条例制定的规章。对已经被宣布为受保护物种的动物和植物进行保护。该法授权有关部门有权将任何国有土地宣布为国家保护区。

1907 年第 16 号令《森林条例》(修正案),以及根据该条例制定的规章。该法巩固森林的采伐和运输木材的规定,并授权部长宣布某一区域的国家土地为保留林、保护林和乡村林。

1979 年第 23 号令《斯里兰卡马哈威利政府法》(修正案),以及根据该条例制定的规章。该法建立斯里兰卡马哈威利政府,提供了对马哈威利地区的生态环境的保护和管理,包括流域管理、水土流失和保护区的保护。

1947 年第 8 号令《国有土地条例》第六、八、九部分规定了国家土地和资源,包括湖泊、河流和小溪,应如何配置、使用和管理;还规定了国家保留声明。

1992 年第 33 号令《矿山和矿产法》规范采矿、开采加工、矿物出口和贸易。

1946 年第 32 号令《灌溉条例》第六部分涉及灌溉农业活动中水、灌溉和土地利用的环境因素。

1964 年第 29 号令《水资源委员会法》规定了建立水资源委员会,确定它的职责,包括促进植树造林,防止河流、小溪和其他水域的污染,并制定有关国家水资源控制和使用的国家政策。

1981 年第 57 号令《海岸保护法》确定沿海区域,并规范该区域内的活动。

2008 年第 35 号令《海洋污染防治法》规定了对斯里兰卡领海、其他海域、斯里兰卡的滩涂和海岸带的海洋污染的预防、减少、控制和管理;还规定设立海洋环境保护局。

1996 年第 2 号令《渔业和水产资源法》为保护海洋和淡水水域的渔业和水生生物多样性作出规定,规划渔业保护区,并对渔业捕捞许可证和注册提出要求。此法还定义了术语“斯里兰卡水域”。

1988 年第 3 号令《民族遗产荒野区法》规定了对国家遗产荒野区中具有独特生态系统、遗传资源或优异自然特征的任何国土的申报、保护和保存。

1951 年 25 号令《土壤保护法》规定了保护土壤资源，减少水土流失，以及保护土地免受洪水和干旱侵害。

1999 年第 35 号令《植物保护法》规定了野生植物、杂草和植物病害的防治，并控制新植物物种的引进。

1951 年第 9 号令《砍伐树木（控制）法》规定了禁止、规范和控制指定树种的砍伐，包括菠萝木等栽培树种。

1924 年第 4 号令《防洪条例》规定了保护区域免遭洪水破坏，授权防洪主任宣布任何地区为洪水区。

1909 年第 4 号令《水葫芦条例》规定，禁止进口、引进和传播水葫芦。

1980 年第 33 号令《农药防治法》规定了对农药的进口、包装、标签、储存、配制、运输、销售和使用进行管理和授予许可证。

1969 年第 19 号法《原子能管理法》规定建立原子能管理局，授权其对放射性材料的进口、出口、生产、获得、运输、处理、储存和使用进行管理和控制。

1952 年第 12 号令《卫生服务法》对影响人类健康的环境因素做出了规定。

1947 年第 29 号令《市议会条例》规定设立市议会，并规定了其在诸如废弃物处理和卫生等环境保护事项上的权力、义务和责任。

1939 年第 61 号令《城市委员会条例》规定建立城市委员会，并规定了其在诸如废弃物处理和卫生等环境保护事项上的权力、义务和责任。

1987 年第 15 号令《专业理事会（原文为 Pradeshiya Sabhas，英译为 Divisional Council）法》规定了建立专业理事会，并规定了其在诸如废弃物处理和卫生等环境保护事项上的权力、义务和责任。

1978 年第 41 号令《城市发展法》授权城市发展部规划管理城市环境。

1968 年第 15 号令《斯里兰卡土地复垦与发展法》授权斯里兰卡土地复垦与发展部开垦低洼地和湿地。

2000 年第 46 号令第二部分规定了在考虑到自然资源的情况下，按照农业政策利用农田。

1998 年第 53 号令《斯里兰卡国家水产养殖发展局法》设立了斯里兰卡国家水产养殖发展局，负责水资源开发。

2007 年第 35 号令《斯里兰卡可持续能源管理局法》建立了斯里兰卡可持续能源管理局，提供可再生能源的开发、实施节能措施和保护方案。

《刑法》第 98 条和第 261 条规定了用于去除或减少公共滋扰的相关内容。

1862 年第 15 号令《防滋扰条例》规定了保护公共健康和抑制各种类型的滋扰。

第七章　法院与争端解决

一、司法

1978 年第 2 号令《法院组织法》第 2 章规定了斯里兰卡一审法院的等级。初级法院、治安法院、地方法院和高级法院是一审法院。高级法院在某些问题上行使上诉和审查管辖权。上诉法院和最高法院是终审法院。

(一)初级法院和治安法院

初级法院是最低的一审法院，它有有限的权力可以宣判监禁和罚款。初级法院对民事和刑事纠纷的管辖权是有限的。《初级法院诉讼法》第 66 条规定的调查那些破坏和谐、造成威胁或类似情形的影响土地的纠纷是初级法院经常面临的问题。初级法院管辖案件的涉案金额不超过 1500 卢比。该地区的治安官也是初级法院的法官。治安法院在刑事案件中行使管辖权时，其施加处罚的权力是受到限制的。治安法院还处理向高等法院提出起诉前的非诉讼程序。一审案件从治安法院到高等法院有上诉和修正的权利，其后在二审法院或最高法院进行二审也有此权利。在一些案件中，已上诉至上诉法院的，在获得了同意后可再向最高法院上诉。治安法院可处以不超过 18 个月的监禁刑罚，并处以不超过 1500 卢比的罚款。违反不同法规的数个犯罪行为也可由治安法院裁判。

(二)地方法院

地方法院在所有民事、财政、信托、破产和遗嘱事宜上有无限的管辖权。由于设立了家庭法院处理家庭问题，地方法院在家庭问题上的管辖权被取消。

1981 年第 71 号令颁布的《法院组织法》规定了地方法院是家庭法院。商业交易引起的诉讼、知识产权法和公司法的具体条款规定的一些事项的诉讼现归属于商事高等法院管辖。当事人有上诉的权利，有权就地方法院作出的裁定向上诉法院提起上诉，在此之后如获得批准可再向最高法院上诉。

(三)高级法院

根据《宪法》设立的斯里兰卡高级法院有权受理、审判所有的公诉案件。它具有刑事和海事管辖权，对飞机上和领空内的罪行也有管辖权。高级法院的审判可以由法官单独进行或与陪审团一起进行。它还可以组成审判法庭，由首席法官指定的三个法官对案件进行审理。对高级法院判决不满的一方可向上诉法庭提出上诉，上诉法庭由至少两名法官组成。高级法院有权判处死刑、无期徒刑，并处罚金及规定的其他赔偿方式。除了根据《宪法》设立的斯里兰卡高级法院外，第 13 号宪法修正案为每一个省都设立了一个高级法院，每个省的高级法院的职能是：对该省境内犯下的罪行具有刑事司法管辖权；对该省的初级法院和治安法院作出的定罪、判决和命令的上诉管辖权；议会通过法律授予的其他管辖权和权力；向在该省境内被非法拘禁的人颁布人身保护性质的命令；就省级议事会列表所列事项，颁布调查令状、禁止令、强制判决令、履行职责令和权利出示令性质的命令；以及根据司法服务委员会的授权对本省的一审法院的行政管理进行检查和报告。

(四)商事高等法院

根据 1996 年第 10 号令规定西部省份的高等法院在某些特定的商业问题上享有专属管辖权，这是由司法部长和政治事务局在 1996 年 10 月 11 日正式确立的。西部省级商事高等法院自 1996 年 10 月 11 日起，对下列事项享有管辖权：

> 原告的起诉缘由来自商业交易的，包括与银行交易、商品的出口或进口、运输、服务、保险、商业机构、商业使用，以及与债务、损害或需求总额超过 300 万卢比的项目商业文件有关的起诉缘由。
>
> 在 1982 年第 17 号令《公司法》第 31、51、131、210 和 211 条下的所有申请和诉讼，例如为减轻公司不遵守构成其私营公司的条件所造成的后果而采取的行动(第 31 条)；使不正常分配无效的行动和为收回不正常分配而导致的损失、损坏或费用而采取的行动(第 51 条)；要求法院命令公司召开特别会议的请求，当不可能按照公司的规定或《公司法》的规定进

行操作时(第 131 条);在公司事务中被压制的诉讼请求(第 201 条);对管理不当的诉讼(第 211 条)。

根据 1979 年第 52 号《知识产权法》提起的诉讼必须在商事高等法院进行,除了该法规定必须在科伦坡地区法院起诉的。

根据 1990 年第 2 号令《债务追收(特别规定)法》所提起的诉讼该法院没有管辖权。

若被告居住地、诉因地、合同履行地或公司的注册办公地点位于西部省份,法院对于涉及上述问题的案件有管辖权。

1996 年第 10 号令《省高级法院(特别规定)法》规定,部长令授予西部省份高等法院所有岛屿的管辖权,包括与公司注册处和证券交易委员会的禁令相关的诉讼案件,根据 1979 年第 52 号令《知识产权法》规定的所有在科伦坡地区法院进行诉讼的案件和 1987 年第 1 号令《公平贸易委员会法》第 17 条规定的上诉案件。部长在公报中就以上问题作出的命令已被延期,部长希望对新法院的工作作出评估然后再作出决定。

对该法院作出的命令或判决的上诉可直接上诉至最高法院。

(五)上诉法院

根据《宪法》第 15 条设立的上诉法院由不少于 6 名,且不超过 11 名法官组成。它对任何一审法院所犯的事实或法律上的所有错误都有上诉管辖权,同时有修正的权力和恢复原状的权力。它有颁布调查令状、履行职责令、禁止令、权利出示令和人身保护令的权力,同时有权对一审法院的报告作出禁止和审查。它还审理议会选举诉状。在获得同意后,当事人可从该法院上诉到最高法院(《宪法》第 128 条的规定)。

(六)最高法院

最高法院是斯里兰卡共和国最高级别和最终的上诉法院,由首席大法官和不少于 6 名,且不超过 10 名法官组成。它对以下事项享有司法管辖权:法律和《宪法》的解释;终审问题;基本权利;对总统选举的请愿的唯一管辖权,全民公投的有效性和违反议会特权的行为;对总统提交的事项的协商管辖权。最高法院和上诉法院都有权对藐视其法庭的行为进行处罚,也有权对藐视其他法庭、仲裁和其他机构的行为进行处罚。

(七)行政机关

除了上述等级的法院外,还有一些行政机关具有准司法性质的功能,如租金审查委员会、出租委员会、房屋产权局、土地收购局、农业法庭和劳动法庭。他们的判决受上级法院的审查和上诉管辖权的管辖。

(八)调解委员会

根据1988年第72号令《调解委员会法》,议会在斯里兰卡各地区设立了调解委员会。根据本法指定的委员会成立一个调解小组,授权调解特定刑事、民事案件,政府、公职人员或检察长不参与其中。调解委员会有权签发未解决证书,否则一审法院不可以受理价值不超过2.5万卢比的有关不动产或者动产、债务、损坏的诉讼,以及本法的第三个附表中没有说明的事项或本法的第二个附表中列明的违法行为。调解委员会的主要功能是充当调解员以友好地解决纠纷。

二、仲裁

1995年第11号令《仲裁法》管辖斯里兰卡的仲裁。该法案还使1958年《承认和执行外国仲裁裁决的纽约公约》在斯里兰卡生效。斯里兰卡没有任何保留地批准了该公约。与新加坡和其他一些国家的双轨制仲裁不同,该法适用于国内仲裁程序和国际商事仲裁,其中至少有一方当事人是外国公民、外国公司或外国政府。类似于当事人意思自治、司法干预、仲裁的独立性和公正性,以及判决的有效执行的概念在斯里兰卡的法律中都被提及,斯里兰卡的法律承认国内的仲裁是"双方一致同意和有私人属性的"。该法是基于《联合国贸易法委员会示范法》(UNICITRAL)。无论是在仲裁程序中还是对待判决,该法都未规定保密性。然而,当事人可以在仲裁协议中约定保密条款,该条款将强制执行。

法院支持国际仲裁,当存在有效的仲裁协议时,则法院不会受理该案件。在Elgitread Lanka (Pvt)Ltd v. Bino Tyres (Pvt)Ltd一案中,特许权协议规定了仲裁机构是"斯里兰卡商会"。该机构是不存在的,下级法院基于这一事实裁定仲裁协议无效。最高法院驳回了这一裁定,最高法院认为仅仅没有这一名字的仲裁机构的事实不能使仲裁条款无效,仲裁条款实际上是双方同意仲裁的协商一致的体现。然后法院援引《仲裁法》第7条的规定,当双方没有选择仲裁员时,由高等法院指定仲裁员。最高法院认为这一条应适用,寻求仲裁的当事人可以利用本条,并由此着手将争议提交仲裁。

(一)临时仲裁

在适用独任仲裁员的临时仲裁案中,法律要求双方必须就仲裁员达成一致。如果他们达不成一致,可以由高级法院任命仲裁员。在一个由三名仲裁员组成的仲裁中,每一方都必须指定一名仲裁员,并由被指定的两名仲裁员指定第三名仲裁员,如果一方没有在收到另一方的要求后 60 天内指定仲裁员,或双方在作出指定后 60 天内没有就第三名仲裁员达成一致,可以由高级法院任命。

在一方未委派仲裁员的情况中,当事人必须向高级法院申请仲裁[第 7(3)条]。如果有效仲裁协议的一方向法院提起诉讼,另一方拒绝法院行使管辖权,法院不应接受并确定此案件的管辖权(第 5 条)。

如果一方当事人没有出现在仲裁庭,且没有合理的理由或没有遵从仲裁庭的指令,仲裁庭可以继续进行仲裁程序,并根据所提供的资料确定争议[第 15(3)条]。本法不允许仲裁庭单方面进行处理。

(二)法院在仲裁程序中的作用

为了遵从示范法,斯里兰卡法院无权管辖有效的仲裁协议所涵盖的事项(第 5 条)。然而,《仲裁法》确实赋予了高级法院对一些问题的限制管辖权,例如对仲裁员的解除和仲裁裁决的撤销。该法允许高级法院在对仲裁员的公正性或独立性产生了合理怀疑的情况下,解除仲裁员。任何一方在知道相关情况 30 天内可以要求将仲裁员解除。如果作出这样的要求,当事人对仲裁庭的决定不满意,他可以在收到通知后 30 天内向高级法院上诉。如果一名仲裁员不适当地拖延履行职责,高级法院可以在任何一方当事人的申请后,解除仲裁员并指定另一人接替他的位置。

(三)对仲裁员任命的异议

仲裁员必须披露可能会引起对其公正性或独立性产生合理怀疑的任何情况。该义务贯穿仲裁程序。一方只能在指定后才知晓的情况下质疑给自己指定的仲裁员。除非双方另有协定,否则一方必须在仲裁开始前,知道可能对仲裁员的公正性和独立性产生影响的情况的 30 天内质疑仲裁员。如果仲裁庭拒绝了质疑方,他可以在接到仲裁庭的决定后 30 天内向高级法院上诉。如果仲裁员没有达到协议中的资格要求的话,也可以对仲裁员提出质疑；如果仲裁员不能履行他的职责或不适当地拖延履行职责，也可以对仲裁员提出质疑。

（四）临时命令

《仲裁法》允许颁布临时命令。第13(1)条授权仲裁庭应一方的要求，命令另一方采取其认为必要的临时措施，以保全争议标的。仲裁庭还可以责令提出临时措施请求的一方当事人提供担保，并为采取临时措施造成的费用、损失或损害承担赔偿责任。但是，除了在特殊情况下，在没有听取另一方的意见时，不能作出这样的决定。

临时救济包括：救济禁令、费用担保、争议金额担保、文件预披露、证据保全。如有必要，高级法院须执行该临时措施。

（五）裁决的执行

《仲裁法》第31条规定应在仲裁生效后的1年零14天内申请执行。第33条规定了裁定可能不被执行的情况。本部分反映了《联合国贸易法委员会示范法》所载的不执行的理由。第34条规定了根据《纽约公约》对外国仲裁的执行。执行可能需要2～4年，取决于执行是否被质疑。对国内和国外的仲裁的执行程序是相同的。在作出裁定后14天期限（任何对判决的更正、修改和解释可在14天内处理）届满后一年内提出申请。通过宣誓书支持的申请必须附有原裁决、仲裁协议或正式认证副本。如果当事人使用的语言不是英文或法院的官方语言，还必须提交这些文件的翻译文件。

执行裁定的时间因案而异。如果将高等法院的裁定上诉到最高法院，从案件在高等法院起诉起算，可能需要3～4年。如果没有上诉的话，从申请执行起算，一方可能在2年内完成诉讼执行。

（六）斯里兰卡的仲裁机构和仲裁规则

斯里兰卡的两个主要的仲裁机构是1985年成立的斯里兰卡国家仲裁中心（以下简称斯里兰卡中心）和1996年成立的商事法律与实践仲裁发展研究中心（以下简称仲裁中心）。

斯里兰卡中心是斯里兰卡的第一个仲裁机构，它没有自己的仲裁规则，也不是一个指定机构。

仲裁中心有普通规则和加速规则。然而，即使仲裁在仲裁中心进行，双方可以协商一致使用其他机构的规则或临时程序进行仲裁。仲裁中心是一个指定机构。

1.商事法律与实践仲裁发展研究中心规则概述

仲裁中心规则仿照斯德哥尔摩商会仲裁院规则，只有在必要时才作出修改，以使其与斯里兰卡的法律和情况相一致。仲裁中心可以根据其他规则，例如联合国国际贸易法委员会仲裁规则和国际刑事法院规则，进行仲裁。

仲裁中心将在下列情况下指定仲裁员(规则 7)：双方指定的仲裁员未能任命一个首席仲裁员；双方无法就独任仲裁员达成协议；仲裁员辞职或被解除(如果这个仲裁员是由当事人任命的，仲裁中心委员会将在该方的同意下进行)。

仲裁中心的规则规定了仲裁员可能被质疑和失去资格的情况(规则 9 和规则 10)。

对仲裁员提出质疑的一方必须向委员会提交书面理由，向仲裁员和其他各方送达复印件。委员会也可决定一个仲裁员失去资格，从作出决定之日起生效。委员会可以解除一名未以适当的方式履行其职责的仲裁员；在作出决定前，必须确定当事人和仲裁员的意见。作出裁定的时间不能晚于案件提交给仲裁庭后一年；然而，如果需要的话，委员会可延长时限(规则 25)。

双方可自由决定仲裁员的人数和其任命程序。

2.仲裁中心规则下的特别仲裁

原告要求仲裁，必须向仲裁中心提交书面请求。请求必须包含双方当事人的名称和地址、索赔声明和争议的简要说明，可能包含任命一名仲裁员(规则 1)。如果仲裁中心委员会同意请求，被告须在规定时间内呈交答辩。答辩可能包含任命一名仲裁员(规则 5)。收到仲裁请求和被告的答复后，可以指定仲裁庭主席或任命一名独任仲裁员。

仲裁中心委员会将决定仲裁的地点，除非双方已经作出决定，并确定保证金的数额。收到保证金后，仲裁中心将立即将案件提交给仲裁庭。

3.仲裁中心关于一方当事人拒绝参加的规则

被告提交答辩失败不妨碍程序继续进行 (规则 5)。如果一方未能在仲裁中心委员会规定的时间内指定一名仲裁员，则委员会必须指定一名(规则 7)。如果一方没有出席听证会或没有履行仲裁庭的命令且没有合理的理由，仲裁庭会审理此案或作出裁定(规则 23)。然而，为了维持现状、保护或确保索赔，如果有要对第三方下达裁定指令的情况，则仲裁的一方当事人有权向法院求助以获得针对第三方的临时救济。除特殊情况外，法庭只有在听取了另一方意见之后才能下令临时救济。如果一方拒绝履行临时救济令,申请救济的一方可要求高等法院强制执行。该法允许仲裁协议的任何一方向法院申请传唤某人参加审判并向法庭出示传票中指明的任何文件或物品[第 20(1)条]。任何人不得在任何传票下回答他不能被迫回答的问题,或出示其不能在法庭上被迫出示的任何文件或物品[第 20(2)条]。

高等法院有权命令缺席者出庭审判或向法院出示相关的文件或物品,如果另一方向法院提出了这一请求的话(第 21 条)。被传唤的缺席者可能拒绝或未能出庭;作为证人出庭时,拒绝或未能按要求宣誓;仲裁庭要求证人回答问题时,证人拒绝或不能回答问题,拒绝或不提供必要的文件,拒绝或不做仲裁庭可能要求的任何其他事情。

4.仲裁中心规则下的回避制度

申请仲裁员回避的一方当事人必须向仲裁中心委员会、仲裁员和其他方提交书面理由(规则 9)。委员会决定仲裁员是否会被取消资格,并通知仲裁员,被取消资格的仲裁员自决定作出之日起实行回避(规则 10)。委员会可以以适当的方式解除一名未能履行职责的仲裁员。解除仲裁员之前,委员会必须确定当事人和仲裁员的意见。

5.仲裁费用

资深从业者 S. L. Gunasekera 先生在他的《法律的知识和其他回忆》一书中严厉批评了斯里兰卡的仲裁实践,仲裁员通常是退休的法官,他们不必要地延长了仲裁听证会的时间从而赚取更多的费用。仲裁的费用取决于当事人选定的规则。一般而言,每一方各自承担自己的费用。当只有一个仲裁员时,双方平分费用。当有三名仲裁员时,双方各自承担自己任命的仲裁员的费用,平摊第三名仲裁员的费用。双方被要求平分仲裁机构的行政费用。仲裁庭可能命令当事人在开始仲裁之前,支付安全保证金。在听证会结束后,仲裁庭可酌情裁定费用。本法允许根据双方同意的利率或在作出裁决时的法律来支付利息。支付的金额从法律程序开始之日起到裁决之日止计算,加之诉讼开始前的利息,再加上按上述利率从裁定生效之日起至付款之日(或至仲裁庭确定的任何较早日期)的利息总金额(第 28 条)。

仲裁中心(第 32—34 条)规定,仲裁庭必须决定需要向仲裁中心和仲裁员支付的费用。仲裁双方对这些费用承担连带责任。除非情况要求不同,败诉方不仅需要承担自己的费用,还需要承担对方的费用。当一个案件在被交付给仲裁庭前已经终止,仲裁中心需要决定赔偿的数额。当一个案件在作出最终裁定前终止,仲裁庭可以决定双方需要向仲裁中心和仲裁员支付赔偿金。仲裁庭可以作出一个仅处理费用的裁定。仲裁员的费用必须是合理的且基于花费的时间、案件的复杂性、争议金额及其他情况。仲裁中心的费用按照其自己的规定计算。

6. 非签署与仲裁

该法没有解决对仲裁非签署方的参与或执行的问题。斯里兰卡法院很可能会采取形式主义的观点,即仲裁协议仅约束当事人,不包括其他人。因此,当一方当事人是一个资本不足的特殊目的的机构时,应谨慎地寻求公司担保或规定仲裁协议非签署方的参与。

三、国外判决的执行

某些国外法院的判决,可以根据《互惠执行判决条例》强制执行。该条例的参与成员包括英国、北爱尔兰、中国香港、毛里求斯、新南威尔士、坦噶尼喀、乌干达、海峡殖民地、维多利亚、马来亚联邦、澳大利亚首都地区、澳大利亚北部地区、新西兰(包括库克和纽埃群岛)以及西部的萨摩亚、昆士兰、西澳大利亚、南澳大利亚和塔斯马尼亚的托管地区。国外的判决也对判决债务人产生债务,这在斯里兰卡可作为普通合同债务而起诉。

法定利率

《民事诉讼法》第 192 条(1990 年第 6 号令作出修改)规定:

> 当原告为了收回一笔钱而提起诉讼时,法院可根据双方同意的利率判定利息,或在没有达成共识的情况下,依据法定利率计算从起诉之日到获得判决之日间本金的利息,从获得判决之日到得到赔偿之日,或法院认为合适的更早的日期间的利息也按照法定利率计算。

第 192 条所说的"法定利率"是指根据《货币法》由货币委员会根据银行现行利率决定且经公告的年利率。当判决没有涉及以上所说的从获得判决到获得赔偿或更早的日期的对于总额的进一步利息时,应认为法院拒绝了这一利息,也不可基于此额外提起诉讼。

表 7-1 总结了法定利率的变化。

表 7-1 斯里兰卡法定利率的变化

编号	法定利率	生效日期	相关法令/公报
1.	5% p. a.	1944 年起	《民事诉讼法》
2.	12% p. a.	1980 年 12 月 11 日 —1990 年 3 月 5 日	1980 年第 53 号令《民事诉讼法》(修正案)
3.	18% p. a.	1990 年 3 月 6 日 —1996 年 12 月 31 日	1990 年第 6 号令《民事诉讼法》(修正案) 以及宪报号外第 613 号,1990 年 6 月 4 日
4.	12.7% p. a.	1997 年 1 月 1 日 —1997 年 12 月 31 日	宪报号外第 954111 号, 1996 年 12 月 20 日
5.	11.5% p. a.	1998 年 1 月 1 日 —1999 年 12 月 31 日	宪报号外第 100518 号, 1997 年 12 月 10 日
6.	9.1% p. a.	2000 年 1 月 1 日 —2000 年 12 月 31 日	宪报号外第 111211 号, 1999 年 12 月 28 日
7.	9.21% p. a.	2001 年 1 月 1 日 —2001 年 12 月 1 日	宪报号外第 116416 号, 2000 年 12 月 29 日
8.	11.11% p. a.	2002 年 1 月 1 日 2002 年 12 月 31 日	宪报号外第 121615 号, 2001 年 12 月 26 日
9.	9.58% p. a.	2003 年 1 月 1 日起	宪报号外第 126818 号, 2002 年 12 月 26 日

在前述第 192 条中所规定的法定利率为 5%,这一利率一直实施到 1980 年 12 月 11 日。1980 年第 53 号令对该规定作出了修改,将利率提升到了 12%。在 1990 年 3 月 6 日,第 192 条再次被修改,使货币委员会能够不时对银行利息的现行利率进行修改。

译者:孟梓歆
美国杜兰大学博士研究生